COUNSELING CHILDREN AND ADOLESCENTS
THROUGH GRIEF AND LOSS

슬픔과 상실을 겪은
아동·청소년 상담 및 사례

Jody J. Fiorini · Jodi Ann Mullen 공저 하정희 역

학지사

'슬픔과 상실'은 인간의 삶에서 중요한 주제다. 누구든 겪고 싶어 하지 않지만, 결코 피할 수 없는 것들이기 때문이다. 그만큼 이것들을 잘 다루어 나가는 것은 어른이나 아동, 청소년 모두에게 반드시 필요한 과업일 것이다. 하지만 본문에서도 언급하고 있듯이, 우리는 슬픔과 상실을 있는 그대로 인정해 주지 않고 교묘하게 감추는 사회에서 살고 있다. 그렇기 때문에 슬픔이나 상실을 '잘 다룬다'는 것의 의미에 대해 정확하게 이해하고 있는 이들도 많지 않은 것 같다. 심지어는 상담자들조차도 슬픔과 상실의 의미는 물론, 이것들이 내담자와 상담자에게 어떤 방식으로 드러나는지, 그리고 이것들을 어떻게 다루어야 할지 잘 모르고 있는 것 같다. 어쩌면 모두가 무의식적으로든 의식적으로든 이것들을 애써 피하고 있는 것일지도 모르겠다.

　바로 이것이 이 책, *Counseling Children and Adolescents through Grief and Loss*를 번역하게 된 몇 가지 이유 중 하나다. 슬픔과 상실을 정면으로 바라보고, 깊이 있게 이해하고 싶었던 것이다. 또한 다양한 아동 · 청소년 상담 사례들을 접하면서, 그들이 겪는 대부분의 어려움이 바로 슬픔이나 상실의 문제와 연관되어 있다는 것을 체험한 탓도 크다. 상실이라는 것에는 대다수가 떠올리는 '죽음' 뿐만 아니라 아동·청소년 생활 전반에 걸친 문제들, 예컨대 소속감의 상실, 순수함의 상실, 부모의 이혼, 전학, 절교, 왕따, 성적 하락, 인기 하락, 부모의 사업 실패, 집에 도둑이 드는 것, 주변 환경의 갑작스러운 변화 등 무수히 많은 주제가 포함될 수 있다.

이 책은 슬픔과 상실을 겪은 아동·청소년 상담을 위한 실용서로, 슬픔과 상실에 대한 정의와 문화적·발달적 특성 등 이론적 측면을 살펴본 다음 각 상실 영역별로 구체적인 사례와 사례개념화가 포함된 상담자 반응을 살펴본다. 마지막에는 '작별 인사 편지 쓰기' '쿵쿵거리기' 등, 아동·청소년과의 실제 상담 현장에 적용할 만한 구체적인 개입 방법 23가지를 제시한다.

이 책은 아동·청소년 현장 상담자, 수련 중인 상담자, 상담자 수퍼비전을 담당하는 수퍼바이저, 아동·청소년 상담 교과목을 가르치는 교수 그리고 학생 및 학교 심리학자 등에게 실제적인 도움이 될 수 있을 것이다. 특히 이 책을 집필한 조디 피오리니(Jody J. Fiorini)와 조디 멀린(Jody A. Mullen) 교수는 대학에서 학생들을 가르치기도 하지만, 아동·청소년 상담 현장에서 25년 이상 몸담아 왔던 상담자이기도 하다. 이 책은 상실 영역별로 다양한 사례를 제시하고 그에 따른 상담자 반응을 구체적으로 제시하였을 뿐만 아니라, 내담자의 상실을 다양하게 바라볼 수 있는 통합적 관점을 상담자에게 제공한다는 점에서 더욱 의미 있다. 즉, 저자들은 각 사례별로 내담자가 겪은 상실 경험을 핵심적 상실과 부수적·무형적 상실로 구분하고, 이에 따른 내담자의 인지적·행동적·정서적 반응들을 분석한 후 개입 방법들을 제시하였다. 이를 통해 독자는 각 내담자들이 겪은 상실들을 다각적으로 분석하여 내담자를 더 깊이 있게 이해하는 데 도움을 얻을 수 있을 것이다.

이 책을 번역하면서 가장 많은 도움을 받은 사람은 역자 자신일지도 모르겠다. 아동·청소년 내담자를 이해하기 위한 '슬픔과 상실'이라는 또 하나의 '준거 틀'을 가질 수 있었기 때문이다. 이러한 경험을 이 분야에 함께 종사하는 여러분과 함께할 수 있기를 바라는 마음이다.

이 책의 마무리를 함께해 준 조민경, 김혜진에게 고마움을 전한다. 그리고 지지원이 되어 주는 가족과 학교 관계자 여러분께 감사의 마음을 전한다. 마지막으로, 번역하는 과정에서 자주 떠올랐던 故 장성수 교수님께 애도와 감사의 마음을 전하고 싶다.

2014년 2월
하정희

조디 멀린(Jodi Mullen) 박사와 나는 학교와 기관, 사설 상담소에서 25년 이상을 함께 일해 왔다. 이 분야에 몸담고 있으면서, 우리는 슬픔과 상실을 겪은 많은 아동·청소년을 상담하였다. 우리는 대화를 위주로 하는 전통적 방식의 치료는 물론, 놀이치료, 이야기치료, 음악치료, 미술치료와 같은 다양한 방법으로 아동·청소년과 상담하였다. 죽음의 상실을 다루는 슬픔 및 사별에 대한 교재가 간혹 눈에 띄긴 하지만, 이사, 전학, 이별 등 죽음과는 무관한 상실에 대해 설명하는 교재는 좀처럼 찾기 힘들다. 그러한 교재들은 부모와 양육자에 초점을 맞추고 있으며, 임상적 개입 방법에 대해서는 설명하고 있지 않다. 아동·청소년의 상실 문제를 다룬 그 외의 교재들을 살펴보아도 그들의 발달적 측면은 고려하지 않으며 어른에게나 적합한 전략들을 제시하고 있다. 여러 교재와 문헌을 통해 관련된 정보를 찾을 수 있었지만, 마음껏 이용할 만한 종합적인 자료는 그 어디에서도 구할 수 없었다.

또한 조교수로 재직 중이었던 대학에서 '슬픔과 상실을 겪은 아동 및 청소년을 위한 상담'이라는 교과목을 가르치기로 하였을 때,

이에 적합한 교재를 선택하는 데도 한계가 있었다. 결국 이 책이 나오게 된 결정적인 이유는 슬픔과 상실을 경험한 아동·청소년과 상담할 때 참고할 만한 상담 교재가 부족하다는 것이었다. 이 책은 학교 상담자, 수련 중인 상담자, 학생들을 가르치는 데 사용할 슬픔과 상실을 겪은 아동·청소년에 대한 통합적 교재를 찾고 있는 상담 교수 등, 현장에 있는 상담 전문가들을 위해 쓰였다. 또한 이 책은 사회사업가, 심리학자, 학교 심리학자 등과 같은 전문가들에게도 도움이 될 것이다.

이 책은 쉽게 이용할 수 있도록 크게 네 부분으로 나누어 구성되어 있다. 1부는 관련 용어에 대한 정의를 내리고, 슬픔과 상실을 겪은 아동·청소년 상담과 관련된 문헌에 대해 설명한다. 또한 슬픔과 상실을 겪은 아동·청소년과 상담할 때 고려해야 할 가족·문화적 특성과 발달적 측면에 대해 다룬다. 상실을 겪었을 때 연령대별로 나타나는 다양한 인지적·정서적·행동적 반응에 대해 구체적으로 살펴보고, 부수적인 상실 및 무형적 상실 또한 강조한다. 부수적인 상실과 무형적 상실에 대해 다룬 교재는 극히 드물다는 점에서 우리의 이번 작업은 그 임상적 의미가 매우 크다고 할 수 있다.

1부가 2부의 골격과 기초를 제공한다면, 2부는 아동·청소년이 맞닥뜨리는 다양한 형태의 상실에 대해 다룬다. 2부의 각 장에서는 상담 장면에서 일반적으로 만나게 되는 아동·청소년의 상실 유형을 제시한다. 각 장마다 사례를 제시하고, 이는 1부에서 계획했던 평가 전략을 바탕으로 분석된다. 각 사례에서는 핵심적 상실과 부수적 상실 및 무형적 상실을 토대로, 인지적·정서적·행동적 반응을 살펴본다. 이러한 방법을 사용하여, 상담자 및 수련 중인 상담자는 각 사례에 대한 상담자 반응을 공식화할 수 있을 뿐만 아니라, 다양한 종류의 상실에 대해 개념화하고 평가할 수 있는 방법도 배울 수 있을 것이다. 우리가 가르쳤던 학생들은 이 책에서 특히 사례 연구가 학습에 가장 큰 도움이 되었다고 하였다.

3부는 어린 시절에 상실을 겪은 상담자가 이후 그 또래들과 상담을 할 경우에 어떤 식으로 상담자의 상실이 재현되는지 살펴본다. 뿐만 아니라, 아동기와 청소년기에 겪은 상실이 일생 동안 어떻게 영향을 미치는지를 다루면서 상담자의 자기관리를 강조한다.

4부는 상실의 문제로 아동·청소년과 상담할 때 이용할 수 있는 다양한 개입 방법뿐만 아니라 필요한 준비물 목록까지 제시한다. 이는 현장에서 상담을 하고 있는 상담자들은 물론 수련 중인 상담자들 모두에게 유용할 것이다.

요약하면, 여러분이 읽고 있는 이 책은 진작부터 필요했던 책인 듯하다. 이 책은 슬픔과 상실을 겪은 아동·청소년과 상담하는 방법들을 종합적으로 제시하고, 이러한 내담자들을 평가할 수 있는 방법을 제공한다. 아울러 아동·청소년을 단지 성인의 축소판으로 다루는 것이 아니라, 그들의 욕구에 맞는 창의적 개입 방법들을 선택적으로 제공한다는 점이 무엇보다도 중요하다.

조디 피오리니(Jody Fiorini)

▌차 례▌

PART 2 상실의 유형과 개입 방법

PART 3 일생 동안 지속되는 슬픔

PART 4 개입 방법

11. 선택적 개입 방법

PART
1

도입

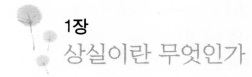

1장
상실이란 무엇인가

허구와 속임수의 나라

옛날 옛적에, 그 어느 누구도 죽음에 대해서는 말하지 않는 나라가 있었다. 이 나라 아이들은 늘 행복했고 쾌활했으며, 어떠한 상실이나 상처를 겪든지 간에 잘 이겨 냈다. 사실, 어른들은 아이들이 우울감을 느낀다거나 상실을 이해하고 경험한다는 것이 실제로 가능하지 않을 것이라고 생각했다. 이 나라의 아이들은 죽음, 이혼, 그 밖의 생활상의 변화와 같은 문제들에 처했을 때도 고개를 빳빳하게 든 '노련한 어린 배우'와도 같았다. 이 나라에서 부모와 그 밖의 성인들은 아이들에게 상처가 되는 사건들에 대해 이야기하지 않는 것이 가장 좋은 것이라 판단하였다. 왜냐하면 그러한 것들로 인해 아이들은 '혼란스

러워지거나' 당황할 것이기 때문이다. 어른들은 자신들이 생
각한 것에 대한 말을 아낄수록 훨씬 더 나을 것이라고 여겼다.
실로, 여러 성인들은 물론 부모들까지도 아이들에게 상처를 주
지 않기 위해 자신들의 감정을 숨기기로 결심하였다. 그러나
아이들이 외상이나 생활의 변화를 겪은 후 슬퍼하거나 화를 내
고 위험한 행동을 하는 등, 다르게 행동하기 시작했고 그러자
어른들은 너무나도 놀랐다. 어른들은 '어떻게 이럴 수가 있을
까?' '아이들이 고통을 겪지 않도록 도와주고 싶었는데, 우리
가 '여태껏 잘못 해 온 것일까?' '아이들이 정말로 슬퍼할
까?' 라고 생각했다.

슬픔과 상실에 대한 사회적 신화들

앞서 제시한 사례는 아동·청소년이 겪는 슬픔과 상실의 문제에
대해 우리 사회가 얼마나 잘못 대처하고 있는지를 보여 주고 있다.
우리는 죽음을 아주 두려워하는 문화에서 살고 있다. 가령, 죽음을
묘사할 때에도 '돌아가신다' 와 같은 완곡한 어법을 사용하며, 심
지어 '죽었다' 라는 단어를 사용하는 것도 금기시한다. 우리는 역
경에 처했을 때에 '강인한' 사람들을 존경한다. 많은 사람은 존 F.
케네디(John F. Kennedy)의 장례식에서 두 살이었던 아들 존 F. 케
네디 주니어(John F. Kennedy Jr.)가 아버지의 관이 옆으로 지나갈
때 인사하던 모습을 기억하고 있다. "존(John-John)은 참으로 강하
고 참을성이 많아!"라며 우리 자신에게 말한 것이다. 어른들은 이

러한 방식으로 아이들이 어려움에 대처하기를 바라는 것이다. 아이들이 '용감한 어린 군인들'이 되는 것이 어른들에게 더 수월하기 때문에 어른들은 아이들이 그렇게 되기 바란다.

친척, 심지어는 배우자, 부모, 자녀와 같이 아주 가까운 가족의 죽음을 애도하기 위해 고작 3일 정도를 쉬어야 하는 이 사회에서, 아이들이 어떻게 상실을 이해하고 다룰 수 있겠는가(Eyetsemitan, 1998; Sunoo & Solomon, 1996)? 또한 죽음만큼 중대한 주제가 아닌 것들, 가령 이별이나 타 도시로의 이사와 같은 가벼운 상실들은 아주 사소하기 때문에 중요하지 않게 다뤄질 것이다. 하지만 아동·청소년에게는 이렇듯 사소하거나 가벼운 상실들이 엄청난 고통과 괴로움의 원천이 된다.

아동의 슬픔과 상실에 대한 신화들

제임스와 프리드먼(James & Friedman, 2001)은 『아이들이 슬퍼할 때(*When Children Grieve*)』라는 책을 통해, 아이들의 슬픔을 어떻게 다루어야 하며, 또 얼마나 자주 다루어야 하는지에 대해 설명하면서 아이들에 대해 사회적으로 고수되고 있는 중요한 신화들에 대해 언급하였다. 이러한 신화들은 아이들이 상실을 겪은 후에 얼마나 고통스러울지에 대해서 어른들이 과소평가하거나 간과했기 때문에 생겨난 것이다. 제임스와 프리드먼이 소개하는 '아이들이 슬픔을 다루는 방법에 대한 신화는 다음과 같다. ① 아이들은 슬퍼하지 않는다. ② 상실의 대상을 교체하는 것이 가능하다. ③

슬픔은 개인적인 것이다. ④ '강해지기'를 포함해서 '바쁘게 지내기' '상처를 치유할 시간을 갖기' 등의 전략은 유용하다. 이것들은 어른들이 슬픔과 상실을 겪은 아동·청소년과 상호작용할 때 부정적인 영향을 미치는 수많은 신화 중 단지 일부에 불과하다. 다음에서 아동·청소년과 슬픔에 대해 사회적으로 고수되고 있는 몇몇 신화에 대해 살펴보자.

💬 아이들은 슬프지 않을 거야

아동·청소년과 함께 상담하는 내내 놀라움을 금치 않을 수 없는 사실은, 어른의 배경, 사회·경제적 수준, 교육 수준, 민족성 등이 매우 다양함에도 불구하고, 이들 대부분이 아동·청소년은 슬퍼하지 않을 것이라고 뿌리 깊게 믿고 있다는 것이다. 우리는 아동이 어떠한 종류의 상실을 경험하든지 간에 탄력적으로 회복할 수 있을 것이라 믿고 있다. 아동이 죽음이나 상실에 대해 이해하지 못할 것이라 생각하는 것은 전혀 사실이 아니다. 아동은 실로 슬픔을 느끼며 상실을 깊이 있게 경험한다. 그들은 죽음에 대해 이해하지만 어른들이 하는 방식대로 하지는 않는다. 아동은 아주 짧은 기간 동안에만 강렬한 정서를 다룰 수 있으며, 그리고 나서 자신의 슬픔을 외면한다(Fitzgerald, 1992). 장난감을 가지고 놀고 난 후, 잘못된 것은 아무것도 없지만 아동은 또 다시 혼란스러워할지도 모른다. 부모는 아동의 이러한 반응 때문에 혼란스러워하며, 실제로는 아동이 괜찮지 않음에도 불구하고 괜찮다고 여길 수도 있다. 아동은 자기중심적으로 행동하거나 마술적 사고를 할 것이며, 상실에 대해 자기 탓을 한다거나 죽은 사람이 돌아올 것이라고 생각할 수도 있다. 하지만 이러한 신념체계들을 가지고 있다고 해서 아동이 상실의 고통에서 벗어나 보호받을 수 있는 것은 아니다. 아동은 자기 자신에 대해, 그리고 스스로의 감정에 대해서 말로 표현하기 어려워하며, 여기에 더하여 친구들과도 자신의 상실에 대해 이야기하지 않으려 한다. 이러한 특성들 때문에 아동이 슬픔을 느끼지 않거나 느낄 수도 없으며 상실에 대해 이해할 수 없을 것이라는 신화가 만들어지게 된 것이다.

어른들이 아동의 상실 경험을 부인하고 반박하더라도, 미국의 아동 자살률 증가에 대해 논의해 보면 아동이 상실을 경험한다는 것은 더욱 분명해진다. 많은 어른은 단순히 아동이 자살을 할 수 있다고 믿는 것 자체를 부인한다. 그러나 의도적으로 자살하는 아동의 수적인 증가와 남겨진 유서 등을 볼 때, 아동이 그렇게 죽을 수도 있다는 것은 반박할 수 없는 사실이다. 14세 미만 아동의 자살률은 놀랄 만하다. 『미국 아동 · 청소년 정신의학학회지(*American Academy of Child and Adolescent Psychiatry*)』에서 보면, 5~14세 아동의 사망 원인에 대한 여섯 번째 이유가 자살로 나타났다(Weaver, 2002, July 23). 아동은 성인에 비하여 자살을 수행할 수 있는 치명적인 방법들을 보다 덜 이용하기 때문에, 복잡한 도로에서 자전거를 타거나 목을 매는 등의 수단에 의존할지도 모른다. 이러한 행동들은 종종 사고로 여겨질 수도 있다. "1990년대 후반 뉴욕 중심부 오논다가(Onondaga) 지역에서 10세 이하의 아동들을 13개월간 연구한 결과, 39개의 사례가 자해하려 계획했거나 자해하여 응급실에 온 사례였음을 발견하였다." 그리고 이들 중 두 건은 자살로 죽었다(Weaver, 2002, p. A1, p. A6). 더 이상은 이러한 상황을 모른 척할 수 없다. 사회적 부인(denial) 때문에 우리는 심각한 위험에 처한 아동을 도울 수 없게 되는 것이다.

🗨 속상해하는 것은 좋지 않아

아동 · 청소년의 애도 과정을 복잡하게 하는 또 하나의 흔한 신화는 이들이 속상해하면 안 된다는 메시지다(James & Friedman, 2001). 어른이 아이들에게 "속상해하지 마."라고 말하는 것을 종종 듣곤 한다. 이것은 아이가 겪고 있는 고통을 없애 주고자 어른이 취하는 초기 반응이라 할 수 있다. "걱정하지 마, 알았지?" 또는 "넌 정말로 운이 좋구나. 더 나쁠 수도 있었는데……." 혹은 "좋아, 적어도……."와 같이 의도적으로 안도감을 주면서 말을 시작한다. 의도한 대로 아동 · 청소년의 기분이 좋아질 수는 있지만, 이러한 어른의 반응에 의해 아동 · 청소년의 감정은 보잘것없고 별것 아닌 것이 되어 버린다. 아동 · 청소년에게 전달된 메시지는 본질적으로 "느끼지 마!"이기 때문에, 이들이 무감각해지는 것은 어른의 책임 일 수 있다.

🗨 틀림없이 기분이 안 좋을 거야

어른은 아이에게 속상해하지 말라고 말하면서, 동시에 틀림없이 기분이 안 좋을 것이라는 메시지를 전달하여 아이를 혼란스럽게 만든다. 슬픔에 대해 기대하는 몇몇 통상적인 반응들이 있다. 그것들 중 하나가 상실을 경험한 후에는 반드시 슬픔을 느껴야 한다는 것이다. 실제로 상실을 겪은 후에 어떤 사람은 아무것도 느끼지 않거나 심지어는 안도감을 느낄 수도 있다. 여기서는 나(Jody J. Fiorini)의 경험을 예로 들어 보려 한다.

할머니가 돌아가셨을 때, 나는 열 살이었다. 부모님은 매우 진지하게, "네게 안 좋은 소식을 알려야겠다."라고 조용히 말씀하셨다. 나는 할머니를 오랫동안 알고 지냈지만, 할머니에게 아주 깊은 애착을 느끼진 않았다. 단지 일 년에 몇 번 정도 할머니를 뵈었을 뿐이며, 그녀와 감정적 유대감을 형성하진 않았다. 부모님이 내게 할머니가 돌아가셨다고 말씀하셨을 때, 실제로 나는 아무것도 느끼지 않았다. 나에게 가장 중요한 감정이라면 아버지를 걱정한 정도였다. 나에게 뭔가 잘못이 있는 것처럼 부모님이 대화를 나누셨던 모습을 기억한다. 내가 예민한 아동이었기 때문에 부모님은 내가 정서적으로 반응할 것이라고 기대하셨던 것이다. 그 당시 내가 부모님을 실망시켜 드렸던 감정, 즉 '반드시 기분이 안 좋아야 한다'는 것을 기억한다. 비록, 부모님은 이러한 기대를 말로 표현하진 않았지만 말이다. 내 인생에서 생생하게 기억되는 슬픈 일은 바로 눈물을 만들어 냈던 그 사건이었다. 내가 울기 시작하자, 부모님이 눈에 띄게 안도하셨다. 나는 내 역할을 해낸 것이다.

우리는 교사나 학생의 죽음을 다루는 학교상담 장면에서 상담자가 위기 개입을 할 때도 이와 비슷하게 반응한다는 것을 발견하였다. 종종, 아동·청소년이 상실에 대해 감정적으로 반응하지 않았다는 이유로 자기 자신을 나쁘다거나 매정하다고 느끼고, 자신들에게 뭔가 문제가 있다고 여기고 있었다. 학생들이 위기에 처했을 때 상담자는 이들에게 슬픈 감정을 '느껴야 한다'는 신호를 보낸다. 그러나 상담자는 아동이 아무것도 느끼지 않아도 되며, 속상해하지 않아도 괜찮다고 재차 안심시킬 필요가 있다.

상실을 대체하라

어른이 상실감을 경험한 아동을 위해 특히 종종 사용하는 방법들 중 하나가 잃어버린 대상을 다른 대상으로 대체해 주는 것이다(James & Friedman, 2001). 흔한 예를 들면, 아끼던 애완동물이 죽었을 때 부모가 자녀에게 또 다른 애완동물을 사 주는 것이다. 이러한 전략은 적어도 두 가지 면에서 결함이 있다. 첫째, 이렇게 할 경우 아이들은 상실에 적응하고 애도 과정을 경험할 만한 시간을 빼앗긴다. 애완동물을 잃는 것이 아이들에게는 하나의 학습 경험이 될 수 있다. 그럼으로써 아이들은 모든 것들이 죽는다는 것을 이해할 수 있고, 건강하게 슬퍼하는 법에 대해 배울 수 있다. 그런데 어른들이 상실한 대상을 재빨리 대체해 버린다면 슬픔은 '두려운 것'이라는 신호를 아이에게 보내는 셈이 된다. 둘째, '다른 것을 사면된다'와 같은 전략을 통해 아이는 대상이나 동물이 다른 것으로 대체될 수 있다고 여기며, 이에 따라 아이의 경험이 축소될 수 있다. 상실감을 일으키는 것은 대상 그 자체가 아닌 대상에 대한 정서적 애착 때문이다. 그 밖에 다른 종류의 상실에 대해서도 대체 전략을 사용할 때는 역시 주의를 기울일 필요가 있다. 청소년이 여자 친구나 남자 친구와 헤어졌을 때, "세상에 다른 남자/여자도 많아."라고 말하곤 한다. 이러한 조언 역시 '상실을 대체할 수 있는' 주제 가운데 하나에 속한다.

🍃 그것에 대해 말하지 말라

아동 · 청소년에게 보내는 가장 흔한 메시지 가운데 하나는 슬픔이 개인적인 문제라는 것이다(James & Friedman, 2001). 슬픔에 대해 이야기하지 말라고 하는 것은, 실제로는 "난 그것에 대해 생각하기 싫다."라고 말하고 있는 것이다. 아이들이 자신의 슬픔에 대해 말할 때, 우리는 불편해지고 슬프며, 무엇보다도 무기력해진다. 아이들이 자신이 경험한 상실을 이야기하지 않을 때 우리는 덜 불편해지고 덜 고통스러워진다. 어느 누구도 자신의 상실에 대해 신경을 쓰지 않으며, 슬플 때는 전적으로 혼자여야 한다는 함축적 메시지를 아이들이 전달받게 된다. 아이들은 상실감을 의논하지 못한 채로 억눌렸기 때문에 이후 아동의 삶에서 상실의 문제가 재현되는 것이다. 고통은 간단하게 사라지지 않는다. 또 다른 상실이 정서적 반응을 유발할 때까지 고통은 억압되고 저장된다. 비교적 사소한 상실인데도 불구하고 아동이 왜 그렇게까지 강하게 반응하는지를 그 시점에서는 깨닫지 못할지도 모른다. 상실을 둘러싼 어린 시절의 사고와 감정을 억압하는 것은 한 개인의 정신건강에 장기적으로 심각한 영향을 미친다.

용감한 어린 군인이 되라

이 장의 도입부에서, '노련한 어린 배우' 또는 '용감한 어린 군인' 이라는 개념을 제시하였다. 우리 사회는 "역경에 굴하지 않는 강한 사람들을 높이 평가한다."는 메시지를 분명하게 전달한다. 우리는 용감하게 맞서고 어려움에도 끄떡없는 사람들을 우상시한다. 영화의 임종 장면에서 "강해져야 해." "울면 안 돼."라고 말하는 장면을 얼마나 자주 목격해 왔는가? 트로치(Trozzi, 1999)는 이것을 '격려치료(buck-up therapy)' 라고 부른다. 아동 · 청소년은 이런 메시지들을 분명하게 전달받는 것이다. 우리는 상실을 경험한 여러 가족들과 상담을 해 왔는데, 이들은 대화는 전혀 없이 서로를 위해 용감한 척하기에 바빴다. 슬픔과 고통에 시달리면서도 이들은 일상을 기계처럼 지내고 있었고, 다른 사람들을 위해 체면을 차리고 있었던 것이다. 여러 가지 측면에서 볼 때, 강해지는 것에 대한 신화는 가장 교묘하면서도 위험하다.

넌 극복할 거야

슬픔과 상실에 관련된 고전적 신화 가운데 하나가 시간이 모든 상처를 치유한다는 개념이다(James & Friedman, 2001). 이 신화는 여러 가지 면에서 해롭다. 첫째, 이것은 그 자체로 결함이 있는 진술이다. 시간이 모든 상처들을 치유하진 않는다. 어떤 상처들은 매우 깊고 그 영향력이 오래도록 지속되며 슬픔을 수반하기도 한다. 예를 들면, 부모가 돌아가셨다고 해도 부모가 안 계신 것 자체가 상실은 아니다. 어버이날이 돌아올 때마다, 또는 결혼식에서 함께 걸어 줄 아버지가 없을 때, 갑작스럽게 상실감을 맞닥뜨리게 된다. 심지어는 죽음이 아닌 상실이라 해도 치유되는 데 시간이 걸린다. 필자가 고등학교 시절에 남자 친구와 헤어졌을 때, "시간이 지나면 잊을 수 있을 거야."라고 말한 적이 있다. 하지만 그 기억을 떠올리면 여전히 고통스럽다. 그 경험은 내가 겪은 최초의 중요한 상실이었고, 대부분의 십대들이 그러하듯 그것을 아주 중요하게 다루지 않았다.

아동 · 청소년은 자신이 상실을 극복할 것이라고는 전혀 생각하지 않는다. 많은 사람은 상실한 물건이나 사람에 대해서 망각하는 것만이 곧 상실을 극복할 수 있는 길이라고 생각한다. 만약 상실을 이겨 내는 것이 상실한 물건이나 사람과의 관계를 끊어 버리는 것이라면, 아동 · 청소년은 자신의 상실에서 헤어 나오고 싶지 않을 것이다. "넌 이겨 낼 거야."라는 말은 아동 · 청소년의 상실 경험을 과소평가한 말이며, 매우 상처가 되는 말 가운데 하나다.

과장하고 있는 거야

살펴보았듯이, 어른들은 아이들의 상실 경험을 과소평가하는 데 매우 능숙하다. 아이들이 오래된 장난감과 헤어지면서 다소 심하게 반응했을 때, 우리는 다음과 같이 말하곤 한다. "넌 별거 아닌 걸 그렇게까지 과장하니?" 아동에게 개인적으로 의미가 있었던 소유물이 없어진다는 점에서 확실히 이것은 '별거 아닌 것' 이 아니다. 그 대상은 기분 좋았던 어릴 적 기억들을 떠올리게 해 줄 수 있고, 어둠 속에서 안도감을 줄 수도 있다. 이것은 아동이 유년기를 떠나 성장한다는 신호일지도 모른다. 또한 아직은 너무도 무섭고 직면할 준비가 되지 않은 과도기임을 나타내 주는 것일 수도 있는 것이다. 만일 아이가 과도하게 행동한다거나 주의를 끌고 싶어 한다고 느낀다면, 아이의 행동 기저에 숨겨진 상실이 있는 것은 아닌지 살펴보라.

🗨 그것에 대해 생각하지 말라

상실을 다루기 위한 전략들로 어른들이 즐겨 사용하는 것 가운데 하나가 아이의 정신을 딴 데로 돌리거나 상황으로부터 벗어나게 하는 것이다. 상실을 경험하거나 그에 대한 감정에 압도당할 때, 우리는 '바쁘게 사는 것'에 의존하곤 한다. 충분히 바쁘게 산다면, 상실감에 깊이 빠져 있을 시간이 없을 것이고 밤에도 지쳐서 숙면을 하게 될 것이다. 어른들에게는 이러한 전략이 종종 성공적이기 때문에, 상실을 경험한 아동·청소년에게 이 전략을 권하게 되는 것이다. 그들에게 "몸과 마음이 바쁘게 지내보렴."(James & Friedman, 2001)이라고 말한다. 그러나 이 전략은 아이들로부터 슬픔을 경험할 수 있는 기회를 빼앗는 것이다. 이것은 감정을 없애는 것이 아니라, 할 일이나 에너지가 떨어질 때까지 단지 감정을 뒤로 미루는 것이다. '바쁘게 사는' 전략은 일종의 '상처 싸매기'로, 나중에는 더 복잡하고 슬픈 감정으로 발전할 수도 있다. 이것은 아동의 현재 슬픔을 부인하는 또 다른 메커니즘이라 할 수 있다.

🗨 일상생활로 돌아갈 때란다

우리 사회는 애도 과정을 잘 견디지 못한다. 앞서 언급했듯이, 회사에서도 사랑하는 사람의 장례식에 참석할 시간을 좀처럼 주지 않는다. 감정을 '소화시키는' 데에, 또는 정신적 문제들의 징후가 나타날 때, 적어도 두세 달 이상은 필요하다. 사실, 슬퍼하는 데 있어서 시간 제한은 없다. 사람들은 저마다의 방식으로 슬픔을 경험하며, 애도 기간도 상황별로 차이를 보일 수 있다. 가령, 어떤 사람이 연이어 상실을 경험한다면, 애도하는 과정이 더 길어지게 될 것이다. 그 밖에도 애도하는 사람의 개인적인 특성, 도움받을 수 있는 지지원들, 그 사람의 생활에 영향을 미치는 정도 등의 요인들이 애도 작업의 기간에 영향을 준다.

🗨 울지 않으면, 괜찮은 게 아니지

애도에 적합한 방식이 있다고 여기면서 아이들을 양육하는 것은 잘못된 것이다. 어느 누구도 똑같은 방식으로 슬퍼하지는 않는다. 어떤 사람이 유죄인지를 추정하는 텔레비전 범죄 쇼를 볼 때면 언제나 민망해진다. 거기서 경찰관은 사랑하는 사람의 죽음에 대해 범인이 감정적으로 어떻게 반응하는지에 따라 그 사람의 유죄를 추측하곤 한다. 이것은 사람들이 어떤 감정도 나타내지 않거나 울지 않는다면, 뭔가 문제가 있는 것으로 여길 수도 있다는 것이다. 그리고 슬픔과 상실을 겪은 아동ㆍ청소년에게도 이와 같은 기대를 그대로 적용한다. 저자(Jody J. Fiorini) 역시 할머니의 죽음 소식에 거짓 눈물을 흘려야 한다고 느꼈으며, 친구가 죽었을 때도 슬퍼 보여야 한다는 사회의 기대에 따라 청소년들은 슬픈 척해야 한다는 압박을 받았다. 슬퍼하고 있는 아이들에게 지금 올바르게 슬퍼하고 있지 않다고 가르쳐 줄 필요는 없다. 올바른 애도 방식이 있다는 이러한 생각이 바로 위험한 신화라 할 수 있다.

우리 사회에 만연해 있어서 상실을 겪은 아동·청소년과의 작업을 방해하였던 슬픔에 대한 여러 가지 신화들의 일부분만을 논의하였다. 슬픔과 상실에 대해 상담자가 가지고 있는 신념들을 검토함으로써, 상담자의 편견 때문에 상실을 겪은 어린 내담자를 돕지 못하는 일이 없어야 할 것이다.

상실, 슬픔, 애도에 대한 정의

슬픔에 대한 정의는 다양하다. 다음에서는 슬픔과 상실 모두를 아우르는 개념을 제공하고자 한다.

슬픔이란 영구적이거나 일시적인 일상생활의 혼란, 인간관계에서 어쩔 수 없이 겪게 되는 이별이나 변화에서 비롯되는 것으로서, 불가피하고도 끝이 없는 과정이라 할 수 있다. 혼란, 변화 그리고 이별은 고통스럽고 불편한 것으로서, 개인의 사고와 감정, 행동에 영향을 미친다. 상실은 보편적 경험이긴 하지만, 그것의 원인과 표출 방식은 개인에 따라 다르며 오랜 시간에 걸쳐 변화한다.

슬픔과 상실에 대한 정의를 살펴보면, 슬픔과 상실은 어떤 것이 끝이 난 결과(예: 죽음, 인간관계의 단절)로 나타날 뿐만 아니라, 생활상의 변화나 혼란(예: 이사, 이혼)에 의해 발생할 수도 있음을 알 수 있다. 이러한 정의에서, 학교에 가는 것, 결혼하는 것, 고등학교를 졸업하는 것과 같은 행복한 생활 사건들을 통해서도 종종 슬픔과 상실감을 경험할 수 있음을 보여 주고 있다. 또한 상실 경험은 개인에게 특별한 것으로서, 개인은 무수히 많은 방식으로 슬픔을 표현할 수 있다고 설명하고 있다.

아동과 상담할 때도 이러한 사실들을 간과해선 안 된다. 아동이 새로운 경험을 할 때 즐겁고 행복해할 것이라고 예상하곤 하지만, 아동은 실제로 두려워하고 화를 낼 수도 있다. 예를 들면, 어떤 부모는 같은 학군 내에서 더 멋지고 큰 집으로 이사 가는 것이 자녀에게 더 즐겁고 좋은 기회가 될 것이라고 생각할 것이다. 부모의 관점에서 본다면, 자녀가 이로 인해 혼란스러워할 것이라고는 조금도 생각지 않을 것이다. 그렇기 때문에, 자녀가 슬픔이나 분노 반응을 하는 순간 부모는 깜짝 놀라게 된다. 우리는 이러한 사실을 지지해 주는 경험들을 해 왔다. 저자(Jody A. Mullen)가 집 앞에 있는 나무를 베었을 때 그녀의 딸은 울면서 화를 냈다. 딸에게 나무는 친구였던 것 같다. 딸은 매일 나무와 이야기 나누며 함께 놀았다. 저자는 딸이 나무와 관련되어 있는지 혹은 나무를 베어서 딸이 얼마나 당황스러울지 알 방법이 없었다. 이와 비슷하게, 또 한 저자인 조디 피오리니(Jody J. Fiorini)가 살던 아파트에서 어떤 집으로 이사 갔을 때, 당시 두 살이었던 그녀의 딸은 새 욕조에서 목욕을 하려 하지 않았다. 목욕 시간은 딸이 가장 좋아하는 시간이었고, 노래하며 노는 시간이었다. 딸은 목욕을 거부함으로써 이사에 대한 불쾌함을 표현하였다. 마찬가지로, 오래된 욕조는 딸의 친구였으며, 새로운 욕조가 더 크고 깨끗하더라도 그녀에게는 차갑고 낯선 것이었다.

애도는 사랑하는 사람이나 물건을 잃었을 때 이들로부터 분리해 나가는 작업이다. 가령, 워든(Worden, 1991)은 애도를 "죽은 사람으로부터 분리되어 상실에 적용해 가는 과정"(p. 10)이라고 정의하였다. 그러나 애도하는 사람들은 죽은 사람과의 관계를 단절한 채로 지낼 수 없으며, 사는 내내 상실한 사람이나 물건과 계속해서 교류하려 한다(Webb, 2002). 이러한 접근은 슬픔과 상실감을 경험한 아동·청소년을 상담하는 상담자에게 훨씬 더 희망적이고 만족할 만한 접근이 될 수 있다. 상담자는 아동·청소년이 슬픈 감정을 다루고 '극복하는' 대신, 이들이 사랑하는 사람이나 물건과의 관계를 재정립하고 의미 있는 기억들을 계속해서 유지해 나가도록 도울 수 있을 것이다.

샌드라 폭스(Sandra Fox, 1985)는 아동이 상실에 대해 애도할 때 작업해야 하는 네 가지 과제에 대해 설명하였다. 이 작업들은 이해하기, 슬퍼하기, 기념하기 그리고 다음으로 넘어가기다. 어떤 사람이 상실을 경험했을 때 첫 번째로 질문하는 것 중의 하나가 "왜?"다. 이해하는 작업이 이루어지는 동안, 아동·청소년은 무엇이 상실을 야기했으며 상실이 왜 일어났는지에 대해 이해하고자 한다(Trozzi, 1999). 3장에서, 각기 다른 발달적·인지적 단계에서 아동이 상실을 어떠한 방법으로 이해할 수 있는지, 어느 정도 이해할 수 있는지 살펴볼 것이다.

애도를 위한 두 번째 작업은 슬퍼하는 작업이다. 이는 아동·청소년이 상실과 관련된 고통스러운 감정들을 경험할 수 있도록 해 주는 것이다(Trozzi, 1999). 앞서 언급하였듯이, 어른들은 슬픔과 분노와 같은 슬픈 감정을 느끼지 않도록 아이를 보호하거나, 아이가 강해질 수 있도록 보상을 제공하곤 한다. 하지만 실제로 아이는 자신들의 경험을 정리하기 위해 감정을 스스로 표현하고 느낄 수 있는 기회를 가져야 한다.

애도를 위한 세 번째 작업은 사람이나 상실을 기념하는 것이다 (Fox, 1985). 이 작업 동안에 어른들은 아동·청소년이 의미 있는 방식으로 상실한 사람이나 물건을 기억하고 확인해 나갈 수 있도록 격려해 주어야 한다. 가령, 조디 멀린(Jodi A. Mullen)의 딸의 사례에서처럼 그녀가 옛 친구의 씨앗들로 새 나무를 심는다면, 그것이 나무에 대한 상실을 기념해 줄 수 있을 것이다. 11장에서는 아동·청소년이 자신의 상실을 기념할 수 있도록 돕기 위한 다양한 전략들을 소개한다.

애도 과정에서의 마지막 작업은 다음으로 넘어가는 것이다(Fox, 1985). 이 작업 동안에, 아동·청소년은 "또 다른 우정을 발전시키고, 학교에 출석하며, 놀고, 일상의 일들을 수행해 나가면서 고인을 떠올리고 그와 내적인 관계를 유지하는"(Trozzi, 1999, p. 67) 새로운 방식을 발견하게 된다. 다음으로 넘어가는 작업은 상실을 극복하는 것이 아니라, 상실한 사람, 물건 및 경험과 건강하고도 새로운 관계를 맺는 과정이라고 할 수 있다.

요 약

사회적으로 볼 때, 우리는 슬픔과 상실을 겪은 아동·청소년을 돕기 위한 과업을 효과적으로 수행하지 못했다. 우리의 아이들은 말할 것도 없이, 어른들 스스로가 상실의 문제에 직면하지 않으려 하기 때문에 우리 아이들이 상처받고 있는 것이다. 아이들을 보호한다는 명분 아래, 우리는 아이들로부터 정보를 차단시키고 이들에게 슬픔을 느낄 기회를 주지 않는다. 상실을 경험한 아이를 돕기 위해서는 아이가 느끼는 슬픔을 수용하고 상실의 다양한 측면들을 충분히 이해할 수 있도록 조명해 주는 것이 필요하다.

아동·청소년 시기에 상실의 문제를 간과하거나 축소한다면 심각한 결과가 도출될 수 있다. 아이들에게 충분한 정보를 제공하지 못한다면, 아이들은 상상을 통해 부족한 정보들을 채워 나갈 것이다. 아이들이 상상하는 것은 종종 현실 상황에 비해 훨씬 더 심각하고 끔찍할 수 있다. 예를 들면, 할머니의 장례식에 참석하려 하지 않는 아이는 장례식을 아주 두려운 것으로 상상할 수 있다. 아이들은 만화나 텔레비전 쇼에서 본 대로 죽음을 상상한다. 이러한 이미지들은 아이들에게 지속적으로 영향을 줌으로써 죽음을 두려워하는 사회가 계속적으로 이어지게 되는 원인이 될 수 있다.

이와 유사하게, 이성 친구와 헤어진 후 "걱정하지 마. 많고 많은 게 여자야." 라는 말을 들은 청소년들은 두 가지 교훈을 얻게 된다. 첫째, 그들은 자신의 상실이 '별거 아닌 것' 으로 치부되었기 때문에 그들의 감정이 과소평가될 수 있다. 둘째, 그들은 헤어진 사람을 대신하기 위해 새로운 관계를 시작함으로써, 감정을 억압해 나갈 것을 강요받는다. 이러한 충고는 친구나 부모를 기분 좋게 만들 수 있다. 이를 통해 십대들은 감정에 빠져들지 않고서 행동할 수 있게 된다. 하지만 어긋난 인간관계를 겪어 본 적이 있는 사람이라면 누구나 이러한 도움이 덧없는 것이며, 이것이 단지 일시적으로만 고통을 덜어준 것뿐임을 알고 있다. 결과적으로, 십대는 상실과 관련된 슬픔을 다루는 데 적절한 대처 기술들을 생각해 내지 못할 것이다.

상담자는 부모와 그 밖의 성인들이 아동·청소년의 슬픔과 상실을 돕는 데 중요한 역할을 한다. 즉, 부모와 성인들을 도와서 아동에게 위로와 지지를 제공하며, 아동이 슬픔을 축소하거나 부인하지 않고 극복할 수 있도록 유용한 개입 방법들을 제공할 수 있다. 계속해서 다음 장에서는 아동·청소년의 슬픔과 상실에 대한 발달적·문화적 함의에 대해 살펴본다. 즉, 상실을 경험한 내담자를 평가하기 위한 틀을 제시하고, 사례 분석을 제공하여 상담자가 슬픔과 상실을 경험한 아동·청소년의 문제를 이해할 수 있도록 돕고자 한다. 아울러, 이들과 함께 상담하기 위한 특별한 개입 방법과 전략들을 제공한다.

2장
슬픔 및 상실과 관련된
문화, 종교, 가족, 성별 요인들

도입

어떠한 문화에서든, 사람들은 삶과 죽음에 대한 다양한 신념들을 고수하고 있다. 슬픔과 상실을 겪을 때 이러한 신념이 도움이 될 수도 있지만, 동시에 해가 될 수도 있다. 비교문화적 관점으로 볼 때도, 상실을 내면화하는 특성에서나 애도하는 방식에서 죽음에 대한 사람들의 반응은 무수히 다양하다. 애도는 상실을 겪었을 때 대처할 수 있는 적절한 반응으로서, 개인, 문화 또는 시대에 상관없이 이루어질 수 있다(Hagman, 2001). 문화, 종교, 가족 및 성별에 따른 정체감에 따라서 개인이 무엇을 느끼는지, 어떠한 종류의 상실 때문에 이러한 감정을 느끼는지, 이러한 감정이 어떠한 영향을 미치며 어떻게 표현되는지, 다양한 감정을 갖는 것이 적합한

지, 직접적으로 표현되지 못한 감정들을 어떻게 다루는지 등이 달라지게 되며, 이것들을 바탕으로 슬픔의 영향력이 규정되는 것이다(Rosenblatt, 1993). 예를 들면, 이집트 문화에서는 유족들이 친구들과 함께 살면서 그들의 고통과 슬픔을 함께 나눈다. 반면, 발리의 유족들은 슬픔을 억누른 채 즐거운 척해야 한다(Wikan, 1990). 따라서 이집트에서 유족들은 가까운 사람이 죽은 후 1년 동안은 TV도 보지 못하지만, 발리에서는 비탄에 빠진 가족들이 슬픔을 잊을 수 있도록 TV도 보면서 마음을 다스려 나간다.

"죽음이 인간의 불가피하고 보편적인 특성이라면, 모든 인간은 근본적으로 유사한 방식으로 대처하지 않을까?"라고 질문할지도 모른다. 어떤 인간이든 두려움과 슬픔을 느낄 수 있다는 측면에서는 "맞다"고 대답할 수 있을 것이다. 하지만 특별한 시각, 신념 체계, 슬픔과 상실에 대한 이해 정도는 문화적·종교적·사회적 정체감 안에서 개인이 스스로를 어떻게 규정짓느냐에 따라 영향을 받게 된다. 슬픔과 상실은 매우 개인적이고도 독특한 경험이지만, 이 경험들은 우리가 속해서 자라난 문화와 우리의 존재라는 복합적인 덩어리로부터 분리될 수 없다.

이 장에서는 우리의 신념과 감정에 영향을 미치는 복잡한 요인들에 대해 살펴본다. 다양한 문화 체제에 따라서 죽음, 사별, 상실 및 슬픔에 대한 태도와 신념이 결정된다. 애도 과정에 영향을 미치는 죽음과 임종에 대한 몇몇 중요한 종교적 신념에 대해서도 다룬다.

상담자가 내담자의 슬픔과 상실을 효과적으로 다루기 위해서는 이러한 정체감의 영향력에 대해 가늠하고 이해할 필요가 있다. 상담자가 문화적·종교적 요인들의 영향력을 알지 못한다면 획일화된 방식으로 슬픔을 다룰 것이다. 결과적으로 오진을 하게 되고 치료도 효과적이지 못하여 내담자에게 거의 도움을 주지 못한 채 상담을 마치게 될 것이다.

질병, 죽음 및 상실의 주제에 대하여 당신 자신의 관점을 이해하는 것이 모든 조력자들에게 가장 중요한 단계라고 할 수 있다. 이 장을 읽어 나가는 동안, 다음의 질문들에 대해 깊이 생각해 보면서 자신의 문화적 신념과 정신적 신념들을 파악하기 바란다.

1. 어린 시절에 병이 났을 때, 당신은 어떠한 대우를 받았는가? 현재 이러한 방법들을 사용하고 있는가? 혹은 사용하고 있지 않은가?
2. 죽음에 대해 당신의 원가족과 어떠한 대화를 나누었는가?
3. 당신이 병이 났던 이유는 무엇인가?
4. 만약 당신이 매우 아프다면, 병으로 죽을 수 있을 가능성을 포함해서 당신의 상태에 대해 전부 알기 원하는가?
5. 당신이 죽은 후에는 무슨 일이 일어날 것 같은가?
6. 행복을 위해 당신에게 가장 중요한 인간관계가 무엇인지 살펴보라.
7. 당신을 보살펴 주고 지탱해 주고 있는 영적 통로나 종교에 대해 간단히 살펴보거나 설명하라.

슬픔에 대한 비교문화적 접근

치페와(chippewa)라는 나라의 한 소녀가 척추 고정수술을 받기 위해 병원에 입원했다. 그녀는 다시는 걷지 못할 수도 있기 때문에 이에 대처할 힘을 기르기 위해 기도하고자 하였다. 종교적 의미에서의 정화를 위해 병실에서 샐비어(약료용 허브)를 태우고자 했을 때, 병원의 경비들은 그녀의 이러한 행동을 종교적 의미로 이해하기보다는 화재 위험성을 이유로 들면서 강제로 저지하였다.

사고로 물에 빠져 익사한 네 살 난 이스라엘 소녀의 시체가 비행기로 회송되었고, 그녀의 부모는 시체와 동행하였다. 하지만 항공사는 출발 시에 부모를 승객으로 태우는 것을 거부하였다. 부모가 불안정해 보여서 다른 승객들에게 피해를 줄 가능성이 있었기 때문이다.

웅장한 건물로 이루어진 히스패닉계 아동 병원 센터는 계절마다 중앙 출입구를 금잔화로 하나 가득 장식한다. 멕시코 문화에서 오렌지색 꽃은 죽음을 상징하는 것으로 인식되기 때문에, 상당수의 멕시코계 미국인들은 이곳에 오고 싶어 하지 않는다.

슬픔을 이해한다는 것은 종종 문화적으로 이루어지는 것이기 때문에, 슬픔의 구인(the construct of grief)을 정의내리는 데 더욱 신중할 필요가 있다. 예를 들면, 슬퍼하는 작업은 상실에 직면하기, 죽을 당시와 그 직전 사건을 받아들이기, 기억에 초점을 두기, 상실을 객관적으로 보려 노력하기와 같은 인지적 과정을 함축하고 있다(Neimeyer, 2001). 이러한 개념들 가운데 핵심은 비탄에 잠긴 사람이 상실의 현실을 가능한 한 그/그녀가 자각해야 한다는 것으로, 억압은 병리적 현상이라는 관점이다. 그러나 나바호(Navajo)족들 사이에서 애도는 4일간으로 제한되어 있다. 즉, 유족은 일상생활로 돌아가서 죽은 사람에 대해 말한다거나 상실의 감정에 대해 말하는 것이 금지되어 있다. 이러한 방안은 죽은 사람의 능력이 살아남은 사람에게 해를 입힌다는 나바호족의 신념과 밀접하게 관련되어 있다(Miller & Schoenfeld, 1973). 게다가 죽은 사람에게도 감각이 있다고 믿는 사람들이 있는 것처럼, 죽음의 과정에 대해서도 문화에 따라 상당히 다양한 신념들이 존재한다. 가령, 브라질의 북동쪽에서는 별것 아닌 병에 걸린 아이들도 종종 죽음을 맞이하곤 한다(Scheper-Hughes, 1985). 유아와 아동에 대해서는 일반적으로 단지 며칠 동안만 슬퍼하게 되어 있다. 하지만 아이들은 가족의 일원에 포함되기 때문에, 어머니는 가족이 죽은 후 하늘에서 아이와 다시 만날 것이라고 기대한다.

로젠블랫(Rosenblatt, 1993)의 주장에 따르면, 만일 사별과 슬픔에 대해 인류학적 범위의 연구가 이루어진다면, 누구에게나 보편적으로 수용될 만한 한 가지 이론을 제안할 수는 없다. 평범한 슬픔, 억압된 슬픔, 지나친 슬픔, 신체화된 슬픔 등 이러한 것들은 문화에 따라 상당히 다양하다. 발리의 문화에서는 기도하는 사람이 불안해하면 기도를 들어주지 않는다고 여기기 때문에, 정서적으로 불안해하면 안 된다(Wikan, 1988). 따라서 사별한 발리 사람들은 농담도 하고 기분 전환을 하면서 죽음이 나쁘지 않다거나 심지어는 바람직한 것이라고 재정의 하기도 한다. 그러므로 이 문화의 구조 안에서 공공연하게 슬퍼하는 것은 정상적이지 않다.

미국에서는 슬픔을 대개 심리적 과정으로 여기는 반면, 다른 많은 문화권에서는 그것을 신체적 과정으로 본다. 예를 들면, 중국 등 많은 사회에서는 감정 문제를 주로 신체적인 질병으로 파악하여 치료 방법들을 찾아낸다(Kleinman, 1986). 어떤 미국인 상담자는 신체 질병을 정서적 고통의 상징으로서 이해할 수도 있다. 따라서 심장을 압박하는 용어에 대해서도 미국인은 아마도 '가슴이 미어질 듯하다' 고 번역할 것이다. 따라서 경험했다고 해도 이해할 수 없는 비유들이 있는 것은 당연할 것이다.

많은 문화권에서 애도의 필수적인 요소의 하나로, '분노' 를 들고 있다. 미국에서는 애도를 반드시 공격성과 관련시키지는 않는다. 하지만 죽음이 사고로 발생하건 자연스러운 상황에서 일어나건 간에, 상실이라는 것이 누군가에 의해 발생하는 것이라고 믿는 문화에서는 분노를 슬픔의 요소로 이해할 수 있을 것이다.

슬픔을 비교문화적으로 이해하고 작업하기 위해서 앞서 언급한 것에 대한 자신의 틀을 점검해 볼 필요가 있다. 내담자의 문화적 측면에 대해 공부하는 것이 첫 단계다. 하지만 교육적 자료들을 신중하게 검토할 필요가 있다. 내담자에 따라서는 그 문화에 속해 있더라도 개인마다 견해나 경험이 다를 수 있기 때문이다. 슬픔과 애도에 대한 문서들 또한 어떤 내담자에게는 적용되지 않을 수도 있기 때문에 위험할 수 있다. 다만 당신이 내담자가 겪은 경험들에 온전히 귀 기울일 수 있는 방법들을 터득하고 자신의 선입견을 알고 있다면, 이러한 자료들이 충분히 도움이 될 것이다(Weidman, 1975).

상실은 무엇인가를 '내어준다'는 의미로 정의 내릴 수 있다. 예를 들면, 부모와 양육자가 여럿인 문화에서 부모를 잃는 것은 양육자가 정해져 있는 핵가족 문화에서 부모를 잃은 것과는 다른 의미를 갖는다. 개인적인 관계에 따라 부모의 죽음은 중요한 상실일 수도 있고 그렇지 않을 수도 있다. 상실한 대상이 쉽게 대체되는 것 또한 상실의 경험에 영향을 미친다. 적합하다고 여겨지는 상실은 다루기가 더 쉽다. 예를 들면, 요루바(Yoruba)에서는 부모보다 자녀가 먼저 죽는 것을 비정상적인 것으로 여긴다. 자녀가 죽으면 부모가 미칠 것처럼 슬프기 때문에 부모는 자녀의 장례식에 참석하지 않는다(Moloye, 1999). 죽음이 상실을 포함하는 것이기 때문에 죽음이 관계의 끝이라는 신념을 가지고 있는지, 또는 그 관계가 다른 형태로 계속해서 이어진다고 여기는지 또한 고려해야 할 것이다. 이러한 모든 차이점들을 이해할 때 애도 작업이 차별적으로 이루어질 수 있을 것이다.

종교적 요인과 문화적 요인

문화와 종교는 종종 얽혀 있다. 많은 문화들이 특정 종교나 영적인 이해를 통해 자신들의 세계관과 가치들에 대해 알린다. 특히 인간은 상실에 의미를 부여하고 편안함을 느끼고자 슬픔과 상실의 문제에서 영적 해답을 얻고 싶어 한다. 하지만 종교는 문화의 내용을 바꿔 버린다. 한 예로, 멕시코 가족과 아일랜드 가족이 모두 독실한 천주교 가족이더라도, 애도하는 의식은 각기 다르다.

멕시코 사람들은 11월 1일을 '죽은 이들의 날(*Los Dias de Los Muertos*)' 이라고 하는데, 이 날은 죽은 사람을 기억하며 살아 있는 사람들의 영생에 초점을 맞춘다. 살바도르(Salvador, 2003)는 가족이 친척의 묘지에 방문하는 의식에 대해 간단한 음식을 준비하는 것, 헤어진 사람에 대한 추억들을 공유하는 것, 모인 가족 및 친척과 대화하는 것으로 설명하고 있다. 아이들은 두개골 모양의 '설탕캔디(*Calaveras*)' 와 '망자의 빵(*Pan de Muerto*)' 이라 불리는 특별한 음식을 먹는다. 묘지를 장식하기 위해 금잔화와 국화를 사용하며, 죽은 이를 즐겁게 해 주기 위해 종종 술과 담배 선물을 가지고 오기도 한다. 집에서 가족들은 고인의 사진과 소장품뿐만 아니라 꽃과 음식을 대접하면서 제사상을 차린다. 전통적으로 죽은 아이들은 제사 첫날에 기념하는데, 이를 '작은 천사의 날(*Día de los Angelitos*)' 이라고 부르며, 둘째 날에는 죽은 어른들을 떠올린다.

반면에 아일랜드 가족들은 이와 같은 연중 의식은 없으며, 제사 때에 가족의 필요에 따라 만나는 방식으로 철야 의식이 진행된다. 쉬디(Sheehy, 1994)는 아일랜드 문화에서 가족원들은 정서적 유대가 강하기 때문에 각각의 가족원들이 특별하며, 그 무엇으로도 대체될 수 없는 것이라고 설명하고 있다. 가족원이 죽으면 멀리 떨어져 있는 친척들도 제사를 위해 재빨리 모였다가 돌아간다. 가족들은 이러한 경험들을 통해 이에 적응하면서 가족 연락망의 강점을 확인하게 된다. 1970년도까지 제사 그 자체는 죽은 이들을 위해 이들이 살던 집의 거실에 관을 펼쳐 놓던 것이 일반적이었다. 여성들은 죽은 몸을 닦고 준비시키며 묵주와 십자가를 착용시킨다. 그런 다음 죽은 이를 애도하기 위하여 슬퍼하면서 통곡하는 시간을 갖는다. 밤샘에 대비하고자 많은 음식과 술이 마련된다. 여기서 중요한 것은 가족원들 간의 사교를 통해 죽은 이의 삶을 기억하는 것이다. 시체는 매장하기에 앞서 저녁에 교회로 옮겨진다. 의식의 절차와 내용은 변화해 왔지만, 상징적으로는 살아 있는 사람들의 문화가 죽은 이들의 문화와 함께 통합된 것이다. 아일랜드 사람들은 죽음에 의해 자신들의 정체감이 위협받지 않을 수 있도록 이러한 의식들을 통합적으로 유지해 나간 것이다(Sheehy, 1994).

다음에서는 종교와 문화가 서로 엮여 있다는 것을 증명하기 위해 주된 종교 몇 가지를 예로 들어 죽음과 사별에 대해 설명하고자 한다. 이러한 종교들은 죽음에 대해 아동이 가지고 있는 개념과 경험들에 영향을 미친다(Candy-Gibbs, Sharp, & Petrun, 1984).

🗨 유대교

유대교에서는 두 가지 중요한 가치가 있다. 이 가운데 '카보드 하멋(*Kavod Hamet*)'은 죽은 이들을 존경해야 한다는 것이며, '니훔 아벨림(*Nichum Avelim*)'은 애도하는 사람을 위로해 주라는 것이다(Cytron, 1993). 이 두 가지 가치는 죽음 및 사별에 관한 모든 의식에서 나타나는데, 이는 사별한 사람을 위로해 주는 동안에 죽은 이들을 위해서도 경의를 표해야 한다는 것이다. 그러므로 죽은 이의 신체는 온전할 수 있도록 존중되어야 한다. 예를 들면, 시체를 매장하거나 부검하는 것은 허락되지 않는다. 시체를 다룰 때 화장하는 것 역시 부자연스러운 방식이라고 여기는데, 이들은 이것을 대참사(holocaust)와 관련시키고 있다. 이스라엘에서는 일반적으로 가족 구역 내에서 매장이 이루어지거나, 또는 어떻게 매장할지에 대해 합의를 하곤 한다.

유대교에서 공식적인 애도는 죽은 이의 인간관계에 의해 다음과 같은 순서, 즉 죽은 이의 아버지, 어머니, 형제, 자매, 배우자 그리고 아들이나 딸 순으로 결정된다. 공식적 애도자들은 제사 준비에 참석해야 하기 때문에 여러 가지 의례적 의무들로부터 면제된다. 죽은 사람이 사랑하는 사람들로부터 떨어져 나간다는 것을 상징적으로 나타내기 위해 첫 번째 의식에서 검정색 의복이나 리본이 사용된다. 아이들은 가슴 위쪽에 리본을 달며, 어른들은 오른쪽에 단다. 예배 시간에 유대교 지도자는 조문을 전한다. 묘지에서 매장이 이루어지고, 가족원들이 참석하여 관을 흙으로 덮는다. 마지막 단계에서, 가족원들은 '카디시(Kaddish)'라는 유대교 기도문을 낭독하는데, 이 기도문은 죽음에 대해 분명하게 언급하고 있지 않지만, 삶을 긍정하는 내용으로 되어 있다(Cytron, 1993). 의식을 따르면서 가족들은 일주일 동안 애도한다. '시바(Shiva, 유대인이 장례식 후 지키는 7일간의 복상 기간)' 동안에 조문객들이 와서 죽은 이를 회상하면서 가족원들의 슬픔을 함께 나눈다. 사별한 사람들은 면도하지 않거나, 새 옷을 입지 않거나, 가구에 앉지 않거나, 거울을 사용하지 않는 등 자기희생적 행동을 할 수도 있다. 이것은 죽음에 의해 일상이 붕괴되고 있음을 보여 주는 것이다. 이 시기에 가족원들은 슬픔을 함께 나누고 죽은 사람을 떠올린다. '시바'가 끝날 무렵, 가족원들은 마지막으로 기도를 하면서 잠시 밖으로 걸어 나간다. 이러한 단순한 행동은 애도하는 사람들이 상실에 몰두하여 자신이 수행해야 할 책임을 회피하지 않고, 계속해서 세상으로 나아가야 함을 상징적으로 나타내는 것이다.

이 기간 후에, 유대인 가족들은 죽은 이들을 위한 첫 번째 기념일인 '요르자이트(Yahrzeit)'에 참석할 뿐만 아니라, 제사 후 첫 번째 달을 기억하여 '쉘로쉼(Sheloshim)'에 참석한다. 이러한 의례에서 가족원들은 특별한 양초를 켜고서 '카디시'를 암송한다. 유월절, 오순절, 초막절과 같은 유대교 대축제일 동안에 죽은 이들을 기억하기 위한 일환으로서 예배가 이루어지며, 가족원들이 모여서 기도와 명상을 하게 된다.

소년인지 소녀인지에 따라, 십 대 초반에 이루어지는 성인식과 같은 의식을 완전히 치렀는지 아닌지에 따라 이들이 예배와 의식에서 맡는 역할들은 달라진다. 오랜 기간 동안 이루어지는 유대교의 애도 의식을 통해 아이들은 죽음을 영원한 것으로 바라볼 수 있게 된다. 한편, 아이들은 장례식을 통해서 종종 수용하기 어려운 죽음, 슬픔, 상실과 같은 비기능적이면서도 보편적인 측면들에 대해 이해할 수 있게 된다(Ayash-Abdo, 2001).

🗨 기독교

기독교라는 용어는 광범위한 영역의 활동과 신념 체계를 포함하고 있지만, 인간 영혼의 연속성과 그리스도의 부활에 초점을 두고 있으며, 이는 인간이 어떻게 살아왔는가에 달려 있다고 본다. 많은 기독교 교회들은 특정한 독서, 기도, 찬송가뿐만 아니라 활자화된 특별한 장례 의식이 있다. 장례식에서는 어두운 옷을 입고 양복에 검은 타이를 매는 것이 전통적이지만, 이따금 생일과 부활절을 축하하기 위해서 밝은 옷을 입는 것도 좋아한다. 특히, 가족이 간단하면서도 개인적인 장례식을 선호한다면 장례 의식에 따라 공식적 추도식을 치른다. 추도식은 주변의 친구 및 동료와 함께 죽은 이들의 삶을 기념할 수 있는 기회를 제공해 준다.

가톨릭 전통 가운데 일부분으로, 손을 얹는 접촉을 통해 치료하는 것이 있다. 이것은 '아픈 이들에게 성유를 바르는 것'의 기원으로, 이를 '병자의 성사'라고 한다. 가톨릭인은 성직자가 오는 것을 보면서 걱정을 한다. 왜냐하면 이것은 삶의 끝이 가까이 있다는 신호이기 때문이다. 접촉은 하느님이 원하실 경우 병자들을 건강하게 회복시킨다는 것을 의미하기도 하며, 또는 병자들을 도와서 병에 용감하게 대처해 나간다는 것을 의미하기도 한다. 기름은 주교들이 축성을 하는 데 사용된다. 사람이 죽어 갈 때, 죽어 가는 사람에게 신앙을 가질 수 있도록 용기를 주며 귀에 기도문을 읽어 준다.

죽은 후에는 성경을 통해 성서의 말과 구절을 읽어 준다. 죽은 즉시 이들의 가족과 함께 있어 주는 것은 성직자의 임무다. 미사는 독서, 초와 향의 사용, 성체성사로 이루어진다. 이 특별한 미사는 예수가 죽기 전에 그의 제자들과 나누었던 마지막 만찬을 회상시킨다. 장례 미사는 슬퍼할 수 있는 기회이자 희망을 제공하는 기회다. 장례식이 이루어진 후에는 일반적으로 애도하는 사람들을 위해 음식이 제공된다. 성당은 땅에 매장하는 것을 선호하지만 현재는 화장을 허용한다. 화장은 역사적으로 볼 때 사후세계에 대한 믿음이 부족하다는 것을 나타내는 방식이기 때문에 예전에는 허용되지 않았다. 그러나 현재에 와서는 화장이 더욱 실용적으로 여겨지며, 성당 안으로 유골단지를 들이게 된다. 세례를 상기시키는 의미로서 옷은 관이나 유골단지 옆에 놓인다. 장기나 신체를 기증하는 것은 자선으로 여겨져서 허용된다. 매장 이후에, 성당은 그들을 기억하기 위해 그 사람의 이름으로 미사를 제공한다. 이들은 죽은 사람들이 사후세계에서 하느님과 함께한다고 강하게 믿는다. 그러나 여전히 살아 있는 사람들과도 연결되어 있다고 느낀다.

개신교의 의식은 가톨릭 의식과 같은 절차와 상징이 부족하며, 일반적으로 더 간결하고 직접적이다. 비록 많은 개신교의 교파가 있지만, 이들은 각각 독특한 접근과 절차로 죽음을 다룬다. 하나의 공통적인 요인은 이들이 주 하느님과의 관계를 좋아하고 사랑한다는 생각이다(Gilbert, 1995). 세례 성찬과 같은 신앙적 상징을 통해, 사별한 사람들은 사랑하는 하느님과 영원한 관계를 맺는다고 생각하여 안심한다. 찬송가의 "나와 함께 머무르오!"와 같은 신앙적 말들을 통해 하느님이 죽어 가는 사람들과 함께하면서 그들을 위로해 준다고 확신한다.

개신교에서 중요한 것은 장례식을 구성하면서 가족의 소망을 충족시키는 것이다. 장례식은 교회, 장례식장 또는 묘지 근처에서 이루어질 수 있다. 시체는 장례식에 있어도 되고, 없어도 괜찮다. 만일 장례식에 시체가 있다면, 개신교의 성직자는 예배 시작 전에 관이 닫혀 있는지 묻는다. 개신교의 장례식에는 기도, 음악, 찬양, 설교, 성경구절 낭독 등을 하게 된다. 예배에서 강조하는 것은 죽은 사람의 삶을 기념하고 죽은 사람이 영원한 생을 얻을 수 있다고 확신하는 것이다. 애도하는 사람들은 기도하기 위해서 매장한 곳에 방문한다. 묘지 근처에서 관이 내려갈 때 사람들은 손에 한가득 흙을 담아 관으로 던져야 한다. 음식이 제공되는 모임은 일반적으로 장례식 이후에 진행되는데, 일반적으로 교회나 친구 또는 가족의 집으로 초대한다.

🗨 이슬람교

이슬람 전통에서는 현세에서의 선행에 대해 사후세계에서 보상받을 수 있다는 점을 강조한다. 죽어 가는 동안에 코란의 시를 암송하면서 이들은 최종의 자유를 떠올린다. 죽어 가는 사람은 자신의 행동에 대해 용서를 구하고 빚을 청산하려 할 것이다. 유대교와 유사하게, 신체는 성스럽게 여겨진다. 죽은 후에 몸은 메카(Mecca, 이슬람교의 성지)를 향하게 놓고 친척 및 친구가 기도하는 동안에 이를 혼자 남겨놓지 않는다. 죽은 사람을 위한 기도인 '살라트 자나자(Salat ul Janaza)'가 이루어진다. 고인과 같은 성(sex)인 사람들은 고인을 준비시키고, 관을 운반하는 사람들은 기도문을 외우면서 상여를 메고 묘지 장소로 이동한다. 몇몇 가까운 친지들은 매장하기 전에 고인의 얼굴을 볼 수 있다. 배우자, 딸 그리고 아들은 고인의 얼굴을 볼 수 없지만 사위는 볼 수 있게 되어 있다(Gilanshah, 1993). 장례식에서는 울면서 슬픔을 표현하도록 북돋아 주는데, 여성은 통곡하기도 하지만 남성은 훨씬 더 많이 억제하곤 한다. 애도

하는 사람은 슬퍼하다가 실신할 수도 있기 때문에 차, 설탕, 시럽을 준비하는 것이 필요하다. 무슬림은 울음을 통해 육체가 고통을 덜 수 있으며, 치유에도 도움이 된다고 믿고 있다(Gilanshah, 1993). 죽은 이들은 이제 알라와 함께 있기 때문에, 호화롭게 장례식을 진행하는 것은 못마땅하게 여겨진다.

매장을 한 후에, 친구와 친척은 죽은 이의 집에 모여서 일주일 정도 머무른다. 애도하는 이들이 혼자서 슬퍼하지 않을 수 있도록 계속해서 친교의 시간을 갖는다. 매장 후 3일 동안 기도식이 거행되며, 적어도 7일 동안은 기도가 이루어진다. 7일 후에는 신선한 꽃들과 미리 준비된 돌이 무덤 위에 놓인다. 미망인은 1년 정도 검은 옷을 입지만, 가까운 친척들은 40일 동안 검은 옷을 입도록 되어 있다. 애도하는 사람은 이 기간 동안에 음식을 하지 못하도록 되어 있으며, 친구나 친척이 이들에게 음식을 제공해 주는 것이 전통이다. 이것은 애도 과정을 강조한 것으로서, 사별한 사람들을 위해 지역사회의 지원이 필요함을 상징적으로 나타낸 것이라 할 수 있다. 기일에는 죽은 이를 위해 기도하는 또 다른 의식이 열리는데, 죽은 이의 이름으로 가난한 사람들에게 자비를 베풀고 은총을 빈다.

이슬람교를 믿는 사람들에게 죽음이란 죽어 가는 사람들에게 엄청난 사건이 아니다. 오히려 뒤에 남겨진 사람들에게 더 큰 상실을 안겨 주는 것이라 할 수 있다. 길란샤(Gilanshah, 1993)는 이러한 가혹한 상황에 의하여 이슬람교의 아이들은 서구 세계의 아이들보다 죽음에 대해 훨씬 더 많은 경험을 하고 배우게 된다고 하였다. 이슬람교인은 죽음이 인생의 필수적인 부분이라고 가르친다. 사랑

하는 사람의 죽음으로 슬퍼하는 동안, 죽음이 더 이상 낯설지 않게
되는 것이다.

🐚 힌두교

힌두교에서는 영혼이 다음 단계로 이행하는 것으로 죽음을 표현
하며, 죽음을 통해 영혼이 하늘 또는 열반으로 올라간다고 본다.
힌두교인은 땅과 접촉하는 바닥 위에 누워서 죽는 것을 이상적으
로 생각한다. 죽은 이의 몸을 씻겨서 옷을 입히며 방문자를 위해
입관 준비를 한다. 가족들은 기도를 하며, 시체를 만지는 것이 시
체를 더럽히는 것이라고 여기지만 대다수의 애도자들은 작별을 고
하기 위해 그렇게 한다. 시체를 보여 주기 위해 아이들을 데려오기
도 한다. 힌두교인은 죽은 사람을 화장하는데, 죽은 몸을 태우는
것이 고인의 영혼을 자유롭게 놓아 주는 것이라 여겼다. 이들은 윤
회를 믿고 있는데, 이는 힌두교 제사와 기독교의 추도예배가 거의
같은 형식의 행사임을 보여 준다. 불꽃은 창조자인 '브라마
(Brahma)' 신을 나타내는 것이기 때문에 중요하다. 흰색은 애도를
나타내는 전통적인 색이다.

일반적으로 화장터 입구에서 기도를 하는데, 이것은 차례대로
돌아가면서 이루어진다. 또한 꽃과 사탕을 돌리고, 경적과 종을 울
리며 시끄럽게 하는데, 이것 역시 힌두교 의식의 일부분이라 할 수
있다. 상주는 일반적으로 가족 중에서 맏아들이거나 가장 나이 든
남자로서, 모든 가족을 대표하여 죽은 이에게 작별인사를 고한다.
가족의 남자들은 경의를 표하기 위해 머리를 삭발한다. 여자들은

전통적으로 화장에 참석하지 않는다. 화장터에서 베다의 성서가 낭독되는 동안, 상주는 장작더미에 불을 붙인다. 최근에는 버튼을 누르면 관이 사라지고, 점화되었는지 보기 위해 화장 인부가 아래로 내려가는 식이다. 화장한 후에 가족들은 모여서 식사를 하며, 기도를 시작으로 13일 동안의 애도 작업을 하게 된다. 이때 친구들이 방문해서 위로를 해 준다.

불 교

불교에서 죽음은 일종의 '이행(transition)'으로 설명되는데, 이는 삶이 일시적이라는 것을 의미하는 것이라 할 수 있다(Truitner & Truitner, 1993). 키사 고타미(Kisa Gotami) 이야기는 이러한 가르침을 강조하고 있다. 이 이야기에 따르면, 키사 고타미라는 젊은 여인은 그녀의 외동아이를 잃었다. 그녀는 부처에게 시체를 들고 가서 그 아이를 소생시켜 달라고 부탁하였다. 부처는 그것이 가능은 하지만, 동네 사람들로부터 겨자씨를 모아야 한다고 말했다. 겨자씨는 죽은 사람이 없는 집에서만 구할 수 있는 것이었다. 그녀는 겨자씨가 어디에나 있지만, 죽음이 없는 곳은 그 어디에도 없음을 알고서 죽음이 누구에게나 닥칠 수 있는 것임을 깨달았다.

죽음을 맞이할 때, 죽어 가는 사람의 귀에 대고 경문을 외우면서 묵상하는 것이 도움이 된다. 청각은 가장 마지막 순간까지 남아 있는 감각이기 때문이다. 영혼이 신체를 떠나는 데 얼마간의 시간이 걸린다고 여기기 때문에 시체는 3일 동안 보존된다. 하지만 장기를 기증하는 경우는 생명을 제공한다는 의미에서 이를 자비로운

행동으로 여겨 허락한다. 시체가 화장되고 장례식이 진행된다. 애
도하는 사람들은 장례식장에서 자신의 심경을 털어 놓으며, 유골
항아리가 진열된다. 부모에 대한 애석함 내지는 관습에 따라 장례
식 동안 슬퍼하는 것이 일반적이며, 현존한 가까운 친척은 흰색 옷
을 입고 통곡한다. 화장한 재는 고인과 가족이 특별하게 여기는 장
소에 뿌려지도록 되어 있다. 제사는 고인에 대한 존경심을 표현하
고 슬픔에 빠진 유족을 돕는다는 점에서 의미가 있을 뿐 아니라,
고인에 대한 감정을 진정으로 깨달을 수 있다는 점에서도 의미가
있다. 가족원은 49일 후에 또 다른 의식을 치르며, 이를 통해 고인
과의 숙명적 관계를 확신한다. 1주년을 기념하는 의식 또한 이루어
지게 된다.

불교신자의 관행에 대한 철학적이면서도 의례적인 측면들은 아
이들에게 위안을 주기도 하지만 동시에 혼란을 초래하기도 한다.
아이들은 한편으로는 조용히 집중하면서 정을 떼도록 노력해야
하고 또 한편으로는 즉시 슬퍼하고 애도해야 하며, 심지어는 죽은
후에도 부모 자녀 관계가 계속된다고 여겨야 하는 것이다. 이는
문화적으로 볼 때 혼란스러운 요인들이며, 이러한 기대들 때문에
아이들은 당황하게 된다. 발달적으로 볼 때, 이 시기에 아이들은
죽음이 영원한 것인지에 대해서도 확신이 없으며, 고인을 붙들고
있는 동시에 고인과 어떻게 분리해야 하는지에 대해 혼란스러움
을 느낀다.

우리 모두는 환상인 것을.
태양빛을 받아

그림자 마술(幻影) 상자 속에서
잠시 출현하여 이리저리 어른거리다가
자신의 역할이 끝나면 사라지고 마는 허깨비인 것을
어디로부터, 왜 왔는지도 모르는 채
이 우주 속으로 들어와

물처럼 정처 없이 구비지며 흘러가다가
어디로 가야 할지도 모르는 바람처럼
불모의 땅을 따라 정처 없이 나부끼다가
이 우주 밖으로 나가네.

– 오마르 카이얌(Omar Khayyám, 1048~1122)

〈루바이야트(*The Rubaiyat*)〉

상실이 가족 체계에 미치는 영향

가족의 대처 양식은 다양하기 때문에, 가족이 슬픔에 대처하는 과정에 대해 명확하게 규정지은 것들을 찾아보기는 쉽지 않다. 가족을 지탱하게 해 주는 요소들은 문화, 지역 및 종교에 많은 영향을 받으며, 이것들이 애도 과정에도 영향을 준다. 브라운(Brown, 1988)은 특히 아이들도 죽음의 과정에 함께 참여하여 죽음을 현실적으로 느껴 보도록 하는 것이 중요하다고 설명하였다. 비록 어른들이 아이들의 고통을 덜어 주고 싶더라도 죽음과 관련된 의식을 치를 경우에 아이들을 제외시키지 않는 것이 중요하다고 설명하고 있다. 장례식을 치르면서, 묘지에 들러 추도예배를 드리고 죽음의 상황과 상실에 대해 터놓고 이야기하는 것은 애도 과정에서 한결같이 중요한 역할을 하는 것이다. 상실은 가족의 신념체계와 가족의 경험에 적합하게 의미 있는 방식으로 표현되어야 한다.

가족원 중 한 명이 죽으면 잘 확립되었던 가족원들 간의 상호작용과 균형이 깨짐으로써 분열이 일어날 수 있다. 즉각적인 상실의 여파에 의해 가족원들은 훨씬 더 크게 변화해야 할 수도 있다. 예를 들면, 한쪽 부모를 잃은 아이는 만일 살아 있는 다른 한 부모가 경제적·정서적 이유로 할 수 없이 이사를 가게 된다면 새로운 학교에서 열심히 해 보고자 노력할지도 모른다.

다시 말하면, 애도는 매 계절, 공휴일 또는 가족원의 기념일에 따라 다양하게 이루어질 수 있다. 즉, 가족은 죽은 가족원에게 특별한 역할, 기능, 특성 등을 부여하여 상실을 재경험하는 것이다 (Wortman & Silver, 1989). 만일 새로운 사람이 이러한 가족 체계로 처음 들어오려 한다면 가족원들은 그를 받아들이려고 하지 않을 수도 있다. 또한 어떤 가족원들은 새로운 사람이 죽은 사람을 대신한다는 것에 불만을 가질 수도 있다. 종종 고인에 대한 이상화나 상실에 대한 두려움은 새롭게 애착을 맺고 헌신하는 데 방해물이 될 수 있다. 따라서 때로 어떤 아동은 살아 있는 한쪽 부모의 새로운 배우자를 받아들이려 하지 않는데, 이런 아이들은 이것을 죽은 부모에 대한 배신이라고 믿기 때문이다.

상실에 관련된 가족생활의 주기에서 고려해야 할 중요한 요인으로는 ① 상실이 일어난 시기, ② 상실과 동시에 발생한 그 밖의 중요한 생활 사건들, ③ 미해결된 과거의 상실 사건, ④ 발생한 죽음의 종류, 그리고 ⑤ 가족 안에서 고인이 맡았던 역할 등이 있다(McGoldrick & Walsh, 2005). 불시에 죽음을 맞이하는 경우는 사회적으로, 시간 순서대로 예측한 것들을 혼란스럽게 만든다. 예를 들면, 조부모의 죽음은 예상된 것이지만, 젊은 배우자와 부모의 죽음은 예상 밖의 것이라 할 수 있다.

불시에 죽음을 맞이하는 경우는 의미를 추구하고 준비를 할 시간이 부족하기 때문에, 수년간 애도 과정이 지속될 수 있다. 형제, 배우자, 부모, 어린아이는 고인이 현존하지 않을 때 자신이 살아남은 것에 대해 죄책감을 가지게 된다. 친구를 잃은 것 또한 아이들에게는 복잡한 책임감을 느끼게 만든다. 다시 말해서, 아이들은 죽은 부모에게 마음을 돌릴 뿐만 아니라 그들이 살아남은 것에 대해 불안해하면서 남아 있는 부모를 돌보려고 애쓴다. 아이들은 부모의 죽음으로 자신도 버림받을지도 모르며, 상실이 되풀이될 것 같은 두려움을 느끼게 된다. 따라서 이들은 친밀한 애착 형성을 어려워할지도 모른다. 맥골드릭과 월시(McGoldrick & Walsh, 2005)는 만일 아동기에 아이와 같은 성의 부모를 잃는다면 훗날 아이를 양육하는 데 어려움을 겪을 수도 있다고 하였다. 생존한 부모의 정서 상태를 평가하여 다른 성인 양육자들의 도움을 받을 수 있다면, 이는 부모의 죽음을 경험한 아동·청소년에게 매우 큰 도움이 될 수 있을 것이다.

상실이 인생 주기에서 변화의 시기에 함께 일어난다면 가족은 과부화되기 쉽다. 예를 들면, 중요한 상실의 순간에 태어난 아동은 그 가족원의 기능을 대신할 것이라고 여겨지기 쉽다. 할머니의 장례식에 태어난 한 여자아이는 할머니 대신으로 여겨져 할머니와 유사한 방식으로 가족들을 대해 주기를 기대할 것이다. 한 가족이 오랫동안 상실에 반응해 왔던 방식들은 세대를 초월하는 가족의 패턴이 되어 그 중요성을 갖게 된다. 이러한 역사들이 혹시 주목받지 못한다 하더라도, 이것은 은밀한 가족의 각본이 되어 표현될 수 있을 것이다. 이에 대한 한 예로, 어떤 아버지가 중년기에 들어서 우울해졌는데, 그 시기가 바로 자기 아버지의 장례식을 치르던 때였다. 죽음에 대한 애도 작업이 충분히 이루어지지 않는다면, 아들은 인생 주기에서 바로 그 시점을 주시하게 될 것이다. 즉, 만일 이러한 패턴이 분명하게 조명되지 않는다면 결국 세대를 통해 반복된다는 것이다.

유산, 비밀에 부친 낙태 또는 불임과 같은 숨겨진 상실들은 가족이 꿈꾸던 것에 대한 상실이라 할 수 있다. 아이의 죽음은 불시에 일어난 상실로서는 가장 최악의 것으로, 세대 간의 기대를 무너뜨린다. 아이의 위치는 상실을 복잡하게 만드는데, 특히 첫째 아이이거나 외동아이, 특정 성별에서 외동아이, 특별한 재능을 가진 아이, 또는 까다로운 아이이거나 가족원들과 문제가 있었던 아이는 가족원들과 양가적 관계를 맺고 있다.

죽음이 어떻게 일어났느냐 하는 것 또한 복잡한 요소라 할 수 있다. 자녀의 상실로 양육에 어려움을 겪는 경우, 이것이 형제들의 행동화된 증상으로 나타날 수 있다. 맥골드릭과 월시의 사례 연구 대상자였던 네 살 된 남자아이는 보육원에 가기 싫어했다. 조사해 보니, 그의 형이 네 살 때 죽었고, 부모는 형이 바이러스 때문에 죽었다고 동생에게 말해 주었다. 아이가 죽으면 형제와 다른 친척들의 요구가 종종 무시되곤 한다. 형제들은 강렬하게 반응하고 오랜 기간 슬퍼하며, 으레 그렇듯 형제간 경쟁으로 죄책감을 더 크게 느끼게 된다. 부모가 종종 슬픔에 압도되기 때문에, 남겨진 아이는 마치 부모도 잃어버린 것처럼 느낄 수 있다. 오랫동안 병을 앓고 있는 가족원이 있는 경우, 남아 있는 아동에게는 관심이 약해지곤 한다. 반면, 사고로 자녀를 잃은 부모는 살아 있는 다른 아이를 과보호하고 지나치게 예민하게 행동하며, 이들과 분리되기 어려워한다.

청소년의 사고사는 충동적이고 위험을 감수하는 행동들과 관련이 깊다. 이들의 부모와 형제가 상실을 무의미하게 다루기 때문에, 강렬한 분노와 좌절감, 부수적으로 슬픔까지 뒤섞이게 되면서 이러한 행동을 하는 것이다. 알코올 또는 약물과 관련된 오토바이 사고사가 십대 사망률의 상당 부분을 차지하고 있다(McGoldrick & Walsh, 2005). 노동 계층, 가난한 가족, 가난한 지역의 유색 청소년들은 특히나 폭력에 대한 위험성이 크며, 즉각적 만족과 자기파괴적 행동만을 추구하고, 미래에 대해서도 무기력한 채로 암울한 기대를 하고 있다(Burton, 1995). 부모의 권위와 통제로부터 자유로워지고 싶었던 청소년은 부모의 죽음으로 엄청난 죄책감을 경험하게 된다. 이들은 고통에 대처하고자 또래의 행동을 모델링하여 도둑질, 싸움, 성적 행동, 철수 등의 행동으로 표출하기도 한다. 이러한 행동은 가족에게 또다시 스트레스를 증가시키고, 학교나 사법 기관과 같은 더 큰 가족 외 체계를 끌어들이게 된다. 어떤 방식으로든, 청소년은 해결되지 않은 문제에 대해 주의를 기울이면서, 가족의 상실에 대한 지표 역할을 하는 것이다.

애도 과정에 영향을 주는 문화, 종교, 가족의 가치관에 대한 평가

아동이 사랑하는 사람의 죽음에 대처할 수 있도록 돕기 위해서는 그 가족의 문화를 존중해 주어야 한다. 맥골드릭 등(1991)은 슬퍼하고 있는 아동과 효과적으로 상담하도록 돕기 위하여 상담자가 해야 할 몇 가지 중요한 질문들을 제시하였다.

1. 시신, 시체의 처리, 장례식 등 죽음의 과정이 진행되는 동안에 어떠한 문화적 의식들이 치러지는가?

이것은 종교적 측면뿐만 아니라 문화적 측면 또한 이해해야 한다는 것을 설명하고 있다. 그 가족의 문화 적응 수준, 즉 가족이 전통 의식을 매우 잘 따르는지 아니면 새로운 것들을 받아들이는지, 의식과 절차가 가족들의 요구를 최대한 반영한 것인지에 대해 혼란스러워 하고 있는지 등을 이해하는 것이 중요하다. 가족의 편안함이나 혼란스러움은 아동에게 전해진다. 즉, 성인 가족원의 반응이 아동에게 전달되는 정보의 과정에 영향을 미치는 것이다. 또한 죽음에 관하여 다른 문화에 얼마나 동화되었는지에 따라 또래로부터 이질감을 느낄 수도 있을 것이다. 가령, 라틴 문화에서는 대부모(godparent)의 죽음이 아동에게 매우 중요하다. 그러나 학교와 같은 기관에서는 대부모를 가까운 친척으로 인정하지 않기 때문에 이를 인정해 주지 않을 것이다.

2. 가족원들은 사후에 어떤 일이 일어난다고 믿는가?

이러한 메시지들이 아동에게 직간접적으로 전달되기 때문에, 가족원의 이러한 신념을 이해하는 것은 아동과 상담할 때 특히 도움이 된다.

3. 상실을 경험할 때 가족원들은 어떠한 정서 표현과 통합 방식을 적절하다고 여기는가?

문화와 가족에 따라서 애도를 위한 시간은 물론, 슬픔을 적절하게 표현하는 방식이 다양해진다. 죽음의 순간, 죽은 이후, 장례식에서뿐만 아니라, 죽은 후 일주일, 한 달, 1년 정도에 따라 적절한 표현 방식이 달라진다. 어떤 문화에서 어떤 가족들은 기념일을 위해 의식을 치르지만, 그렇지 않은 가족들도 있다. 아이들이 다른 가족원들로부터 상충되는 메시지를 받는다면, 애도 과정은 훨씬 더 복잡해질 것이다.

4. 죽음을 다룰 때 가족원들은 어떠한 성역할을 기대하는가?

인지적 · 정서적 · 행동적 표현은 성별에 따라 달라질 것이다. 종종, 소년은 강해야 하며 공개적으로 슬퍼하면 안 된다는 메시지를 전달받는다. 그 대안으로서 소년들은 슬픔을 행동화하는 것이다. 반면, 소녀에게는 분노를 표현하지 않도록 권하거나 분노 표현을 허용하지 않는다.

5. 어떤 종류의 죽음(예: 자살)에 대해서 편견을 가지고 있는가?
   또는 어떤 종류의 죽음(예: 아이의 죽음)이 특히나 충격적으로
   여겨지는가?

이 질문을 통해 상담자는 죽음이 특수한 것이라는 인식을 가지
게 되면서 이에 수반되는 의미에 대해 생각해 볼 수 있다. 문화
적·가족적 준비도 차원에서 볼 때 '좋은' 죽음과 '나쁜' 죽음이
있는 것은 당연하다.

> 내 죽거든 사랑하는 이여
> 날 위해 슬픈 노랠랑 부르지 마오.
> 내 머리맡에 장미꽃도
> 그늘지는 삼나무도 심지 마오.
> 비와 이슬에 젖는
> 무덤 위 푸른 잔디가 돼 주오.
> 그리고 생각나면 생각해 주고
> 잊고프면 잊으세요.
>
> – 크리스티나 로세티(Christina Rossetti, 1830~1894)

의식을 통한 슬픔의 표현

많은 상담자들은 치료적인 의식(ritual)이 내담자를 치유하는 데 효과적이라고 여긴다(Imber-Black, 2005). 의식이 치러지는 과정이 관계적 측면과 깊이 엮여 있기 때문에, 의식이 정신건강에 크게 이로울 수 있는 것이다. 이들은 인간의 광범위한 감정들을 건강하게 표현할 수 있도록 정당화하여 이를 고무시킨다. 리브스와 부르스마(Reeves & Boersma, 1990)는 의식에 대해서, "식을 거행하기 위해 공동으로 이루어지는 활동으로, 여기에는 최소 한 사람과 상실에 대한 상징이 포함되어 있어야 한다. 의식에서는 특별한 정서와 종교적 의미를 부여하며, 사회적으로 명확하게 규정된 대상에게 초점을 맞추게 된다. 의식이 거행될 때에 참여한 사람들은 성스러운 감정이나 색다른 감정들에 대해 서로 이야기 나눈다."(p. 282)라고 설명하고 있다.

제이콥스(Jacobs, 1992)는 종교적 기념과 의식이 불안을 경감시켜 주며 문제가 있는 정서 상태를 효과적으로 다루어 준다고 결론 내렸다. 종교적 의식은 정화 효과를 가지는데, 이는 중요한 타인과 애착을 맺고 연결됨으로써 정서가 이완되고 표현되기 때문이라 할 수 있다. 의식을 통해 개인은 부적응적 애도 방식에서 벗어나 적응적 애도 방식으로 이행할 수 있게 된다.

일본에서는 유산의 후유증을 다루기 위해 '미추코 루요(*Mizuko Ruyo*)'라는 의식을 치르는데, 이는 슬픔을 극복하기 위해 치르는 하나의 의식이다(Klass & Heath, 1996). '미추코'란 물속의 아이를 의미한다. '루요' 란 불교에서의 '공양' 을 의미한다. 이는 타인에 의해 고통을 겪은 보살인 '지조(Jizo)' 로부터 유래한 의식으로서, 부모의 고통과 자녀의 고통이 서로 연결되어 있다는 것이다. 그러한 연결을 통해서 각자의 고통은 해결될 수 있다. 자녀는 가족의 일원으로 가족에게 해를 가져다주는 영혼이 아니다. 부모는 자녀를 돌보아야 하는 의무를 다할 수 있으며, 죽음에 이르는 고통인 '쿠논(Kurnon)' 의 의미는 모든 인생이 고통이라는 불교 제일의 진리에 대한 깨달음으로 변화하게 되는 것이다.

약간 다른 문화적 배경을 가진 『티벳인들의 죽음에 대한 책(Bardo Thodol)』을 보면, 티벳 문화에서 불교가 소위 서구의 심리학에서 일컫는 슬픔과 관련된 문제들을 어떻게 다루고 있는지에 대해 설명하고 있다. 고인들이 환생을 위해 서로 얽혀서 여행을 하고 있다고 여김으로써 살아남은 사람들은 슬픔을 해결하고 있는 것이다(Goss & Klass, 1997).

리브스와 부르스마(1990)는 부적응적 애도 방식을 극복할 수 있도록 돕기 위해 다음과 같은 세 가지의 의식 과정을 제안하였다. 첫째는 '분리' 다. 이것은 초기 사회 구조 속에서 고착화되어 있던 것들로부터, 혹은 일련의 문화적 관점들로부터 벗어날 수 있도록 해 준다. 둘째는 '뛰어넘기' 다. 이것은 과거에 머물러 있는 단계도 아니고 미래의 단계도 아닌 모호한 상태로서, 한계에 도전해 보는 것을 의미한다. 그리고 셋째는 '통합' 이다. 이것은 안정된 단계로 완성된 과정이라 할 수 있다.

비교문화적 관점으로서 의식을 이해할 때, 상담자는 이상적인 치료 과정만을 추구하기보다는 문화를 지탱해 주는 가치와 현실에

근거하여, 문화적으로 뿌리 박혀 있는 관행을 찾아내고 내담자의
목소리에 적극적으로 귀 기울여야 할 것이다(McGoldrick, Hines,
Lee, & Preto, 1896). 내담자의 건강에 대한 인식과 세계관에 대해
이해하고 수용하는 것이 매우 중요할 것이다. 상담자는 내담자 문
제를 이해하고 작업동맹을 발전시킨 다음에 의식을 제안해야 할
것이다. 상담자는 유연하게 변화함으로써 내담자의 욕구에 적응하
고 치료적이어야 할 것이며, 존경심, 엄숙함 그리고 신비주의적인
자질을 지녀야 할 것이다(Ishiyama, 1995). 안젤라의 사례를 통해
(Webb, 2003) 치료적 의식을 살펴보도록 하자.

사례
연구

안젤라 - "대부가 매우 아파요."

안젤라는 열 살 된 푸에르토리코 소녀로, 부모가 이혼 과정을 진행하면
서 상담을 시작하게 되었다. 그녀의 여동생 린다는 네 살이다. 아버지는 어
머니가 양육권을 획득하게 되면 집을 나갈 계획이었다. 최근에 이 가족은
안젤라의 대부 로베르토가 폐암 말기 진단을 받았다는 소식을 들었다. 로
베르토는 젊은 시절에 안젤라 아버지의 멘토이자 친구였다. 그는 먼 친척
이긴 했지만, 안젤라가 태어난 이래 그녀의 가족과 매우 가깝게 지냈다. 안
젤라의 조부모가 모두 살아계시기 때문에 안젤라 인생에서 이는 처음으로
맞이하는 중요한 죽음이라 할 수 있다. 푸에르토리코에 거주하는 친조부들
은 아주 멀리 떨어져 지냈다. 로베르토는 나이가 많고 가까이 살았으며
자녀도 다 자랐기 때문에, 안젤라와 린다에게 할아버지의 역할을 해 주었
던 것이다.

사례 분석

이 상황에서 안젤라는 아버지를 곧 잃게 되는 상황에 처해 있다. 아버지는 떠날 것이므로, 그는 어쩔 수 없이 안젤라에게 매우 소원한 존재가 될 것이다. 또 대부의 죽음이 임박해 있다는 것은 그녀가 비슷한 시기에 두 명의 중요한 남자를 잃게 될 것이라는 것을 의미한다. 그녀의 반응에는 대부에 대한 소식뿐만 아니라 아버지에 대한 슬픔까지도 포함되어 있다. 안젤라는 두려운 생각에 사로잡혀서 자신이 당연히 암에 걸릴 것이라고 생각할 것이며, 로베르토는 끔찍한 고통을 겪으면서 죽을 것이라고 생각할 것이다(Nader, 1996).

안젤라와의 상담을 위해 여러 가지 선택이 이루어질 수 있다. 부모와 린다를 포함시킨 가족 상담을 진행하는 것이 적합할 것인데, 이때 로베르토의 불치병에 대해 종합적으로 다루어야 할 것이다. 이러한 상담 회기에서 아이들은 어른처럼 말로 표현하기보다는 장난감과 활동들을 통해 자신들의 감정을 표현하도록 하는 것이 중요해 보인다(Webb, 2003). 가족이 함께 지냈던 행복했던 시간에 대해 그림을 그리고 사진을 검토해 보는 것도 의미 있는 활동이 될 수 있을 것이다(Romanoff, 2001). 가족이 동의하는 경우라면, 이러한 개입을 통해 안젤라는 부모가 비록 이혼했어도 가족이 해체되는 것은 아니라는 점을 이해할 수 있을 것이다. 또한 가족들로부터 로베르토의 삶과 죽음을 포함한, 로베르토에 대한 이야기를 들을 수 있을 것이다.

치료적 의식 또한 의미 있는 개입이 될 수 있다. 이 사례에서, 안젤라는 대부를 기념하기 위해 여동생과 함께 이러한 의식을 수행할 수 있었다. 연령대가 다양하더라도, 그들은 추억의 콜라주를 완성할 수 있을 것이며, 추도식에서 그것을 전시하면 좋을 것이다. 만일 가족의 사별 과정 동안에 콜라주가 완성되었다면, 가족원들에게 대부에 대한 감정들을 회상할 수 있는 기회를 제공할 수 있을 것이다. 뿐만 아니라 가족원들이 암에 대해 화를 내고 심지어는 그가 담배를 피운 것에 대해 비난도 하면서 부정적 감정을 표현할 수 있도록 해야 할 것이다.

아이들에게 도움이 되는 또 다른 방법으로 애도 집단을 들 수 있다. 아이들은 상실로 인해 자신이 가엾어질까 봐 두려워하게 된다. 애도 집단을 통해 아이들은 또래로부터 지지받고 있다고 느끼며, 이들과 비슷한 경험을 하고 있다는 감정을 느끼게 된다(Webb, 2003).

Q 논의할 질문들

1. 안젤라가 경험하고 있는 사고와 감정들을 발견할 수 있도록 해 주려면 어떠한 방법이 필요하겠는가?
2. 아버지와의 이별과 대부의 죽음에 대한 안젤라의 두려움을 덜 수 있으려면 어떤 활동과 대화가 이루어져야 하겠는가?
3. 안젤라가 대부에게 어떻게 작별인사를 하도록 도와야 하는가?
4. 안젤라가 과도기를 더 순조롭게 보내려면 이혼 전과 이혼 후에 어떤 조치를 취해야 하겠는가?

요 약

　이 장에서는 애도 과정에 영향을 미치는 문화적 · 종교적 · 가족적 요인들을 살펴보았다. 그러나 이들은 매우 복잡한 요소들이므로, 이 장에서는 간략한 소개 정도로만 제시하고 있다. 아동 · 청소년과 비교문화적 관점을 갖고 상담하는 상담자는 자신에 대한 인식이 충분히 이루어져 있어야 할 것이며, 상담 경험과 관계를 통해 드러나는 상담자 자신의 문화적 특성들을 다룰 수 있는 준비가 되어 있어야 한다. 내담자의 고유한 문화적 · 종교적 · 가족적 요인들을 이해하는 것은 매우 중요하다. 상담자는 내담자의 문화적 특성들을 고정관념이나 희화된 범주 안에 포함시켜서 이해하면 안 될 것이며, 이러한 특성들이 중요하다는 것 또한 잊으면 안 될 것이다. 와이드먼(Weidman, 1975)은 '문화-중재자'라는 개념을 선보였는데, 이는 다른 문화권의 사람들과 상담을 함에 있어서 상담자는 내담자의 사정을 잘 알고 있는 중재자라는 것이다. 상담자는 상담 과정과 관련하여 조언을 하게 된다. 만일 상담자가 내담자의 문화에 대해 모르고 있다면, 내담자는 자신이 경험한 문화적 특성과 관련된 중요한 정보들만을 계속적으로 제시하면서 상담자를 당황스럽게 만들 것이다.

　아이들의 애도 과정은 인지적 발달과 정서적 발달 수준에 따라 개인차를 고려하여 이해할 필요가 있다. 또한 상실이 내재되어 있는지 그리고 상실이 의미 있는 것인지에 대해 문화적 맥락과 가족적 맥락을 통해 이해하여야 한다. 상담자가 이들의 영향력에 대해 이해하고 있다면 아이들이 적극적으로 반응할 수 있는 다양한 치료 방법을 제시하고 개입할 수 있을 뿐만 아니라 내담자와 훨씬 더 효과적으로 상담할 수 있을 것이다. 3장에서는 아동·청소년의 슬픔과 상실에 대한 발달적 관점들에 대해 다룰 것이다.

3장
슬픔에 빠진 아동 · 청소년: 발달적 고려사항

　이 장에서는 아동기와 청소년기를 별개의 문화로 개념화해야 하는 근거를 상담자들에게 제시할 것이다. 아동 · 청소년의 연령은 물론, 다문화적 관점을 고려하여 상담을 한다면 상담자는 내담자와 더욱 좋은 관계를 맺게 될 것이며, 내담자의 노력과 목표 그리고 전반적 관점에 대해서도 더욱 분명하게 개념화할 수 있을 것이다.

　단지 어른들에게 적용해 오던 기법들로 아동 · 청소년과 상담을 해야 하는 상담자는 이러한 연령대의 내담자들과 상담하는 것이 얼마나 복잡한 것인지에 대해 자칫 간과하기 쉽다. 셰이퍼(Schaffer, 1988)는 문화적 차이가 상담 관계의 다양한 측면에 영향을 미친다고 주장하였다. "문화적 차이는 치료자와 내담자 간의 라포 형성, 치료적 동맹, 치료 효과에 영향을 미칠 뿐만 아니라 평가의 타당성에도 영향을 미칠 수 있다."(p. 4)고 설명하였다.

어드먼과 램프(Erdman & Lampe, 1996)는 상담자와 내담자의 문화적 차이는 어른이나 아이와 같은 지위로 인해 복잡해진다고 설명하였다. 아동·청소년 내담자가 수용되었다고 느낄 만한 상담 관계의 구축은 내담자가 어른일 때보다도 훨씬 더 어려운 과업이다. 내담자가 아동·청소년일 경우에 관계의 양상은 달라지는데(Landreth, 2002; Stern & Newland, 1994; Thompson & Rudolph, 2000), 이는 내담자가 상담자에게 더욱 겁을 내기 때문에 공감이 어려워지는 것이다.

아동·청소년은 발달적·인지적·정서적·신체적·심리적으로 성인과는 다르다. 아동·청소년과 작업하는 상담자는 이러한 차이들에 대한 전문지식을 습득하고 있어야 한다. 많은 상담자가 적절한 준비나 교육이 이루어지지 않은 채로 아동 내담자를 만나고 있다는 몇몇 연구가 있다(Corey, Corey, & Callanan, 1993; Erikson, 1985). 사실, 놀이치료자들의 연구를 보면(Mullen, 2003), 치료자가 놀이치료를 위해 전문적 훈련을 받고 준비할 수 있었던 추진력은 상담자로서 교육을 받고 준비해 왔던 일반적 감정들에 기초한 것일 뿐, 아동과의 상담을 위해 충분한 준비를 갖춘 것은 아니었다는 점이다. 성인과 상담할 때에는 적절했던 기법이었던 것이 아동·청소년을 상담하고 치료하는 과정에서는 최소한으로 사용될 수도 있다. 더욱이, 아동·청소년이 처한 특수한 발달적·문화적 경험에 맞추어 상담을 진행하기 위해서는 문화적 관점을 토대로 그들을 이해하려는 노력이 기본이 되어야 할 것이다.

아동기와 청소년기의 문화

🗨 아동기

아동기 문화란 아동이 공통적으로 겪어 왔던 특별한 사회 내지는 하위 문화들을 일컫거나, 아동기 그 자체에 대한 사회적 해석으로 볼 수 있다. 문화적 관점을 강조한 대부분의 전문적인 자료들을 보면 아동과 아동기에 대한 내용들이 제외된 것을 발견할 수 있다 (Vargas & Koss-Chioino, 1992). 아동과 상담을 할 때, 상담자는 내담자의 연령 특성이 쉽게 부각되는 것을 발견할 수 있다. 성인(상담자)과 아동(내담자)의 문화는 매우 다르기 때문에, 상담자는 아동 상담 시 관계의 역동에 의해 생기는 문화적 장벽을 효과적으로 극복해야 할 것이다.

성인과 상담하는 치료자 및 상담자는, 가령 어른이 따라오지 않으면 상담실에 들어오려 하지 않는 내담자, 대기실에서 의자 뒤로 숨는 내담자, 회기 내내 곰 인형에 대해 이야기하는 내담자, 혹은 치료자의 인지적 수준과 추상적 추론 능력에 전혀 미치지 못하는 내담자를 만나지는 않을 것이다(Landreth, 2002). 아동의 세계는 어른의 세계와는 매우 다르다. 아동의 규칙, 가치, 습관 및 언어는 상담자가 오래도록 잊고 있었던 문화의 일부분이라 할 수 있다. 당신이 어린이라면, 아마도 대체로 무기력해질 것이다. 당신은 크기가 중요한 세상에서 살고 있는데, 당신이 일상적으로 하는 것들이 주류 문화에 의해 무시되며(그림 그리기, 숙제, 재주넘기 같은 신체 활동), 당신에게 의미 있는 것이라 해도 주류 문화는 그것을 중요하게 여기지 않는다. 작은 사람은 문제도 작을 것이라고 가정하여, 어른들은 종종 당신의 사고와 감정을 무시하고 축소시키곤 하는 것이다.

아동은 상담을 추구하지도 않으며 요청하지도 않는다는 의미에서 볼 때, 아동은 누군가의 통제하에 있는 내담자라 할 수 있다. 즉, 여기서 누군가(성인)란 이들과 인간관계를 맺기 시작했던 사람을 일컫는다. 대부분의 경우 아동은 그들이 왜 상담 관계를 맺어야 하는지, 어떤 상담자가 있는지, 어떠한 규칙들로 상담 관계를 맺어야 하는지 알지 못한다. 슬픔과 상실을 경험한 아동은 상실을 겪지 않은 다른 아동 및 성인과 만나야 한다는 것에 민감하게 반응할지도 모른다.

🍃 청소년기

'문화'란 유사한 신념과 습관을 지니고 있는 특수한 집단을 뜻하는 용어다. 또한 문화를 "공동의 목적, 필요성 또는 비슷한 환경을 토대로 하여 서로 어울리거나 동일시하는 집단"(Axelson, 1993, p. 2)으로 정의 내릴 수 있다.

청소년의 신분은 아동기 때처럼 오래 유지되지는 않는다. 청소년은 주류(어른) 문화와의 관계와 지위, 그리고 일반적 발달과업을 토대로 하여 비슷한 신념체계와 문화를 유지해 나간다. 임상적으로 볼 때, 청소년은 통제와 책임감 때문에 고통스러워하곤 한다. 예를 들면, 그들은 자기가 왜 몇 시간 동안이나 의무적으로 동생을 돌보아야 하는지에 대해 당황스러워하면서도, 이성 친구와 함께 지내거나 심지어 자기 혼자 지내는 것에 대해서는 혼란스러워하지 않는다. 그들은 성인기의 규칙이 자신들과는 관련이 없다고 생각하지만, 그렇다고 해서 아동기의 규칙을 적용하는 것도 아니다. 어떤 십대는 이러한 방식에 대해 다음과 같이 설명하고 있다. "나 혼자서 옷을 고를 수 있기 때문에, 부모님이 내 옷을 골라 줄 필요는 없어. 이제 난 열네 살인데, 부모님은 내가 옷을 고를 수 있다고 생각하지 않으셔. 심지어는 외출할 때, 바지를 추켜 올려주거나, 셔츠 위의 버튼을 채워 주시기도 해."

일반적으로 언어, 의상, 대인관계 양식에 관해서는 규범이란 것이 존재하기 마련이다. 이러한 규범들과 신념들은 상담자의 과거나 현재 경험들과는 전혀 다를 수도 있다. 임상 장면에서도 대인관계의 원인으로 청소년의 설명과 성인의 설명이 동일했던 적은 거의 없었다. 한 여자 청소년 내담자는 자신의 성적 행동에 대해 이야기하였다. 그녀의 어머니는 의뢰서에 "딸 아이는 상담자와의 대화가 필요해요. 그녀는 성관계를 너무 많이 해요."라고 진술하였다. 이러한 진술을 우리가 어떻게 지각하느냐는 내담자의 연령에 따라 달라질 것이다. 이러한 예는 청소년과 상담을 했던 경험이 상담에 어떻게 영향을 미칠 수 있는지 보여 주고 있다. 이 사례에서 우리는 아이가 그러한 경험을 얼마나 많이 하고 있는지에 대해 청소년의 어머니에게 질문하였고, 아이에게도 똑같은 질문을 하였다. 생각의 간극에 대해 대화를 나누어라!

이 사례를 통해 상담자는 또한 십대의 성에 대해 갖고 있던 감정들이 되살아날 수 있다. 성인 상담자는 어른의 행동에 대해서는 판단하려 하지 않으면서도 자기 자녀나 청소년 내담자의 행동에 대해서는 판단하려고 드는 것이다. 또한 이 사례에서 상담자가 부모 같은 마음이 들 수도 있을 것이다. 상담자는 내담자-상담자 간의 관계에서 판단하고 충고하는 것이 부정적 영향을 미친다는 것을 알고 있음에도 불구하고, 아이를 보호한다는 명분하에 잔소리를 하거나 설교하게 된다.

청소년은 자신이 다소 눈에 띄며, 종종 소외된 문화에 속해 있다는 것을 알고 있지만, 표현할 수는 없다. 이들은 자율성과 개별성을 추구함으로써 다른 (청소년) 문화에서 소속감을 가지고 정체감을 형성하게 된다. 효율적인 다문화 상담자들은 "상담자의 가치와 다른 가치를 개방적으로 이해하되, 타인을 변화시키거나 그들의 가치를 포기하게 만들 필요가 없다."(McGoldrick, 1998, p. 22)라고 설명한다. 임상 및 상담자 교육, 슈퍼비전을 통해 볼 때, 청소년과 상담하고 있는 초보 상담자나 경력 상담자 모두가 고군분투하고 있음은 분명하다. 이 상담자들은 자신이 청소년이었을 때 범했던 동일한 실수를 이들이 하지 않도록 노력하며, 부모의 입장이 아닌 공감적 자세로 문제를 해결하고자 한다. 청소년과 상담을 할 때 상담자가 몇몇 도전적인 일들을 처리해야 하는 경우도 있다. 상담자가 청소년의 문화적 맥락에 맞게 그들의 경험에 대해 이해할 수 있을 때, 무감각, 충고, 훈계, 잔소리, 축소, 묵살, 무례 등의 위험 요소가 줄어들 수 있을 것이다.

아동과 청소년은 어떻게 슬픔을 경험하는가

아동·청소년에게서 상실에 대한 인지적·정서적·행동적 증상 및 지표로 잘못 여겨졌던 것들은 변덕스러움, 호르몬의 극심한 변화, 발달단계, 과잉 반응, 버릇없는 행동 등이었다. 상실은 그것들의 강도와 심각성에 따라 다르게 나타난다. 상실 경험은 개인마다 독특하게 나타난다. 회복력이 매우 좋은 사람이라 해도, 전혀 상관없는 요인들이 개인의 상실에 복합적으로 영향을 미칠 수 있는 것이다. 예를 들면, 아동이 한꺼번에 많은 상실을 겪었다면 비교적 사소한 상실을 겪고 난 후라도 무너질 수 있다. 어떤 아동은 이사를 간 후에 자신의 상실에 대처하도록 도움받을 수 있는 친구들이나 지지자들이 거의 없어질 수도 있다. 어떤 아동의 경우에는 본래 변화를 민감하게 받아들이기 때문에 새로운 경험에 대처하는 것을 어려워할지도 모른다. 어떠한 환경에서건, 심지어 지극히 일반적 경험—머리를 자르거나 이를 뽑는 등—이라고 해도 어떤 아동에게는 대단히 충격적일 수 있는 것이다.

아동·청소년의 상실에 대한 인지적·정서적·행동적 표현들에 대해 계속해서 살펴볼 것이다. 독자는 아동·청소년의 상실에 대한 인지적·정서적·행동적 경험들이 상호 관련되어 있다는 것에 주목해야 할 것이다.

상실에 대한 인지적 반응

아동·청소년이 상실을 어떻게 경험할 것인지에 대해 다루고 있는 많은 문헌들 가운데, 특히 그들이 상실에 대해 어떻게 생각하고 있는지에 대해서는 피아제의 아동 발달단계 모형과 접목시킬 수 있다(Piaget, 1970). 웨브(Webb, 2002)는 피아제 이론을 통해 아동이 죽음에 대해 무엇을 이해했는지 명확하게 설명하고 있지는 않지만, 아동의 사고발달에 대한 그의 이론이 이 주제에 직접적으로 적용된다고 하였다.

🗨 출생~3세

피아제의 발달이론에 따르면, 이 연령 단계는 '감각운동기(출생~2세)' 와 초기 '전조작기(2~7세)' 를 포함한다. 출생부터 3세까지, 아동은 자기중심적으로 사고한다. 그들은 '영원히' 라는 개념을 이해할 수 없지만, 상징과 단어를 사용하기 시작하며, 자신의 실상을 표현하기 위해 정신적 표상을 사용하기 시작한다.

엠스윌러와 엠스윌러(Emswiler & Emswiler, 2000)는 3세 이전의 아동은 가까이 있었던 사람들 가운데에서 누가 없어진 느낌을 가질 수 있으며, 안 보이는 친근한 그 사람을 그리워할 것이라고 설명하였다. 그러나 아동은 일시적 부재와 죽음 간의 차이에 대해서는 이해하지 못할 것이라고 하였다. 이와 비슷하게, 범죄 희생자를 위한 국립센터에서 아동의 슬픔을 치료했던 몇몇 전문가들의 결과들을 모두 종합한 결과, 5세 이전의 아동 대부분은 자기 자신을 비롯하여 모든 사람들이 죽을 것임을 자각하지 못한다는 것을 발견하였다(Emswiler & Emswiler, 2000; McEntire, 2003; Worden, 1996). 어떤 유치원생이 죽음에 대해서 이야기할 수 있겠지만, 아이는 여전히 죽은 그 사람이 돌아올 것이라고 기대할지도 모르며, 혹은 이사를 간 아동이 자신이 예전에 살던 집으로 다시 돌아갈 것이라고 생각할지도 모른다. 성인은 아동이 울고 퇴행할 수 있도록 해 주어야 하며, 물건과 사람에 대해 애착을 가지도록 해 주어야 한다. 우리는 어른들이 아동의 감정에 이름을 붙임으로써 아동을 속상하게 만든 감정들에 접촉할 수 있도록 도울 것이다.

3~5세

이 시기는 피아제의 전조작기(2~7세)의 후기로서, 이 시기의 아동은 '마술적 사고'를 하는 버릇이 있다. 그들은 오로지 생각을 통해 세상을 통제할 수 있는 힘을 가질 수 있다고 믿는다. 그들은 생각과 행동의 차이를 구분할 수 없다. 이러한 자아중심적인 단계에서, 그들은 타인의 관점을 이해할 수 없다. 이 연령 단계에 있는 아동에게 "아빠가 아주 좋은 새 직장을 구했기" 때문에 멀지만 더 크고 좋은 집으로 이사 가는 것은 좋은 일이라고 설득하는 것 혹은 최근에 돌아가신 할아버지가 "더 좋은 곳에 계신다."라고 설명해 주는 것은 어린 마음에 이미 혼란스러워진 생각을 오히려 뒤죽박죽으로 만드는 것이다. 부모는 이러한 마술적 사고의 역할을 이해해야 한다.

골드먼(Goldman, 2004)에 따르면, 3~5세 아동은 논리적인 사고와 죽음에 대한 두려움들을 표현할 수 있으며, 모든 신체기능이 멈추는 것을 개념화할 수 있고, 죽음의 보편성과 영속성을 내면화하기 시작한다. 프레드런드(Fredlund, 1984)는 4~5세 아동은 죽음에 대해서 말로 표현할 수 있을 것이라고 설명하였다. 2~7세 아동은 죽음을 실제 일어나는 것으로 개념화하는 능력이 증가하지만, 종종 죽음을 되돌릴 수 있다고 여기기도 한다. 어린 아동이 죽음에 대해 설명하는 일반적 방식은 어떤 사람이 잠들었지만 결국에는 깨어날 것이라는 식이다(Metzgar, 2002; Schoen, Burgoyne, & Schoen, 2004). 이러한 자기중심성에 의해, 이 단계의 아동은 자신이 사건의 과정을 변화시킬 수 있었을 것이고, 그렇게 함으로써 그 사람을 죽지 않게 할 수 있었을 것이라고 여기기 쉽다(Fry, 1995). 이러한 아동은 슬픔, 불안, 분노, 두려움, 퇴행과 같은 감정들을 드러내야 한다. 성인은 상실에 대한 아동의 관심사에 귀 기울이고, 상실의 결과에 대비하여 준비할 수 있도록 해야 할 것이며, 되도록 아동이 더 많은 선택권과 통제권을 갖도록 해 주어야 한다.

🍃 5~9세

이 연령 단계에서 아동은 현재 '구체적 조작기' 단계로 이행하고 있다. 이 시기의 아동은 자아중심성이 줄어들고 추상적 사고 능력이 증가한다. 상실에 대한 반응으로, 아동은 슬픔, 불안감, 위축감, 혼란스러움, 두려움, 무시받거나 따돌림당하는 것에 대한 걱정 등의 감정들을 나타낼 것이다. 상실을 경험했을 때, 아동은 공격적이 되거나 위축될 것이며, 악몽을 꿀 수도 있고, 집중이 안 되어 학교 성적이 떨어질 가능성도 있다.

9~10세까지 대부분의 아동은 죽음을 최후의 것, 번복할 수 없는 것, 불가피한 것으로 이해하게 된다(Emswiler & Emswiler, 2000; McEntire, 2003; Worden, 1996). 그러나 아동이 상실과 관련하여 무력감을 느낀 결과, 자신이 현 상황을 변화시킬 수 없었다거나 상실을 막을 수 없었다고 생각하는 등의 인지적 징후가 나타나게 된다. 따라서 자신의 어머니가 갑작스러운 상실에 대해 이래저래 설명해 준 방식을 통해서 아동은 결론을 도출할 것이다(Schoen, Burgoyne, & Schoen, 2004).

🗨 9~12세

'구체적 조작기' 단계에서 아동은 추상적 사고 능력을 발달시키기 시작하며 부모로부터 독립하게 된다. 이 단계에서 아동은 친구와의 관계를 매우 중요시하며, 그들과 다르게 행동하거나 돋보이는 것을 피한다. 고차원적 사고를 하기 시작하고 또래관계를 중요시하기 때문에, 상실을 경험한 아동은 '만약 ~라면 어떻게 되지?'라고 종종 자기 자신에게 질문하기 시작한다. '새로운 학교에서 아이들이 나를 싫어하면 어쩌지?' '새 집이 마음에 안 들면 어쩌지?' '아버지에게 심장마비가 일어났을 때 내가 거기에 있었다면 어땠을까?' 이러한 발달단계 동안에 상실을 겪은 아동은 종종 슬픔, 우울, 불안과 같은 감정들을 경험한다. 위축되거나, 감정을 말로 표현하지 않으려 하거나, 행동화하거나, 학업 수행이 떨어지는 등의 문제들을 발견할 수도 있다.

🗨 12세 이상(청소년기)

피아제 모형을 통해 상실과 죽음에 대한 청소년의 사고 과정 또한 이해할 수 있다. 피아제의 발달단계에서 청소년은 '형식적 조작기' 에 속한다. 이론적으로, 십대는 추상적 사고 및 형식적 · 문제해결적 · 연역적 사고가 가능하다. 이러한 연령대에서 성격의 통합이 이루어지는 것이다. 청소년은 죽음의 개념을 이해할 수 있는데, 이것은 청소년에게 더욱 깊이 있는 정신적 · 개념적 사고를 할 수 있도록 해 준다(Gorman, 1972; Schoen, Burgoyne, & Schoen, 2004). 이 단계를 지나는 과정에서 아동과 청소년의 발달 속도는 모두 다르며, 어떤 아동은 형식적 조작기 수준에 도달하지 못할 수도 있다는 것을 알아야 할 것이다. 그러므로 아동에게 상실을 이해하고 대처할 수 있는 능력이 있을지 추측하지 말고, 아동의 인지적 능력에 대해 평가해 보는 것이 중요하다.

상실에 대한 정서적 반응

상실은 각 개인마다 독특한 것으로, 다양한 방식으로 다수의 변화하는 감정들을 경험하게 된다. 상실감은 아동의 환경, 포부나 계획, 문화, 생활양식 또는 일상생활의 변화와 관련되어 나타난다. 아동은 생활에 대한 통제감을 상실할 수도 있고 정체감을 상실하게 될 수도 있다. 상실감은, 예컨대 이전이나 이사, 부모의 실직이나 승진, 가족의 죽음이나 질환 혹은 이혼이나 재혼 등 상실의 특성에 의한 영향을 받는다.

성인과는 달리, 아동은 자신이 느끼는 감정에 대해서 폭넓게 이름 붙이기 어려워한다는 것을 이해해야 한다. 따라서 그들의 발달 단계에 적합한 도구를 사용하여 그들이 겪은 상실에 대해 소통할 수 있도록 자연스럽게 노력하는 것이 중요하다. 아동은 자신의 생활에서 일어난 변화 때문에 상충된 감정을 경험하게 될 것이다. 애도 과정을 마치기 전에 이들은 상실에 대해 되돌아보아야 할 것이며, 그것을 상실에 의한 정서적 에너지로 전환시켜야 할 것이다.

상실의 종류가 무엇이건 간에, 아동은 애도하면서 대처하는 정서적 시기를 겪어야 한다. 감정의 강도와 지속 기간은 다양하지만, 아동·청소년은 비슷한 단계로 슬픔을 겪으면서 상실에 대처해 나간다(Mack & Smith, 1991). 상실이 죽음과 관련된 것이든 혹은 다른 종류의 것이든 간에, 아동·청소년의 생활에서 중요한 관계, 중요한 물건 그리고 중요한 일상생활에 대한 상실은 이들에게 공허함과 좌절감, 외로움을 느끼게 한다. 분노, 혼란스러움, 황폐함, 불안감과 같은 정서를 느끼는 것도 보편적인 것이라 할 수 있다. 더욱이 이들은 상실에 대한 책임감과 죄책감도 느끼게 될 것이다.

죄책감은 아동·청소년에게 상실과 관련되어 발생하는 보편적인 감정으로서, 특히 죽음이나 이혼과 같은 경험에 수반되는 감정이라 할 수 있다. 매킨타이어(McEntire, 2003)와 워든(Worden, 1996)의 연구에 따르면, 아동은 잘못된 행동을 한 것 또는 애정을 표현할 수 있는 기회를 놓쳐 버린 것에 대해 죄책감을 느낀다. 불행하게도, 반항심에 가출한 경우를 포함하여, 청소년의 정상적 발달과업에 의해, 그들은 사랑하는 사람을 잃고 난 후에야 죄책감을 느낄 수 있다. 청소년은 종종 사랑하는 사람과 더 많은 시간을 보냈어야 했으며, 그(그녀)에게 화내지 말았어야 했고, 또는 그(그녀)에게 사랑한다는 말을 했어야 한다고 느낀다. 좀 더 어린 청소년은 죽음에 대해 자신이 어느 정도의 책임이 있다고 느끼기 때문에 죄책감을 느낄 수 있다(Glass, 1991). 사별한 아동·청소년은 주변의 사랑하는 사람들이나 자기 자신의 안전에 대해서도 불안함을 느끼게 된다.

십대는 종종 자신이 원하는 것에 대해 복잡한 메시지를 전달한다. 어떤 청소년은 아무런 영향도 받지 않은 인상을 제시함으로써, 자신의 감정 표현을 차단할 수도 있다(Cunningham, 2004; Schoen, Burgoyne, & Schoen, 2004). 게다가 많은 십대가 사망과 죽음을 그들의 일상생활에서 매우 동떨어져 있으며, 자신들이 통제할 수 없는 자연스러운 과정이라고 간주한다(Glass, 1991). 상실에 대한 정서적 결과로서 혼란과 무력감이 나타날 수 있는데, 특히 또래가 죽었을 때 그러하다. 중요한 상실을 겪고 난 후에, 나이 든 아동이나 어린 청소년은 종종 무력감과 좌절감을 느낀다. 그들은 죽음이나 상실로부터 보호받는다고 느꼈던 아동기로 퇴행하고 싶을 것이다. 하지만 그들은 사회적인 기대에 의해 오히려 더욱 어른처럼 행동해야 한다고 생각한다. 따라서 그들은 자신의 감정을 억압한다(Glass, 1991).

상실에 대한 행동적 반응

슬픔에 대한 반응은 상실을 겪은 아동 개개인마다 다양한 형태를 띠게 된다. 퀴블러로스(Kübler-Ross, 1969)는 성인에게 나타나는 슬픔의 5단계를 제시하였다. 이는 아동 중심적인 시각으로 볼 때, 아동에게 나타나는 행동적 반응으로 쉽게 번역될 수 있다. 분노는 화가 난 감정이 공격적으로 또는 언어적으로 분명하게 드러난 것이다. 부인(denial) 또한 공격이나 철수와 같은 행동 특성으로 나타나거나, 상실한 대상 또는 사람과 계속해서 상상으로 관계를 유지하는 등의 특성을 보이기도 한다. 행동적으로 볼 때, 부인은 마치 퇴행처럼 보일 수도 있다. 협상 단계에서, 아동은 헤어진 사랑하는 사람을 다시 돌아오도록 자신의 잘못을 속죄하려고 노력한다. 이들은 어머니와 아버지가 모두 돌아오기만 한다면 "착해지겠다."고 약속할 것이다. 이와 유사하게, 죄책감 단계에서 마술적 사고를 하는 동안에 아동은 상실에 대한 책임감을 느끼게 될 것이다. 죄책감을 경험한 아동은 신체적 통증(두통, 메스꺼움)으로 인해 고통스러워할 것이며, 친구나 애완동물, 장난감을 멀리하거나 공격적으로 행동(때리기, 욕하기)할 것이다. 수용 단계에서, 아동은 슬픔에 압도되지 않고서 상실한 사람이나 물건에 대해 현실적이고 건강한 방식으로 이야기할 수 있게 된다.

어떤 아동 · 청소년은 슬픔을 내면화한다. 이들은 공상을 통해 죽은 사람과의 관계를 유지할 것이다. 불행하게도, 그들의 반응은 조용하기 때문에 그 증상을 인식하기도 어려울 뿐만 아니라 증상이 밖으로 분명하게 드러나지도 않기 때문에, 상실에 대처하기 위해 필요한 도움을 받지 못할 수도 있다.

또 어떤 아동·청소년은 상실에 대한 반응을 행동으로 나타냄으로써 외현화하기도 한다. 이들이 슬픈 감정을 다루지 못하였기 때문에, 분노를 폭발시키고, 짜증을 내며, 수면장애와 섭식장애를 겪고, 상실에 대한 세부 사항들에 관해서 끊임없이 질문하게 되는 것이다. 아동기에 자주 슬픔을 표현하는 것은 성격적 결함에서 오는 두려움, 건강 염려증, 충격적 사건 때문일 수 있다(Schoen, Burgoyne, & Schoen, 2004). 청소년은 무력감과 두려움으로 인해 종종 분노를 표현하곤 하는데, 이는 청소년에게 일종의 통제감을 제공해 준다(Glass, 1991).

사례 개입

발달에서의 인지적·정서적·행동적 측면을 고려하여 아동·청소년이 슬픔과 상실에 대처할 수 있도록 돕기 위해, '이사에 대비하는 방법'이라는 사례를 소개한다. 여기서 이루어지는 활동들은 '슬픔과 상실'이라는 교과목 수업을 듣는 학생들에 의해 만들어진 것으로, 이사로 상실을 겪은 아동·청소년에게 상담자가 연령별로 적절하게 선택하여 개입할 수 있게 되어 있다. 그 밖의 상실과 관련된 개입들에 대해서는 이 책의 11장에서 다루고 있다.

요약

다문화적 관점으로 아동·청소년을 바라보는 것은 이들과 상담하는 상담자의 신념체계를 확장시켜 줄 수 있다. 상담자는 아동·청소년을 복잡한 문화의 일부분으로 수용해야 하며, 이들의 문화가 주된 성인의 문화와는 다르다는 것을 인정해야 할 것이다. 아동·청소년과 효과적으로 상담하기 위해서는 성인에게 적합한 기법 이상의 것들이 필요하다. 상담자가 아동·청소년과 함께 상담을 해 나가기 위해서는 문화적 한계에 대해 이야기를 나누면서 극복해 나가야 한다.

마찬가지로, 발달적 관점을 고려하여 아동·청소년의 상실 경험을 이해하는 것이 매우 중요하다. 아동은 죽음과 그 밖의 상실에 대해 더욱 현실적 방식으로 사고하고 이해한다. 그러나 청소년기가 시작되기 직전에, 아동은 흔히 사랑하는 사람과의 헤어짐에 대해 마술적 사고를 하고 이에 대한 책임감을 느끼게 된다. 또한 사춘기 이전의 아동이 죽음의 영속성에 대해 개념화하는 것은 어려운 일이다. 상담자는 가장 효과적인 상담 개입을 위해 아동 개인에 대한 발달 수준과 이해 능력을 평가함으로써 상실에 대처할 수 있도록 해야 할 것이다.

＊＊＊

이 책의 1부에서는 슬픔의 정의, 아동·청소년이 겪는 일반적인 상실, 아이들이 슬퍼하는 방식을 둘러싼 신화들, 그리고 아동기의 슬픔과 상실에 대한 다문화적 측면과 발달적 측면에 대해 다루었다. 이어지는 2부에서는 아동·청소년이 일반적으로 경험하는 특정한 상실 유형들에 대해 살펴볼 것이며, 사례 분석을 통해 구체적인 사례들을 제공할 것이다.

이사에 대비하는 방법

'이사에 대비하는 방법'은 이사와 관련되어 겪을 수 있는 다양한 상실과 아동에게서 나타나는 징후에 대해 성인들, 부모와 상담자에게 알려 주는 데 그 목적이 있다. 이사하는 과정에서 충격을 덜 받을 수 있는 몇몇 예방적 개입과 연령별 개입이 이루어진다.

'이사에 대비하는 방법'에서 이루어지는 개입 방법은 특정 발달 단계별로 나누어 진행된다. 연령에 따라 나누었지만, 대다수는 하나의 연령대 이상에 적합하며, 몇몇 개입 방법들은 어른에게도 유용할 것이다.

출생~3세

▪ 지금까지 살아왔던 집에서 떠날 때: '작별 인사' 의식
  • 아이가 집을 돌아다니면서 방마다 그리고 실외에서 손을 흔들거나 작별 인사를 고하도록 한다.

- 이사 가기 전에는 아이가 가장 좋아하는 이불, 시트 또는 봉제 완구를 세탁하지 말라.
- 아기를 위한 방법: 아기를 데리고 방 주변을 돌면서 마음을 달래주는 작별 노래를 하라.
- 세 살 정도의 아이들은 예전에 살던 집에 있던 물건들을 나타내거나 또는 그것들을 포함한 기억의 상자를 만들 수 있다. 여기에는 벽지 한 장(전기 스위치 아래에서 볼 수 있다), 좋아하는 나무의 잔가지, 풀잎, 꽃이나 바위 또는 카펫이나 바닥재 등의 물건들이 포함된다. 어른들은 또한 지금까지 살던 집의 방과 마당 등, 아이가 좋아하는 장소에서 폴라로이드나 디지털 카메라로 사진을 찍을 수 있도록 해야 한다. 침실이나 좋아하던 장소를 떠나는 것에 대해 대화를 하는 것도 가능할 것이다. 어른은 가령, "더 이상 이 나무 아래에 앉을 수 없다니 슬프구나. 이 나무가 그리워질 거야."와 같이, 적어도 하나의 '감정'을 나타내는 단어를 사용하도록 해야 한다.

위와 같은 것들을 다 모은 후에, 아이가 꾸며 놓은 상자 안에 물건들을 넣을 것이다. 사진들은 상자 안에 넣어도 되고 혹은 포스터보드 한 장에 붙여도 된다. 그런 다음에 아이는 상자나 포스터를 가지고 새 집으로 갈 수 있다.

▪ 새 집에 도착하였을 때: '안녕하세요' 의식

- 아이가 현재 "안녕하세요."라고 인사를 하는 것을 제외하고는, 새로운 집에서 작별 과정을 반복하면 된다. 좀 더 나이든 아이라면, 옛 집과 새 집의 차이에 대해서 그리고 각각의 집에서 아이가 가장 마음에 드는 점을 이야기하며 대화를 시작하면 좋

다. 이러한 작업을 통해 아이는 새 집의 긍정적인 점들에 대해 생각할 수 있게 될 것이며, 혹은 예전 집에 남아 있던 감정들을 발견할 수도 있을 것이다. 새 집과 앞마당에서 일어날 만한 재미있는 일들에 대해서 이야기를 나눠 보는 것 또한 가능하다.

▪ 이미 이사했다면

- 아이와 함께 예전에 살던 집을 그려 볼 수 있다. 예전에 살던 집에 대한 당신의 감정을 이야기하고, 아이로 하여금 각각의 방에 대해 가지고 있었던 감정들과 아주 좋았던 기억에 대해 이야기하도록 해 주라. 그런 다음에 새 집의 좋은 측면들에 대해 이야기해 볼 수 있을 것이다.
- 아이의 방과 다른 중요한 방들의 가구 배치나 또는 여러 가구들을 배치할 때, 되도록 아이가 많은 선택을 할 수 있도록 해 주라.

▪ 그 밖의 방법들

- 냉장고 문 앞에 사진들을 붙여 놓았다면, 그것들을 모아서 새 냉장고에 같은 방식으로 배치하라.
- 세 살 된 아이라면, 예컨대 장난감 상자나 책꽂이 등 몇 개의 자기 물건들을 새로운 방 안의 특별한 장소로 옮길 수 있다.

3~5세

▪ 지금까지 살아왔던 집에서 떠날 때

- 아동의 관심사를 다루기 위하여 놀이 상황을 이용하라. 마치 부모가 자신들의 물건들을 포장하였듯이, 아이가 자신의 인형

집이나 아끼는 캐릭터 인형, 성냥갑 자동차 등의 가구를 싸고, 각각 휴지나 랩으로 포장하고 포장용 상자(빈 신발 상자가 좋음)에 조심스럽게 놓도록 하라. 이 상자를 옮길 때 트럭에 놓을 것인지, 아니면 자동차로 운반할 것인지 아이가 결정할 수 있도록 하라. 매우 조심스럽게 물건들을 다룬 것인지 주의 깊게 살펴보고서 아이의 감정을 이해해 주라. 예를 들면, "작은 소녀의 침대를 휴지로 덮어 놓았기 때문에 깨지지 않을 거야. 이것은 네게 매우 중요한 것이로구나!"와 같이 말해 준다.

▪ 새 집에 도착하였을 때

• 아이와 함께 바닥에 빈 인형집이나 책꽂이 등을 내려놓고서 앉으라. 그런 다음, 이 소중한 물건들을 어떻게 배치할 것인지에 대한 결정권을 아이가 갖게 해 주라. 아이가 무엇을 좋아하는지를 주의 깊게 관찰하여 인정해 주라. 가령, 아이가 특정 물건을 가리킨다면, "그것을 어디에 놓고 싶으니?"라고 질문한다. 작업을 마치면, 아이 방의 가구를 배치할 때, 되도록 아이가 많은 선택을 할 수 있도록 해 주라.

▪ 그 밖의 방법들

• 당장 이사해야 하는 것이라면, 이사하기 전에 아이가 새로운 집에 방문하도록 하여 아이를 준비시켜야 한다. 만약 여러 가지를 선택할 수 있는 상황이라면, 되도록 아이가 자신의 침실을 선택할 수 있도록 해 주라.

• 새로운 식료품점, 도서관, 놀이터에 방문하도록 하라. 아이는 친숙한 것들이 사라진 게 아니라, 단지 다른 장소에 있다는 것을 알게 될 것이다.

- 아이에게 인형과 대화를 나눠 보라고 하면서, 인형에게 가족들이 곧 이사 갈 것이라고 말하도록 하라. 아이가 인형을 들어 올리면서 이야기하는 걱정들을 주의 깊게 경청하라. 그것들은 아이의 근심을 반영해 주는 것이다.

5~9세

▪ 지금까지 살아왔던 집에서 떠날 때
- 아이가 친구들과 계속 연락을 할 수 있도록 친구들의 전화번호와 이메일 주소를 모으도록 하라. 아동이 모임이나 활동에 참여했을 때 친구들의 사진을 찍게 하라.
- 새로운 학교에 미리 연락하여 방문할 계획을 세우라.
- 집과 정원 주변의 식물과 묘목을 수집하라.

▪ 새 집에 도착하였을 때
- (가능하다면 예전 친구들과) 외박 파티에 대한 계획을 세우게 하라.
- 예전 친구와 새로운 친구에 대한 스크랩북을 작성하게 하라.
- 새로운 학교에서 익숙한 활동을 할 수 있도록 계획을 세우라 (예: 밴드, 운동, 댄스 등).
- 새로운 학교 주변에 식물과 묘목을 다시 심으라.
- 새로운 이웃과 그들의 자녀들에게 자기를 주도적으로 소개하게 하라.

9～12세

■ 지금까지 살아왔던 집에서 떠날 때
- 이 연령의 아이에게는 또래관계가 중요하기 때문에, 아이의 친구를 포함시킨 활동을 진행하도록 한다. 아이와 가장 친한 친구들을 초대하여 송별을 위한 외박 파티를 열도록 하라. 아이들에게 과거에 함께 지내면서 찍었던 다양한 사진들을 되도록 많이 가지고 오도록 부탁하라. 파티에서, 헤어지는 아이를 위해 이 사진들을 한군데로 모아야 한다고 아이들에게 설명하라. 그렇게 함으로써 아이는 과거의 의미 있었던 경험들은 물론, 이사에 대한 걱정들에 대해 친구들과 이야기를 나눌 수 있을 것이다. 파티 마무리 무렵에, 아이들이 이메일 주소와 핸드폰 번호, 집 주소를 교환하도록 해 주라. 그렇게 함으로써 아이는 현재의 친구들과 연락을 지속해 나갈 수 있을 것이며, 아이의 또래지원체계를 유지할 수 있을 것이다.

☆ 참고 당신이 원한다면, 완성된 콜라주를 컬러로 복사한 다음에, 그것에 아이가 메모를 하게 하여 파티에 참석한 친구들에게 보내도 좋을 것이다.

■ 그 밖의 방법들
- 새로운 학교에 아이를 데리고 가서 구경하고 아이의 스케줄을 세워 보라.
- 아이가 현재 하고 있는 취미 활동을 계속해서 할 수 있는지 알아보라(예: 스포츠, 밴드, 클럽 등).
- 새로운 지역을 둘러보면서 운동 센터와 레크리에이션 기관을

알아보라(예: 수영장, 지역 센터, 공원, 쇼핑몰 등).
- 되도록 가족의 일상생활을 계속해 나가도록 하라.
- 아동의 질문을 듣고 답변을 해 주라.

■ 새 집에 도착하였을 때
- 새 집에 도착했을 때, 아이를 도와서 콜라주를 걸 만한 특별한 장소를 찾도록 하라.
- 아이가 일상생활을 계속 해나가도록 하라.
- 이사에 관한 아이의 염려에 대해 계속 듣고 반응하라.
- 아이에게 이웃들을 소개시켜 주라.
- 학교와 지역사회 중심으로 이루어지는 친숙한 활동들을 신청하고 어울리게 하라.
- 새로운 학군 안에 전학생을 돕는 프로그램이 있는지 문의하라.
- 가능하다면, 외박 파티를 할 수 있도록 새로운 집에 아이의 친구들을 초대하라.

12세 이상(청소년기)

■ 지금까지 살아왔던 집에서 떠날 때

사진첩 어떤 연령대에 있는 아이라도 이사하기 전 몇 주 동안은 폴라로이드나 디지털 카메라를 이용하여 그들에게 의미가 있었던 친숙한 장면들이라면 무엇이든, 그것이 사람이건 장소건 상관없이 모두 사진을 찍어 두면 좋다. 아이에게 의미 있는 것이라면 어느 것이든 기록으로 남겨 두기 위해 적어도 일주일 동안 카메라를 가지고 다니는 것도 좋은 방법이다. 집, 학교, 공원, 좋아하는 나무 등의 사진뿐만 아니라, 식료품점, 가게, 도서관 또는 우편물 수송차와 같이 선호

도가 불확실한 것들도 사진으로 찍어 두면 좋다. 어떤 아이는 자기 집에서 다른 지역으로 가족여행을 할 때마다 여러 번 운전했었던 특정한 고속도로를 기억해 두고 싶어 하고, 또 어떤 아이의 가족은 종종 특정한 언덕 아래로 미끄러져 내려가곤 하던 것을 기억하고 싶어 한다. 이 활동은 아이의 관점을 토대로 하여 받아들인 것으로서, 매우 개별적인 것이라 할 수 있다.

사진들은 사진첩에 넣어 두거나 스크랩북에 붙여 놓을 수 있다. 아이가 원하는 경우에, 이 사진을 넣어 둔 이유에 대해 설명해 줄 수 있는 자료를 마련하도록 하라. 이러한 개인적 이유에 대해 표현하는 것이 아마도 이 과정에서 가장 중요한 부분일 것이다.

▪ 새 집에 도착하였을 때

사진첩(계속) 아이에게 다른 카메라를 제공하여 이사 간 새 집의 사진을 찍도록 하라. 아이는 가지고 있던 사진첩을 참고로 하여 새 집과 이웃에 대해서도 유사한 항목들을 찾아 사진을 찍게 될 것이다. 아이는 새로운 사진을 옛날 사진 옆에 두고서 어떤 것이 같으며, 어떤 것이 다른지 설명할 것이다. 긍정적인 것과 부정적인 것들을 함께 비교해서 표현한다면 도움이 될 것이다.

다음으로 가장 좋은 것 이 활동을 통해, 청소년인 아이는 과거의 사건들과 경험들을 떠올리게 해 주는 항목들을 짐 꾸러미로 만들게 된다. '외박 파티 다음으로 가장 좋은 것'으로는, 예컨대 전자레인지 팝콘, 좋아하는 CD나 비디오 복사본, 오래된 잡지에서 오려 놓은 미용에 대한 조언들, 화장품 목록 등이 포함될 수 있다. 아이는 예전에 살던 지역에 있는 친구에게 이 짐 꾸러미를 보낸다. 짐 꾸러미에는 그 친구가 다른 친구들과 이 물건들을 가지고 즐겁게 노는 모습을 폴라로이드로 찍어 달라고 부탁하는 편지도 함께 동봉한다. 친구는 또 다른 상자에 '다음으로 가장 좋은 것'에 대한 항목들을 새로운 상자에 넣고, 이전에 찍었던 사진들을 동봉하여 다시 처음의 친구에게 보낸다. 이러한 종류의 짐 꾸러미의 교환을 통해 친구 관계가 계속 이어짐은 물론, 새롭고도 특별한 추억을 만들어 준다. '다음으로 가장 좋은 것'의 사건이 될 만한 기타 아이디어들로서, 소풍, 쇼핑 여행, 핼러윈 놀이(사탕을 주지 않으면 짓궂은 장난을 침), 캠핑 여행, 비 오는 날 오후, 생일 파티 등을 들 수 있다.

PART
2

상실의 유형과 개입 방법

4장
무형적 상실

    여덟 살인 다이애나와 그녀의 가족은 친척 집에서 몇 주 동안의 휴가를 보낸 후 집으로 돌아왔다. 다이애나는 오랫동안 여러 사촌들과 노느라 바빴던 탓에 지쳐서 집에 가는 내내 잠을 잤다. 그녀는 마을의 빛과 지평선이 보이면 일어나겠다고 부모와 약속했다. 그녀는 놀러 가는 것을 좋아하긴 하지만 집에 가는 것을 훨씬 더 좋아했고, 집 주변의 광경은 늘 그녀를 행복하고 편안하게 만들었다. 집 앞 진입로에 차를 세웠을 때, 다이애나는 고양이 스키틀을 쓰다듬으면서 침대에서 자야겠다는 생각을 하며 차에서 뛰어내렸다. 집 안에서 어떤 일이 일어났는지는 아무도 예상하지 못했다. 가족이 첫 번째로 발견한 것은 문의 잠금장치가 부서져 있는 것이었다. 집 안으로 들어가자, 물건들이 어질러져 완전히 엉망이 되어 있었다. 컴퓨터,

텔레비전, 그 밖의 장치들을 도둑맞았고, 다이애나의 방을 포함한 모든 방에 흠집이 나 있었다. 할머니가 주신 다이애나의 목걸이를 도둑맞았고, 그녀의 물건들이 바닥에 나뒹굴고 있었다. 도둑을 맞은 지 두 달이 지났지만, 다이애나는 여전히 집에서 불편함을 느끼고 있다. 그녀는 밖에 나가기 싫어하고, 침대에서 혼자 자려 하지 않으며, 자주 울고, 이사 가자고 말하며, 나쁜 일이 생길 것 같아서 다시는 여행 가고 싶지 않다고 말한다. 다이애나는 침범 당했다고 느끼고 있다.

아동이 슬픔과 상실에 대처해 나가도록 도우려 할 때, 우리는 종종 겉으로 분명하게 드러나는 상실에 대해서만 관심을 기울이는 실수를 범하곤 한다. 예를 들면, 누군가가 죽었을 때, 우리는 아동을 도와서 죽은 사람과 관련된 아동의 감정을 즉시 다루고자 한다. 우리는 슬픔, 울음, 철수와 같은 감정들과 행동들을 예상하고 기대한다. 하지만 경험으로 미루어볼 때, 당신이 예상하지 않는 한, 중요한 상실을 둘러싸고 있는 무형의 상실은 치료하기가 가장 어려울 뿐만 아니라 발견하기조차 쉽지 않다. 앞에서 제시한 사례처럼, 무형의 상실들은 집에 도둑이 든 후에 아동이 안정감을 잃은 것, 신뢰감이 무너지고 나서 배신감을 느끼는 것과 같은 상실을 포함하고 있다.

2부에서는 상담 사례들을 제공함으로써 더욱 커다란 상실 경험이 수반될 수밖에 없는 무형의 상실에 대해 상담자와 부모가 이해하고 다룰 수 있도록 할 것이다. 아동·청소년이 맞닥뜨려야 했던 슬픔과 상실에 대해 사례 연구를 제시한다. 각각의 사례 연구는

① 핵심적 · 부수적 · 무형적 상실을 파악하기, ② 상실 상황에 대한 내담자의 인지적 · 행동적 · 정서적 반응을 파악하기 ③ 상담자의 임상적 반응을 포함한다. 우리가 설명하는 무형의 상실에는 순진함, 안전, 비밀, 신뢰감, 권력, 통제감, 안정감, 약속 그리고 희망에 대한 상실들이 포함된다. 또한 이전부터 존재해 왔던 상실에 대해서도 다룰 것이다.

사례 1

순진함 – "인종차별 문제의 심각성"

완다는 열여섯 살의 아프리카계 미국인으로, 초등학교 1학년 때 이사 온 이래 작은 백인 마을에서 계속 살았다. 그녀는 친구가 많았고, 고등학교에서 학교 임원이자 우등생이었다. 몇 달 전, 완다는 폴란드계 혈통의 댄이라는 고등학교 2학년 남학생과 만나기 시작했다. 댄과 완다는 얼마간 서로 좋아했으나, 댄은 그녀에게 데이트 신청을 하지 않았다. 결국, 완다가 주도하여 데이트를 시작하자고 제안하였다. 모든 것이 순조롭게 보이긴 했지만, 완다는 댄이 그녀와 함께 있는 동안에는 그의 친구들과는 결코 어울리려 하지 않는다는 것을 발견하였다. 사실 그는 학교에서도 친구들과 함께 있을 때는 철저하게 그녀를 무시하곤 하였다. 심지어 댄이 그녀의 가족을 여러 번 만났음에도 자신의 가족에게는 그녀를 소개하지 않았다는 것을 완다는 이상하게 생각하였다. 그녀가 이런 것에 대해 솔직하게 말하면, 댄은 "완다를 나의 작은 비밀로 간직하고 싶어."라고 말하곤 했다.

최근에, 완다는 그의 생일에 선물과 풍선 다발을 가지고 가서 댄을 놀래 주려고 마음먹었다. 선물을 주려고 그의 집에 도착해서 초인종을 누른 후 한참 동안 서서 기다렸다. 그녀는 한 어른이 현관에 어떤 흑인 아무개가 와 있다고 소리 지르는 것을 들었다. 그 인종차별적인 말에 완다는 크게 한 대 맞은 것 같았다. 이윽고, 댄이 아버지 뒤에서 문 쪽으로 재빨리 나와서 그녀를 꽃 배달하러 온 모르는 사람인 양 말하였다. 그는 그녀와 눈을 마주치지 못하면서 "카드도 없네. 나를 은밀하게 좋아하는 사람이 보낸 것인가 봐요!"라고 아버지에게 말하면서 문을 닫았다. 완다는 엄청난 충격을 받은 상태로 몇 분간 닫혀 있는 문을 바라보며 서 있었다. 몇 분 후에, 그녀는 댄이 커튼을 열어 자신을 힐끗 쳐다보면서 윙크를 하며 입 모양으로 "고마워!"라고 말하는 것을 보았다.

이 사건 이후 댄은 완다와 계속 대화하고자 하였지만 완다는 그의 요청을 거절하였다. 완다의 어머니는 그녀를 매우 걱정하였다. 그녀는 딸과 댄 사이에 어떤 일이 일어났는지 몰랐으나, 완다가 댄에게 선물을 가지고 갔다가 집에 돌아와서 울었고, 그 후로 완다가 이전과는 아주 다르게 행동하는 것을 발견하였다. 완다에게 무슨 일이 있었던 것인지에 대해 완다와 이야기해 보려고 해도, 완다는 댄과 헤어졌다고만 말했다. 완다의 어머니는 완다의 행동이 심각할 정도로 변화하였기 때문에, 그녀에게 훨씬 더 많은 일이 있었을 것이라고 추측하였다. 완다는 그녀가 가입하고 있었던 많은 동아리를 그만두었고, 며칠간 이유 없이 학교에도 결석하였으며, 오랜 친구들과도 거리를 두기 시작했다. 자기관리도 하지 않아서 차림새도 안 좋아졌고, 스스로를 못생겼다고 말하기 시작하였다. 완다의 어머니는 상담자인 당신에게 연락하여, 딸을 만나 달라고 부탁한다.

사례 분석

상실을 파악하기

핵심적 상실　완다의 핵심적 상실은 순진함의 상실이라 할 수 있다.

부수적·무형적 상실　완다에게 부수적 상실은 댄과의 관계가 끝난 것이라 할 수 있다. 댄과의 관계가 끝났다는 것은 완다 자신에게도 흠이 있다는 것, 그리고 배신감을 느끼고 있는 것만큼 완다에게 심각한 영향을 미치지는 않기 때문이다. 완다는 또한 다양한 부수적 상실을 경험하고 있다. 신뢰감, 품위, 안정감, 세계관, 정체감 그리고 지역사회 등의 상실이 여기에 해당된다. 완다는 "다른 친구들과 그들의 가족들도 나를 그렇게 생각하고 있을까?" 하고 궁금해하고 있다.

내담자의 반응을 파악하기

인지적 반응　이 사례에는 특별한 인지적 결함이 기록되어 있진 않지만, 상담자는 '전부 또는 전혀 아닌' 식의 사고, 자기중심성, 자살 사고와 같은 인지적 반응들을 파악하고 있어야 한다. 최근 들어 스스로 못생겼다고 여기고 있는 완다의 태도 역시 인종차별을 내면화한 신호일 수도 있다.

행동적 반응 완다는 지역사회, 학교, 친구, 가족으로부터 스스로를 고립시키고 있다. 위생 상태 또한 양호하지 않다. 이것은 그녀의 감정 상태가 행동으로 나타났을 가능성을 보여 주는 것이며, 기본적으로 사람들이 그녀에게 다가갈 수 없게 만드는 행동이라 할 수 있다.

정서적 반응 불량한 위생 상태와 행동 반응은 완다의 최근 정서 상태를 보여 주는 것이다. "나는 돌볼 만한 가치가 없어요." 라는 말은 본질적으로 자기 자신이 추하다고 말하고 있는 것과 같은 것이다. 그녀는 자신의 외모가 추하다고 느끼고 있다. 또한 외롭고, 상처 받았으며, 화나고, 겁이 나며, 무가치하게 느끼고 있다. 게다가, 그녀는 어떤 관계이건 간에 다시 시작하는 것이 두려울 것이다. 그녀가 인간관계를 맺었을 때 어떤 일이 일어났는지를 보면 이해할 수 있을 것이다.

Q 논의할 질문들

1. 완다가 인종 차별자를 만났을 경우 어떻게 대처할 수 있도록 돕겠는가?
2. 완다는 우리 사회에 팽배해 있는 인종차별의 현실에 적절하게 대비했다고 생각하는가?
3. 완다의 자아존중감을 어떻게 회복시킬 수 있겠는가?
4. 완다의 어머니를 어떠한 방법으로 도울 수 있겠는가?

상담자의 반응

완다에게 신뢰감을 얻는 것이 급하지만, 그녀와 라포를 형성하고 신뢰관계를 형성하는 것은 매우 어려워 보인다. 완다는 남자 친구에게 배신당했으며, 그것이 배신인지에 대해서도 의심스러운 상태다. 그녀는 또한 자신이 겪은 고통을 미리 대비시키지 않은 가족이나 친구에게도 배신감을 느낄 것이다. 하지만 무엇보다도 가장 중요한 것은, 상담자가 백인인데 그녀가 과연 상담자를 신뢰할 수 있을까 하는 것이다.

나는 분명한 사실들을 인정해 줌으로써 완다와 따뜻하고 안전하며 신뢰적인 관계를 수립하고자 하였다. 그녀의 어머니가 말해 준 그녀가 댄과 있었던 일들에 대해 그녀와 이야기를 나누고자 하였다. 나는 그녀가 중요하게 생각하는 관점이나 단어들에 대해 어떻게 느끼는지를 반복적으로 질문하면서 수정해 나갔다. 그녀가 어떤 표현이라도 하면 나는 반영적으로 경청하였다. 더욱이 나는 얼굴 표정 등과 같은 몸짓언어를 분명하게 알고 있었기 때문에, 이러한 것들에 역시 반영적으로 반응하였다. 완다에게 자신에 대한 전문가 역할을 하도록 하면서, 즉시 추측과 직감을 통해 완다에 대한 윤곽을 잡아 나갔다. "나는 십대들이 어떨지에 대해선 조금 알지만, 아프리카계 미국인이 어떨 것 같은지에 대해서는 잘 모른단다."라고 분명하게 말하였다. 상담을 통해 구체적이고 분명한 방법으로 인종 문제를 다루며, 완다가 상담실에서 인종과 인종차별에 대해 터놓고 말할 수 있도록 할 생각이었다.

바로 첫 회기를 통해 완다의 우울함, 자살 사고, 자해 행위에 대해 살펴보고자 하였다. 그녀가 분노와 고통에 휩싸여 있는 것이 걱정되었다. 이것에 대해서는 계속 평가가 이루어져야 할 것이다.

　완다와 신뢰관계가 구축되면, 그녀가 상담 회기 내에서 자신의 고통을 표현할 수 있도록 다양한 개입 방법들을 이용할 것이다. 언어적 교류에만 제한시키지 않고, 모래놀이치료, 이야기 과제, 역할극 등을 통해 완다와 상담을 진행하려 한다. 놀이치료적 개입은 16세라는 완다의 발달적 특성을 고려하여 변형해서 사용할 수 있을 것이다. 완다와의 상담에서는 그녀가 격한 감정에 압도되지 않은 채로 자신의 이야기, 자신이 겪은 고통에 대해서 다양한 방식으로 이야기할 수 있게 하고, 통찰하도록 하는 데 그 목적이 있다. 중요한 상담 목표는 완다가 인식하고 있는 것을 바로잡아 주는 것이 아니라, 그녀가 자신의 감정을 표현할 수 있도록 해 주는 것이다. 만일 상담자가 백인이라면, 완다의 감정에 집중하는 대신에 "모든 백인이 그렇지는 않단다."라고 말하거나, 사회적 교훈을 주는 방향으로서 상담을 그릇되게 할지도 모른다. 이러한 것들은 상담자가 가지는 죄책감 때문에 나타나는 결과다. 상담자가 유색인종이라면, 치료적 자기 노출을 하는 것이 유용할 것이다. 아울러, 살면서 인종차별에 맞서고자 어떠한 전략들을 개발하였는지 등의 사례들을 내담자와 공유하는 것도 좋을 것이다.

　또한 백인이 대다수인 학교에서 완다가 인종적 정체감에 대해 자문을 구할 수 있는 개인적 지지망을 구축하도록 도울 것이다. 다른 유색인 학생들이나 최근에 졸업한 유색인 학생들이 그녀에게 긍정적인 역할 모델이 될 수 있을 것이다. 나는 완다가 독서치료에 참여할 것을 제안하였다. 토니 모리슨(Toni Morrison, 2000)의 『가장 푸른 눈(*The Bluest Eyes*)』과 같은 책들이 도움이 될 수 있을 것이다. 인종 관계를 다룬 책들을 통해 완다는 자신이 처한 상황을 되돌릴 수 있을 것이며, 더욱 광범위한 사회적 맥락 안에서 자신의 위치를 발견할 수 있을 것이다. 팻 토마스(Pat Thomas, 2003)의 『나의 피부색: 인종차별을 처음으로 접했을 때(*The Skin I'm in: A First Look at Racism*)』는 어린아이들에게 많은 정보를 제공해 준다. 마지막으로, 나는 어머니와 딸 사이에 대화를 촉진시키려고 노력할 것이다. 어머니와 딸 모두 이 사건으로 매우 힘들어하고 있다. 완다의 어머니는 인종차별의 현실 속에서 딸을 보호해 주지 못한 것 때문에 아마도 자신이 딸을 실망시켰다고 느낄 것이다. 완다는 어머니가 자신을 너무 심하게 보호했으며, '진정한 세상'에서 맞닥뜨려야 하는 편견에 대해 미리 대비시키지 않은 것 때문에 화가 날 것이다. 매우 고통스럽긴 하지만, 이 사건은 어머니와 딸이 과거에는 너무도 이야기하기 불편했던 대화를 터놓고 할 수 있는 자극제를 제공한 셈이다. 상담자로서 나는 이들이 수월하게 대화를 나눌 수 있도록 도울 수 있다. 완다와 어머니는 인종차별이 그들의 생활에 어떠한 영향을 미치는지에 대해 함께 이야기를 나누면서 서로에게 지원체계가 되어 줄 수 있을 것이며, 그들은 아마도 지역사회에서 타인을 위한 지원체계의 기능 또한 해 나갈 수 있을 것이다.

안전과 안정감 – "커다란 테디베어"

닉은 학교에서 언제나 행복해하던 열세 살 된 아동이다. 그는 덩치 큰 어린이로, 몸무게가 많이 나가진 않았지만 대다수 또래보다 키가 더 크고 몸집도 더 크다. 학급 친구들은 그를 '귀여운 거인'이라고 불렀다. 닉의 어머니는 그를 '커다란 테디베어'라고 부른다. 4학년 때 닉의 부모가 이혼하기 전까지, 알코올 중독자인 아버지는 닉과 그의 남동생들 그리고 그의 어머니를 학대하였다. 닉은 유순한 성품이지만 아버지를 싫어하며, 보고 싶어 하지도 않았다. 닉은 가정에서 언제나 보호자 역할을 해 왔으며 어머니와 동생들이 아버지로부터 학대받지 않기 위해 자신이 어떻게 아버지를 '떠맡았는지'에 대해 설명하곤 하였다. 아버지가 집을 떠난 후에 닉은 다시는 주먹을 들지 않겠노라고 다짐하였다. 그는 아버지처럼 되지 않기로 결심하였다.

닉에게 학교는 늘 안전한 천국이었다. 학교는 그에게 성역과도 같았다. 즉, 방과 후에 교사를 돕기 위해 남아서 경비 아저씨와 이야기를 나누거나, 드라마와 음악 제작을 위한 무대 스태프로 일하기도 하였다. 닉은 규칙적으로 상담실에 들러 출석체크를 하며 인사하곤 하였다. 최근 들어 닉이 예상할 수 있는 영역을 뒤흔들어 놓은 두 가지 일들이 발생하였다. 첫째, 그의 어머니가 새로운 남자와 만나기 시작했는데, 일주일 동안 라스베이거스로 여행을 다녀온 후 그와 자연스럽게 결혼하였다. 비록 그는 친절한 사람이긴 했지만, 놀라울 만큼 닉의 아버지를 떠올리게 만드는 사람이었다. 그들은 아주 많이 닮았고, 습관도 비슷하였다. 이 남자는 닉에게 전혀 공격적으로 행동하지는 않았지만, 새아버지가 자신에게 다가오거나 심지어는 어깨를 사랑스럽게 토닥이려고 할 때조차도 닉은 겁을 내고 움찔하면서 방어적이게 되었다.

최악의 상황으로, 가을 학기가 시작되었을 때 닉은 따돌림의 가해자인

척의 표적이 되었다. 척은 지난 여름에 이 지역으로 이사 온 아이였다. 척이 학교에 왔을 때, 그는 닉을 발견하였고, 한 친구에게 그가 거칠어 보인다고 이야기하였다. 그 아이는 닉이 덩치는 커도 '겁쟁이' 같은 아이라고 설명해 주었다. 결국, 척은 체육관 복도에서 닉에게 비아냥거리기 시작했는데, 설상가상으로 이 일은 방과 후에 일어났다. 방과 후 어느 날, 닉은 몸을 떨고 숨 쉬기 어려워하면서 상담실에 방문하였다. 학교 상담자는 그를 자신의 사무실로 안내하고, 심각한 공황 발작처럼 보이는 증상을 다루며 그를 안정시키고자 하였다. 그는 주먹을 꽉 쥐면서, "다시는 내게 이런 짓을 하지 못하게 할 거예요."라고 말하였다. 상담자는 닉이 누구에 대해 말한 것인지 알 수 없었다.

사례 분석

상실을 파악하기

핵심적 상실   닉의 핵심적 상실은 무엇인가를 예측할 수 없다는 것이라 할 수 있다.

부수적·무형적 상실   닉은 안정감, 일관성, 힘, 통제감 등의 또 다른 상실들을 경험하고 있다. 또한 자신이 화를 내면서 반응하였기 때문에 정체감의 혼란을 느끼고 있을 것이다. 그는 "나는 정말 좋은 사람일까? 아니면 그것이 허울일까? 정말로 나의 아버지처럼 되는 것일까?"라며 자문하고 있을 것이다.

내담자의 반응을 파악하기

인지적 반응　　인지적으로 볼 때, 아버지로부터 어머니를 보호하는 것이 자신의 일이라고 느끼면서 닉은 퇴행을 하고 있었던 것이다. 그는 몹시 혼란스러워하고 있다. 그는 또한 "나에게 뭔가 문제가 있을까?" 하고 궁금해할 것이다. 그는 공황 발작을 나타내었고, 더욱 큰 두려움을 느끼고 있을 것이다.

행동적 반응　　인지적 반응과 마찬가지로, 닉의 행동적 반응 역시 퇴행으로 특징지어진다. 닉의 행동은 이전 발달 시기인 과거의 관계에서 나타났던 특성들이다. 그는 몇 년 전 친아버지와 관계 맺었던 것과 유사한 방식, 즉 몸을 떨고, 숨고, 위축된 모습으로 행동하고 있다.

정서적 반응　　닉은 두려움과 불안으로 당황스러워하고 있다. 그는 무서워하고, 혼란스러워하며, 겁내고 있다.

Q 논의할 질문들

1. 닉에게 일어나고 있는 일들에 대해서 그에게 어떻게 알려 주어야 하겠는가?
2. 닉의 과거사는 현재의 어려움에 어떻게 영향을 미치는가?
3. 닉의 어머니가 닉을 돕기 위해 상담자는 어떠한 제안을 할 수 있는가?

상담자의 반응

첫 번째 과업은 닉의 공황 발작을 멈추게 하는 것이다. 닉에게 공황 발작이 몇 번 정도 있었는지 질문할 것이고, 그런 다음 약 10분 동안은 더 편안하게 해 줄 것이다(공황 발작은 드물게는 10분 이상 지속된다; Maxmen & Ward, 1995). 또한 내가 하는 제안들을 내면화시키기 바란다.

닉에게 어떤 일이 일어났는지 이야기를 나누기 위해서, 닉이 무엇을 말하고 있는지, 누구에 대해 말하고 있는지에 대해 헷갈린다고 말할 것이다. 닉과 관계를 수립하고 닉의 과거를 알게 되었다면, 최근에 그가 얼마나 당황스러웠는지에 대해 그의 과거와 연결고리를 지을 것이다. 그에 대해 설명하면서 '두려운, 겁나는, 위축된'과 같은 말들을 사용하지 않도록 신중을 기할 것이다. 이러한 말들은 '도화선이 되는' 말들로서, 이러한 말들을 사용하는 즉시 그가 스스로를 방어하도록 만들 것이다. 만일 그의 방어가 최소화될 수 있다면, 닉과 대화를 해 나가면서 그에게 부드럽게 직면할 수 있을 것이다. 예를 들면, "너는 척에게서 너의 아버지를 떠올린 것 같아. 그렇기 때문에 네가 누구에 대해 이야기하고 있는 것인지가 헷갈리는구나."라고 말해도 좋을 것이다.

몇 주간은 정기적으로 닉과 만날 것이다. 불안이나 공격성 때문에 또 다른 공황 발작이 있거나 상황이 더 심해진다면, 학교 밖의 상담자나 치료자에게 닉을 의뢰할 것이다. 그 당시에 나는 닉의 어머니에게 닉과 함께 상담받을 것을 권하였다. 이 가족 모두에게는 적응을 해야 하는 중요한 과업이 있기 때문에, 가족 상담이 적합할 것이라고 제안하였다. 한편, 닉이 자신의 불안을 다룰 만한 힘이 있고 학교에서도 문제없이 기능할 수 있다면, 닉을 내게 들르도록 해서 앞으로 어떻게 하고 싶은지 그의 생각을 알려 달라고 할 것이다.

사례 3 — 신뢰감 – "말하지 않는다고 약속했잖아!"

열세 살된 케어린은 가장 친한 친구인 라일리와 약속했다. 케어린이 보기에 라일리가 비밀을 지키지 않을 것이라고 여길 이유는 없었다. 이들은 지난 2년 동안(5학년 이래) 가장 친한 친구였고, 서로의 개인적인 일들에 대해서 많이 알고 있었다. 라일리가 첫 학기 때 라일리의 남동생이 학교에서 물건을 훔쳐서 잡혔다는 것, 그리고 라일리의 부모는 남동생이 태어난 이후까지도 결혼하지 않았다는 것을 그녀는 알고 있었다. 케어린은 전혀 망설이지 않고서 농구 캠프에 가 있는 동안 있었던 일에 대해 라일리에게 말하였다.

케어린은 농구를 매우 좋아했고, 여러 면으로 보아도 그녀는 어느 정도 농구에 재능이 있었다. 지역 기관장의 도움을 받아서 케어린은 특별한 농구 캠프에 참여할 수 있었다. 케어린이 사는 지역에서 두 시간 정도 거리에서 캠프가 진행되었기 때문에 케어린은 매우 흥분했으며 다소 긴장도 하였다. 그녀는 열심히 운동하였고, 많은 친구를 사귀며 아주 특별한 시간을 보냈다. 케어린의 말에 따르면, 친구들 가운데 한 명은 실제로 거의 남자친구였다. 그의 이름은 앤디로 열여덟 살이었고, 농구코치의 고문이었다. 케어린은 그가 얼마나 자상하고 귀여운지에 대해 이야기하였다. 케어린은

"앤디가 그거 하도록 허락했어."라는 커다란 비밀을 말하였다. 라일리는 케어린이 말한 것이 성관계를 의미하는 것인지 아닌지 확실하지 않아서 물어보았다. 케어린은 라일리에게 이 사실을 아무에게도 말하지 않겠다고 맹세하게 하였다. 만일 케어린이 이것에 대해 말할 경우, 앤디는 그녀가 말한 것이 거짓이라고 말하겠노라고 케어린에게 다짐 받았기 때문이다.

라일리는 그녀의 친구가 성관계를 가졌다는 것에 대해 놀랐다. 케어린이 신나는 것처럼 보이긴 했지만, 라일리가 보기에 그녀는 아직 준비되지 않았으며 케어린에 대해 걱정이 되었다. 라일리는 어머니에게 그것에 대해 이야기하였다. 사회복지가인 라일리의 어머니는 충격을 받았고, 따라서 누군가가 이를 아동학대로 고발하라고 지시하는 등, 일이 그렇게 되어 갔다. 몇 주 후에 앤디는 체포되었고, 그의 얼굴 사진이 뉴스에 나왔다. 케어린은 소름끼쳤고, 두려워했으며, 무엇보다도 화가 났다. 어떻게 라일리가 나에게 이렇게 할 수 있는 거지?

사례 분석

상실을 파악하기

핵심적 상실　케어린의 핵심적 상실은 친구를 신뢰할 수 없게 된 것이라 할 수 있다.

부수적·무형적 상실　케어린은 몇몇 부수적인 상실도 경험하고 있다. 우정에 대한 이미지가 산산조각 나 버렸고, 라일리의 어머니와 더 이상 상호작용할 수 없을 것이다. 또한 '남자 친구'가 체포됨으로써 자신이 낙인 찍히게 되었다. 아울러 그녀가 아직은 이것에 대해 인식할 수는 없겠지만, 그녀는 자신을 지켜 주었어야 했던 열여덟 살 남자의 희생양이 되었고, 따라서 그녀는 신뢰감을 잃은 것이다. 그녀는 사람에 대한 순수함을 상실하였고, 학대 관계가 드러난 것으로 인해 위협을 느끼고 있다.

내담자의 반응을 파악하기

인지적 반응   이 시점에서, 케어린은 단순히 '이것 아니면 저것' 식의 이분법적 사고를 할 것이다. 그녀는 자신의 친구가 자신을 배신했다고 여겨서 화가 날 것이다.

행동적 반응   케어린은 라일리에게 화를 내면서 대응하였을 것이다. 그녀는 아마도 울고, 소리 지르거나 친구를 무시하려 들 것이다. 또한 다른 친구와 가족에게도 신경질적으로 행동할 것이다. 그녀의 '남자 친구'와 접촉을 시도할 가능성도 있어 보인다.

정서적 반응   단연코, 케어린은 이러한 경험 때문에 정서적으로 가장 큰 영향을 받았을 것이다. 그녀는 아마도 화가 나고, 배신감을 느끼며, 서운하고, 혼란스러우며, 당황스러울 것이다. 자신의 모든 인간관계에 대해 의구심을 갖기 시작하면서 신뢰감을 잃게 될 것이다.

Q 논의할 질문들

1. 케어린에 대한 개입을 어떤 식으로 시작하겠는가?
2. 이 사례를 읽으면서 어떠한 개인적 감정이 올라오는가?
3. 비밀 보장에 대해, 그리고 법으로 규정된 항목들에 대해서 케어린에게 어떻게 설명하겠는가?
4. 당신은 케어린으로부터 어떻게 신뢰감을 얻을 수 있겠는가?

상담자의 반응

신뢰가 무너진 내담자와 상담 관계를 수립하는 것은 언제나 어렵다. 이러한 이유로, 나는 케어린과 라포를 형성하는 데 매우 신중을 기하려 한다. 아이들을 보호하는 것이 상담자로서는 가장 우선시되는 본능이기 때문에, 상담자가 케어린의 농구코치 고문에 대해서 엄청나게 부정적 감정이 생긴다고 해도 그렇게 놀라운 일은 아닐 것이다. 그는 이 어리고 경험 없는 소녀를 성관계를 위한 먹잇감으로 삼았고, 모든 것들을 비밀로 하도록 맹세하게 하였다. 이는 성범죄자가 보여 주는 전형적인 특성이다. 그런 다음에, '이와 같은 남자아이들'로부터 자기 자신을 어떻게 보호해야 하는지에 대한 설교로 상담을 시작하는 것은 매우 쉬울지도 모른다. 하지만 그렇게 하지 않으려 한다. 대신, 케어린의 이야기와 감정을 공감적으로 경청할 것이며, 나 자신의 가치를 주입시키지 않으려 한다.

한 가지 문제점은 케어린이 열세 살 여자아이라는 것이다. 그녀의 관점에서 볼 때, 자신이 이 남자와 친하며 심지어는 이 남자를 사랑한다고 생각하고 있을지도 모른다. 그러므로 그를 폄하하는 것은 상담 관계에 역효과를 가져와서 오히려 그녀가 공개적으로 그를 더 강하게 지지하게 될지도 모른다. 케어린과 신뢰적 관계를 구축하고 싶다면 그녀에게 건강한 관계에 대해 가르치고, 관계적 측면에서 볼 때 농구코치 고문과 나누었던 경험이 적합해 보이는지 그렇지 않은지를 평가하도록 해야 할 것이다. 그런 다음, 케어린에게 신체적·정서적·성적으로 자기 자신을 어떻게 보호해야 하는지에 대해 알려 줄 수 있을 것이다. 한편, 농구코치 고문이 체포되었기 때문에, 현재 케어린은 성이나 성행위에 대해 지저분한 것이라고 느끼고 있을 수도 있다. 자신의 성적 정체감에 대해 상당히 혼란스러워할 것이다. 즉, 자신이 행동한 것 때문에 '나는 지저분한 사람인가?' 혹은 '나는 나쁜 사람인가?'라고 생각할 수도 있다. 이러한 것들과 그 밖의 문제들에 대해서 중요하게 탐색해야 할 것이다.

또한 케어린이 라일리에게 느끼고 있는 감정들에 대해 탐색해 가면서 자신의 불신감과 배신감을 인지하도록 해야 할 것이다. 케어린이 어떻게 느끼고 있는지에 대해서 라일리에게 편지를 쓰도록 권유하는 것도 좋은 방법일 것이다. 케어린이 자신의 감정이나 의견을 모두 표현한 후에, 일어난 일들을 아주 작게 쪼개어서 각각에 대해 살펴볼 것이다. 케어린은 라일리 입장에서 그녀가 어떻게 느끼고 있을지 상상해 볼 수 있을 것이다. 이 상황에서 빈 의자 기법을 사용하는 것이 도움될 것이다. 라일리가 자기 어머니에게 말하게 된 동기가 무엇인지 추측해 볼 수 있을 것이며, 라일리가 자신에 대해서 왜 그렇게 염려하는 것 같은지에 대해서도 살펴볼 수 있을 것이다. 라일리와 억지로 화해시킬 필요는 없지만, 동시에 진정한 우정이 무엇을 의미하는지에 대해 살펴보아야 할 것이다. 이때, 케어린이 라일리와의 관계를 다시 시작하고 싶어 한다면, 화해하도록 돕기 위해서 한 회기 또는 그 이상이라도 친구와 함께 상담에 참여하도록 권유할 것이다.

사례 4 힘과 통제감 - "그는 왜 이렇게 행동하고 있지?"

알렉스는 이제 막 유치원에 입학했고, 그의 부모는 매우 걱정하고 있다. 알렉스는 늘 행복한 아이였다. 알렉스의 부모는 전문직에 종사하며, 그는 외동아이다. 그의 외조모가 근처에 살았고, 그들은 알렉스가 태어나면서부터 아주 많이 보살펴 주었다.

알렉스의 문제는 그가 유치원에서 어떤 활동에도 참여하지 않는다는 것이다. 그는 공격적으로 행동해 왔으며 다른 아이들을 물기도 하였다. 알렉스가 이중 언어를 구사했음에도, 유치원에서 그는 영어로 말하지 않고 단지 그리스어로 대화하려 하였다. 알렉스의 부모는 어찌할 바를 몰랐다. 그들은 알렉스의 사회화 과정에 좀 더 일찍 뛰어들지 않은 것에 대해 죄책감을 느끼고 있다. 그들은 알렉스가 정말로 잘못될까 봐 걱정하고 있다.

알렉스의 아버지는 알렉스의 외할머니가 아마도 알렉스의 응석을 지나칠 정도로 다 받아 주었을 것이라고 생각하고 있다. 알렉스는 언제나 자기가 하고 싶은 대로 해 왔던 것이다. 이것은 알렉스의 아버지와 외할머니 사이에서 계속해서 문제가 되어 왔던 일이었지만 그들은 타협할 수 없었고, 가족 중 누군가가 알렉스의 아버지를 달래주는 식이었다. 알렉스의 아버지는 아내 앞에서는 이것에 대해 말하고 싶어 하지 않지만, 당신에게 전화해서 자신의 감정에 대해 이야기하고 있다.

사례 분석

상실을 파악하기

핵심적 상실　알렉스의 핵심적 상실은 그의 할머니에게서 받아왔던 일대일의 관심이 사라진 것이라 할 수 있다.

부수적 · 무형적 상실　유치원에 가면서, 알렉스는 몇 가지 부수적 상실과 무형의 상실을 경험하고 있다. 그는 일상생활에서의 안정감을 잃었다. 할머니에게서 받아 왔던 무조건적 사랑을 더 이상 받을 수 없다. 그는 완전히 낯선 사람들과 상호작용하면서 학습하고 나누어야 하지만, 그렇게 하고 싶지 않다. 그는 자신이 처한 상황에 대해 힘과 통제권을 잃었다.

내담자의 반응을 파악하기

인지적 반응　알렉스는 자신이 '나쁜' 아이라면, 할머니와 함께 지낼 수 있다고 생각하고 있을지도 모른다. 아마도 그는 유치원에 가는 것을 벌을 받고 있는 것으로 여길 것이다.

행동적 반응　알렉스는 다른 친구들에게 공격적으로 행동하며 수업에 참여하지 않고 있다. 또한 유치원에서 영어로 대화하는 것을 거부하고 있다. 그는 퇴행을 통해 어디에서도 가질 수 없던 통제감을 획득할 수 있는 것이다.

정서적 반응　알렉스는 매우 화가 나 있다. 어째서 할머니와 함께 했던 친숙한 일상으로부터 자기를 떼어 내어, 강제로 다른 친구들과 함께하며 상호작용하도록 하는 것인지에 대해 혼란스럽기도 하고 이해할 수 없는 것이다. 그는 할머니로부터 버림받았다는 느낌을 가질지도 모른다.

Q 논의할 질문들

1. 어떤 전략을 가지고서 알렉스와 상담하겠는가?
2. 만일 그가 영어로 말하려 하지 않을 경우, 당신이 그리스어도 모른다면 어떻게 하겠는가?
3. 알렉스 아버지의 비밀스러운 전화를 어떠한 식으로 다루겠는가?

상담자의 반응

알렉스의 생활은 혼란스러운 상태에 빠졌으며, 그는 자신이 할 수 있는 단 한 가지 방법으로 힘과 통제감을 얻으려고 하고 있다.

역설적이게도, 대부분의 성인은 아이들이 학교에 가서 친구들과 어울리는 것을 좋아할 것이라고 생각한다. 또래와 사회적 교류를 많이 하지 않고서 대부분의 시간을 집에서만 보냈던 아이라면, 이러한 제안이 얼마나 두렵겠는가? 15~20명의 낯선 아이들, 몇 명의 낯선 어른들과 한 방에 있는 혼란스러운 모습, 다양한 일상생활과 모습, 익숙하지 않은 소음 등을 마음속으로 떠올려 보라. 모든 장난감을 당신 혼자서 갖고 놀았지만 여기서는 아이들이 당신의 것을 빼앗으려 들 것이며, 당신이 계속해서 장난감을 가지고 놀고 싶어 하거나 장난감을 돌려받기 원한다면 교사에게 말해야 하는 것이다. 어머니와 할머니가 당신을 왜 이곳에 놓고 갔는지 알 수가 없다. 어쩌면 그들이 당신에게 화가 나서 당신의 잘못에 대해 벌을 주는 것으로 여길지도 모른다. 하지만 당신은 어떤 것을 잘못했는지 기억할 수도 없다. 어쩌면 그들은 당신을 잊은지도 모른다고 생각한 것이며, 여기서 이 사람들과 영원히 지내야 할지도 모른다고 생각할 것이다. 아이의 입장에서 상황을 바라본다면, 알렉스의 행동을 완벽하게 이해할 수 있다.

알렉스를 상담하기 전에, 알렉스의 외할머니나 어머니와 같은 가까운 관계에 대해서 정보를 얻어야 한다는 것을 아버지에게 알려 줄 것이다. 그렇게 함으로써 모든 사람이 합심할 수 있게 된다. 나는 '망쳐 놓았다'와 같은 단어를 사용하지 않을 것이고, 잘못을 누구의 탓으로 미루려 하지도 않을 것이다. 오로지 알렉스가 왜 이런 방식으로 행동하는지에 대해서 부모가 이해할 수 있도록 도울 것이다. 알렉스와의 상담에서, 유치원에서 경험하는 바로 그 문제들을 상담 장면에서 되풀이하지 않을 수 있도록 그에게 자유와 통제감을 허용할 것이다. 그가 말하는 것을 알아듣지 못하더라도, 그리스어로 이야기해도 좋다고 할 것이다. 알렉스에게 놀이치료로 접근하여, 놀이를 통해 자기 이야기를 하고 자신의 감정과 욕구를 표현할 수 있도록 할 것이다. 알렉스는 안전한 공간에서 자기 자신을 표현할 수 있기 때문에, 유치원에서 공격적으로 분노를 표현하려 들지 않을 것이다. 무엇보다도 아이들은 적응할 시간이 필요하다는 것, 그리고 알렉스의 문제는 정상적인 것으로서 일단 어머니와 할머니가 다시 돌아올 것이라는 것을 인식한다면 문제 행동을 덜 하게 될 것임을 부모에게 확인시켜 줄 것이다.

사례 5 — 안정감 – "혼란스러운 생활"

루앤은 어머니를 사랑하며 무척 보고 싶어 한다. 그녀는 화요일과 목요일에 어머니를 만난다며 자신의 상담자인 당신에게 재빠르게 알려 주었다. 여덟 살인 루앤은 어찌 보면 아주 험난한 삶을 살았다. 당신은 지난 몇 년간 그녀의 상담자로 지내고 있다. 행동화 문제로 의뢰된 루앤은 다른 아이들과 어른들에게 도발적으로 행동해 왔다. 그녀는 종종 성적 지식, 주로 '어른'과 연관된 부적절한 것들을 이야기하거나 행동으로 나타낸다. 그녀는 쉽게 울고, 관심받지 못하며, 위생 상태도 불량하다.

그녀의 사례는 너무나도 끔찍하지만, 줄거리나 주제는 계속해서 들어 왔던 익숙한 내용일 수도 있다. 루앤은 세 살 때 어머니의 남자 친구에게 성폭행을 당했다. 아주 영리한 언어로 표현한 루앤의 주장이 인정되었기 때문에, 범인에게 다른 조치가 취해질 때까지 그녀는 어머니와 떨어져서 지냈다. 루앤은 9개월간 위탁 가정에서 자랐다. 그녀는 새로운 지역에 있는 새로운 아파트에서 어머니와 재회하였다. 그녀의 어머니는 새로운 남자 친구가 있었다. 루앤은 그때부터 헤드스타트(Head Start, 유치원에 잘 적응할 수 있도록 준비시키는 취학 전 교육과정)를 시작하였다.

루앤이 네 살이 되었을 때, 그녀의 어머니는 루앤에게 얼마 전에 남자 친구와 헤어졌고, "엄마는 아가를 낳을 것이기" 때문에 외할머니가 이 집으로 이사 오실 것이라고 말해 주었다. 루앤은 아기에게 아버지가 있는지 알고 싶어 했다. 왜냐하면 자신은 아버지가 없기 때문이었다. 실제로, 아기의 아버지는 어머니의 이전 남자 친구로, 루앤을 성폭행한 바로 그 사람이었다.

루앤이 부모와 함께 사는 것은 그녀의 어머니에게는 순탄한 일이 아니었다. 남동생 제프가 태어난 후, 그들은 이사를 가게 되었다. 루앤은 여전히 헤드스타트 프로그램에 참여하고 있었지만, 지금은 그녀가 사는 지역이 바뀐 상태다.

루앤과 상담을 하기 시작한 이후로 3년이 빠르게 지나갔다. 그녀와 제프, 어머니가 몇 번을 이사 다녔기 때문에, 지금의 초등학교가 세 번째 학교다. 몇 달 전, 루앤의 어머니는 자신의 정신 상태에 대해 걱정하면서 루앤과 제프를 자진하여 위탁 가정에 맡겼다. 그 과정에서 남매는 헤어졌지만, 지난주에 다시 한 위탁 가정에 보내져 함께 지내게 되었다. 그들은 8주 안에 다시 어머니에게로 돌아갈 예정이다.

사례 분석

상실을 파악하기

핵심적 상실   루앤의 핵심적 상실은 안전함과 안정감이 박탈된 것이라 할 수 있다.

루앤은 여러 번 이사를 다니면서 부수적으로 많은 상실을 경험하였다. 그녀는 새로운 사람들, 새로운 학교, 새로운 상황에 계속해서 적응해야 했다. 그녀의 욕구는 언제나 어머니의 욕구에 밀렸다. 그녀는 어머니의 남자 친구들 중 적어도 한 명에게 순결을 잃었으며, 또한 학대로 인해 고통받고 있다.

내담자의 반응을 파악하기

인지적 반응 루앤은 매우 혼란스러울 것이고, 세상을 유목민처럼 바라볼 것이다. 그녀는 또 바뀔 것이라고 예상하기 때문에 누구와도 또는 어떤 것과도 애착을 맺을 수 없을 것이다. 반면, 그녀는 '가정', 즉 안정된 환경을 찾기 위해서 타인과 지나친 동일시를 할 것이다.

행동적 반응 루앤은 혼란스러움과 상실감을 행동화된 문제로 나타내고 있다. 그녀는 자신이 알고 있는 유일한 방법으로 접촉을 시도하려 하지만 거절당하는 것이다. 그녀는 행동으로 표출하고 있으며, 매우 '예민한' 상태다. 루앤은 괴로워하고 있는 것이다.

정서적 반응 루앤은 혼란스럽고, 슬프며, 화가 나고, 상처받았으며, 타인과 관계 맺는 데 있어서 자포자기 상태라 할 수 있다.

Q 논의할 질문들

1. 루앤이 세계관을 형성하는 데 그녀의 불안정과 불안감은 어떠한 영향을 미쳤겠는가?
2. 어떠한 개입 방법을 통해 상담을 할 수 있겠는가?
3. 당신은 루앤과의 상담이 취소되고 종결되는 것과 같은 문제들에 대해서 어떻게 설명할 것인가?

상담자의 반응

루앤과 같이 불안정한 개인사를 가진 아동과 상담하는 상담자라면 특히나 매우 평범하고 일상적인 마음으로 그녀를 대해야 한다. 상담자가 이동을 하거나 출산 휴가를 가야 하는 경우라면 일관성이 필요한 아동의 상담을 맡아서는 안 된다. 상담자와의 관계는 루앤이 겪어 본 그 어떤 관계보다도 일관성 있는 관계라는 것을 보여주어야 한다. 이 관계는 건강한 관계가 어떻게 유지되고 발전되는지에 대한 모델이 될 수 있을 것이다. 루앤은 보살핌이 필요하다. 즉, 그녀의 위생 욕구를 확실히 충족시켜 줄 수 있는 보호자가 필요하다. 그녀는 경계, 개인적 영역의 문제들, 적절한 행동과 부적절한 행동 간의 차이에 대해서 이해해야 한다. 우리 모두가 당연시하는 사회적 기술들에 대한 기본 지식들에 대해서도 알아야 할 것이다.

또한 루앤에게는 자유롭게 자신을 표현할 수 있는 공간이 필요하다. 루앤이 자신의 강점을 발견하고 자신의 목소리를 찾을 수 있는 기회를 가진다면, 자신이 필요한 것들에 대해 요청할 수 있게 될 것이다. 그녀는 또한 자신의 감정을 조절하고 감정에 압도되지 않을 수 있는 전략들을 알고 있어야 한다. 그녀가 통제할 수 없다고 느낄 때, 상상 기법이나 이완 기법과 같은 자기 규제 전략들을 사용한다면 매우 효과적일 것이다. 그 어떤 것보다도, 루앤에게는 일관성이 요구된다. 나는 루앤이 위탁 가정에 머무를 수 있는 기간을 연장해 달라고 강력하게 주장하였다. 그녀가 어머니와 다시 만난다면, 현재 다니고 있는 학교에서 계속 상담을 받을 수 있도록 계획해야 할 것이다.

나는 루앤의 위탁 가정과 원가족이 모두 부모 교육을 받도록 권함으로써, 그들이 루앤의 욕구를 다루고 기대할 수 있도록 할 것이다. 다수의 상실로 고통받은 아동과 상담할 경우, 종결 과정을 위해서 많은 준비를 하는 것이 중요할 것이다. 루앤의 경우에는 상담을 종결할 때 갑작스럽게 끝내기보다는 사전에 충분히 알려 줌으로써 점차 상담을 줄여 나가야 할 것이다. 루앤과 함께 '잘 가, 쿠키 상자' 활동(11장 참고)과 같은 이별 의식을 치르는 것도 가능할 것이다. 종결 과정을 통해, 루앤은 긍정적 방법으로 관계를 끝낼 수 있다는 것을 알게 될 수 있을 것이다. 훗날 관계가 자연스럽게 종결된다면, 이것이 그녀에게 하나의 모델을 제공해 줄 것이다.

믿음과 희망 – "영원한 낙천주의자"

열두 살의 나탈리는 언제나 긍정적이다. 그녀는 자유로운 선택과 개인의 능력으로 세상을 변화시킬 수 있다고 강하게 믿고 있다. 이러한 견해는 할아버지와 함께 지내면서 영향을 받은 것인데, 그녀는 아기 때부터 할아버지에 의해 양육되었다. 나탈리가 태어났을 때 그녀의 어머니는 그녀의 양육권을 할아버지에게 이양하였다. 그녀의 어머니는 나탈리가 태어나기 전과 후에 계속 정신병원에 들락날락하였다. 나탈리는 자신이 아주 어렸을 때 어머니를 만나기 위해 정신병원에 방문했던 것을 어렴풋이 기억하고 있다. 그것은 무서운 경험이었다. 나탈리의 할머니는 몇 년 전에 돌아가셨다. 장기간의 병환으로 나탈리는 매우 자주 병원에 방문하였다. 그때부터 나탈리와 할아버지는 자신들의 힘으로 함께 살아왔다. 나탈리와 할아버지는 저녁에 함께 책을 읽으면서 정치에 대해 토론하였다. 할아버지의 권유로, 나탈리는 다양한 주제에 대해 자신의 견해를 제시하고자 편집자에게 편지를 쓰기도 하였고 국제사면위원회와 같은 변호 집단에도 가입하였다.

나탈리는 최근에 자진하여 지역 양로원에서 자원봉사를 시작하였다. 그녀는 방과 후에 정기적으로 연로한 주민들을 방문하여 그들에게 책을 읽어준다. 집에 방문하면 주변 환경을 보고 깜짝 놀라기도 하였다. 누구도 나탈리를 공공연히 함부로 대한 것은 아니었지만, 전반적인 분위기는 나탈리에게 메마르고 차갑게 느껴졌다. 그녀는 특히 필리스라고 하는 한 주민과 친했다. 필리스와 나탈리가 처음 만났을 때, 필리스는 이 시설에 방금 도착한 여든 아홉 살의 거침없는 할머니였다. 시간이 지나면서, 나탈리는 필리스가 변화하였음을 발견하였다. 그녀는 매우 슬퍼 보였고, 모든 생활에서 넋이 나간 것 같았다. 이와 동시에, 나탈리의 할아버지도 나탈리의 낙천적인 평소 성격이 급격하게 변했다는 것을 발견하였다. 그녀는 최근의 사건들에 관심이 없는 것 같았다. 심지어는 할아버지가 자신이 알고 있는 특정 뉴스를 읽어 줄 때도 그녀는 보통 때는 화를 내며 반응하였지만, 현재는 무관심해 보였다. 할아버지가 "그 사건에 대해 편지 쓰고 싶지 않은 거니?"라고 물으면, 그녀는 "왜 화가 나죠?" "뭐가 문제인데요?" "어쨌든 뭐가 다른지 모르겠어요."라는 식으로 반응했다. 할아버지는 평소답지 않은 나탈리의 무기력과 무관심에 대해 매우 염려하였다. 그가 나탈리와 마주했을 때, 나탈리는 울면서 말했다. "오, 할아버지, 필리스는 더 이상 살기를 원하지 않아요. 그녀는 나더러 자신을 죽여 달라고 해요. 나는 뭐라고 말할지 모르겠어요. 나는 쓸모가 없어요!"

사례 분석

상실을 파악하기

핵심적 상실　나탈리의 핵심적 상실은 세상이 아름답다는 느낌을 잃어버린 것이라 할 수 있다.

부수적·무형적 상실　나탈리는 자신에게 힘이 있다는 느낌을 잃어버렸고, 통제감을 상실하였다. 그리고 자신이 돌봐 주던 사람이 죽어서 자기 곁을 떠나는 경험을 또다시 하고 있는 것이다.

내담자의 반응을 파악하기

인지적 반응　나탈리는 정성스럽게 양육되었지만, 그녀의 인지적 양식은 현재 그 기능을 하지 못하고 있다. 그녀는 편지를 쓸 수 없고 정서적 경험들을 현실적으로 다룰 수가 없다. 또한 할아버지가 모든 답을 알고 있지는 않으며, 언제나 할아버지가 옳은 것은 아니라는 것을 깨닫고 있다.

행동적 반응　나탈리는 활동적이지 않으며, 그녀에게 중요했던 일들에 대해서도 관여를 덜 하고 있다.

정서적 반응　무력감, 죄책감, 두려움, 절망감은 나탈리가 최근에 나타내었던 정서적 반응이라 할 수 있다.

Q 논의할 질문들

1. 나탈리가 느끼는 무력감은 무엇 때문인가?
2. 나탈리의 과거 상실들은 현재 그녀의 고통에 어떻게 영향을 미치는가?
3. 나탈리의 할아버지를 상담 과정에 어떻게 개입시키겠는가?
4. 나탈리의 상실을 다루기 위해 그녀와 어떻게 상담을 하겠는가?

상담자의 반응

나탈리는 어머니 그리고 할머니와 관련하여 인생에서 중요한 상실들을 경험하였다. 상실을 다루고 경험하는 방식은 그녀의 현재와 미래 경험에 영향을 미칠 것이다(James & Friedman, 2001). 나탈리의 어머니와 할머니의 상실은 둘 다 각각 정신병원 내지는 일반 병원과 같은 '기관' 과 관련된다. 현재 나탈리는 또다시 기관에 머무르고 있는 여성과 가깝게 지내고 있다. 그녀는 이별을 두려워한다. 이별할까 봐 바짝 신경을 곤두세우고 있는 것이다.

나탈리로부터 사실적 정보를 얻는 것은 사례 개념화에 도움이 될 것이다. 그러나 사실적 정보는 나탈리의 관점으로 본 그녀의 세계관을 이해하기 위해서 사용해야 할 것이다. 내 예감으로, 아직 나탈리는 사실적 상실에 대해 이야기할 것 같지는 않다. 또한 우리는 효과가 있는 것과 효과가 없는 것, 그녀에게 필요한 것들에 대해 배울 수 있을 것이다. 그녀와 상담하는 과정에서 이러한 정보들에 대해 받아 적을 것이다.

부가적으로, 할아버지를 개입시키는 것이 매우 중요하다. 그는 나탈리에게 가장 중요한 지원자이며, 할아버지의 협조가 없다면 상담이 일찍 종결되거나 혹은 상담이 이루어지지 않을지도 모른다. 나탈리의 할아버지를 적어도 한 번은 따로 만나서, 나탈리가 애도 작업을 할 때 그가 어디에 있었는지, 나탈리에게 필요한 것이 무엇인지에 대해 파악할 것이다. 보호자는 종종 아이에 대해 놀라운 통찰력을 갖고 있지만, 스스로에게 확신이 없어서 상담 전문가의 의견을 따르는 것 같다. 나는 여기서 역동을 발견하고 싶지는 않다. 긍정적 자원을 발견함으로써 나탈리와 할아버지가 자신들의 강점이라고 여겼던 것들을 바라볼 수 있게 한 것이며, 이미 가지고 있던 이러한 기술들을 사용하도록 도울 것이다(Ivey & Ivey, 2003). 독서치료 또한 나탈리가 사랑하는 사람의 죽음에 대해 배울 수 있다는 점에서 유용할 것이다. 『낙엽 프레디(*The Fall of Freddie the*

Leaf)』(Buscaglia, 1982)라는 책이 특히 도움될 것이다. 『공룡이 죽을 때: 죽음을 이해하기 위한 지침서(*When Dinosaurs Die: A Guide to Understanding Death*)』(Brown & Brown, 1996)는 어린아이들에게 매우 적합한 책이라 할 수 있다.

<table>
<tr><td>사례
7</td><td>이전부터 존재하던 상실 – "나나가 보고 싶어요."</td></tr>
</table>

레아의 친할머니는 레아가 태어나기 5년 전에 돌아가셨다. 레아가 세 살이었을 때, 그녀는 아주 어른스러운 말투로 자신의 가족이 어떤 식으로 연관되어 있는지 알려 달라고 하였다. 예를 들면, 레아는 외할머니 하트가 '엄마의 엄마'이고, 티아는 '엄마의 여동생'이며, 고모 키튼은 '아빠의 여동생'이라는 것을 이해하였다. 이런 식으로 추론하고 질문해 나가면서 레아는 혼란스러워졌다. "아빠의 엄마는 누구예요?" "할아버지는 어째서 부인이 없는 거죠?"라고 그녀는 물었다.

레아의 부모는 레아의 수준을 고려하여 적절하게 답변하느라 고생하였다. 그들은 그녀에게 할머니 나나의 사진을 주었다. 그들은 레아가 나나와 닮았다고 이야기해 주었다. 레아는 지난 2년 동안 꾸준히 나나에 대해 질문을 했고 그녀를 그리워하기도 하였다.

최근 그녀의 부모는 레아에 대한 걱정이 늘어났다. 그녀는 일주일에 몇 차례씩 나나에 대해 물어보았다. 이렇게 할머니에 대해 물어보면서 그녀는 울고 공격적인 행동을 하였다. 그녀의 부모는 이러한 행동들이 할머니와 연관되어 있는 것인지 그렇지 않은지 확신이 서지 않았다. 하지만 레아는 다섯 살 아이로, 부모가 밤에 안심시켜 주어야만 잠들 수 있다. 그녀는 나나에게 줄 선물들을 사고 만들기를 바란다.

사례 분석

상실을 파악하기

핵심적 상실　레아의 핵심적 상실은 자신이 몰랐던 할머니와의 관계를 상실한 것이라 할 수 있다.

부수적·무형적 상실　레아는 세상이 공평하고 동등하다는 생각을 갖지 않게 되었다. 이것은 그녀의 인생에서 말로 설명하기 힘든 하나의 상실인 것이다.

내담자의 반응을 파악하기

인지적 반응　레아는 일종의 관계를 상실한 것이다. 그녀는 사람들 사이에 반드시 존재해야 하는 연결 고리—아버지는 아버지의 어머니가 있어야 하는 것—를 발견해서 미완성된 사진을 완성시키고 싶은 것이다.

행동적 반응　상실에 대한 반응으로, 레아는 울음과 공격적 행동을 나타내었다. 밤에는 다독거려 주지 않으면 잠들기 어려워한다. 나나의 선물을 사고 싶다는 바람을 드러내기도 한다.

정서적 반응　레아는 혼란스럽고 두렵다. 균형감과 정의감이 뒤죽박죽되어 버렸다. 할머니에 대해 아는 바가 없고, 통제하거나 이해할 수도 없다. 그녀는 사랑하는 사람과 관계 맺을 수 있는 기회를 그리워하고 있는 것이다.

상담자의 반응

레아는 영리하고 조숙한 아동으로서, 그 또래라면 좀처럼 고민하지 않았을 상황에 처해 있다고 할 수 있다. 레아는 자신이 처한 세상을 이해하고 싶어 한다. 이것을 알아야만 자신의 주변을 이해할 수 있다. 지금까지는 모든 것이 그녀가 이해한 수준에서 맞아떨어졌다. 어떤 면에서 본다면, 그녀는 자기 주변의 것을 이해하지 못했기 때문에 놀란 것이라 할 수 있다. 이러한 혼란스러움 때문에 그녀는 밤에도 두려움을 느낀 것이다.

그녀 주변에는 자신을 사랑해 주는 사람들이 있으며, 이들은 각각 친구나 배우자가 있다. 그녀는 할아버지가 왜 부인이 없는지, 아버지에게 왜 아버지의 어머니가 없는 것인지에 대해 혼란스러운 것이다. 결국 레아 입장에서 볼 때, 할아버지는 부인이 있어야 하는 것이다. 할아버지에게 부인이 있었지만 지금은 없다는 것을 레아가 발견한 순간, 그녀로서는 불균형을 목격한 것이다. 다섯 살의 나이로서는 이 상황을 계산하기는 어렵다. 그녀는 할머니 나나가 있어야 했지만, 그녀를 알 수 있는 기회를 갖지 못했다. 이것은 부당하며 매우 혼란스러운 것이다. 레아는 전혀 알지 못했던 사람과 접촉하려고 필사적으로 노력하고 있는 것이다.

그녀의 부모는 레아에게 나나를 소개해 주기 위해 사진과 이야기 등 온갖 것을 다 동원하였다. 나나의 이야기는 레아의 마음에 마치 살아 있는 사람의 이야기처럼 흥미롭게 들렸다. 레아는 그녀가 어떻게 생겼고, 어떤 냄새가 나며, 자신을 어떻게 대해 줄 것인지 등 그녀를 마음속으로 그려 볼 수 있다. 요약하면, 레아는 오로지 자신에게 무조건적 사랑을 주며, 결함이나 약점이 전혀 없는, 완벽한 할머니를 창조한 것이다. 그녀에게 나나는 정말로 현실에 존재하는 사람인 것이다. "왜 주변에 나나가 없는 걸까?" 레아는 자신이 거절당한 것으로 지각하고 있을 것이다. 이러한 관점으로 본다면, 레아가 불안해하고 당황하는 것을 이해할 수 있을 것이다. 그녀는 할머니를 떠올릴 것이고, 이상적인 나나에게 자기를 토닥거려 달라고 도움을 청할 것이다. 레아에게 나나는 다른 아동들이 상상의 친구를 갖고 있는 것과 마찬가지로 실제의 인물인 것이다.

할머니를 잃은 것처럼, 레아가 부모를 잃을 수도 있다는 엉뚱한 생각을 할지도 모른다는 것에 주목해야 할 것이다. 아버지에게 그런 일이 생긴 것이라면, 그것은 자신에게도 일어날 수 있는 것이다. 다섯 살의 나이에 그녀는 이러한 두려움들을 전부 말로 표현할 수 없다. 이러한 관점으로 미루어 볼 때, 그녀가 보여 주고 있는 퇴행이나 한밤중에 달래 주어야 할 필요성 등을 이해할 수 있을 것이다.

나는 레아와 그녀의 부모가 레아의 불안을 다룰 수 있도록 도울 것이다. 발달적 관점으로 볼 때, 레아의 행동이 납득할 만한 것임을 부모에게 알려 주어 이들을 안심시켜 줄 것이다. 또한 부모로 하여금 나나를 레아의 생활에서 현존하고 있는 사람으로 바라보도록 해 줄 것이다. 레아가 성장함에 따라, 그녀는 죽음을 더욱 현실적으로 이해하면서 자신의 할머니와 더욱더 성숙한 관계를 발달시켜 나갈 수 있을 것이다. 하지만 그녀는 자신이 나나에 대해 만들어 낸 어린 시절의 추억들을 간직하게 될 것이다.

독자를 위한 사례 연구

열네 살인 래리는 지난주 축구 팀에 지원하였다. 그는 너무 흥분되었다. 축구는 그가 가장 좋아하는 운동이다. 그는 지난해 내내 주말마다, 그리고 방과 후에 친구들과 함께 운동하였다. 새로운 지역으로 이사 왔을 때 친구를 만드는 방법이 바로 운동이었다. 테스트는 힘들었지만, 그는 자신 있었고 팀의 일원이 될 수 있기를 고대하였다. 그는 팀의 일원이 되면 새로운 학교에서 더 많은 친구들을 만들 수 있을 것이라고 확신하였다. 어쨌거나 그는 새로운 학교에 가고 싶진 않았다. 즉, 새로운 학교는 다른 피부색을 가진 친구들이 너무 많고, 부모가 이혼하기 전에 살았던 지역에서 매우 멀기 때문이었다.

선수단 명단이 나왔고, 래리는 그 팀에 뽑히지 않았다. 그는 곧바로 직장에 있는 어머니에게 전화하였다. 그는 너무 심하게 오열하였고, 어머니는 이것이 심각하다고 생각하였다(그녀는 축구 팀에 뽑히지 못한 것이 심각하다고는 여기지 않았다). 그녀는 직장에서 일찍 출발할 수 있었다. 그래서 래리는 그녀가 돌아올 때까지 두 시간을 기다렸고, 그녀는 그것에 대해 말해 보자고 약속하였다.

래리의 어머니가 집에 도착했을 때, 래리는 끔찍해 보였다. 그녀는 뭔가가 엄청나게 잘못되었다는 것을 깨달았고, 911에 연락하였다. 래리는 약병에 남아 있던 알레르기 약을 먹었다. 이것은 자살 시도였던 것이다. 래리는 지역 정신건강 센터에서 나와 당신에게 의뢰되었다.

Q 논의할 질문들

1. 당신은 래리와 어떻게 관계 형성을 하겠는가?
2. 그가 고통스러워하는 상실은 무엇인가?
3. 상담 과정에 어머니를 포함시켜 상담하겠는가? 그 이유는 무엇이며, 그렇지 않다면 그 이유는 무엇인가?
4. 자살에 대한 평가를 어떠한 방식으로 지속해 나가겠는가?
5. 래리가 나아졌다는 것을 어떻게 알 수 있겠는가?

요약

이 장에서 우리는 아동·청소년이 경험한 무형의 상실에 대한 다양한 사례 및 상담적 개입 방법들에 대해 살펴보았다. 각 사례의 아이들은 매우 중요한 상실을 겪은 것이다. 어른들은 안정감의 상실이나 희망의 상실과 같은 무형의 상실들로 슬퍼하는 아동·청소년을 보지 못하고 지나치곤 한다. 그러나 이러한 상실들은 가장 심각하면서도 오래 지속되어 아동·청소년에게 영향을 미친다. 그러므로 임상가와 부모는 상실 경험에 수반되는 부차적 상실을 탐색하는 데 능숙해져야 할 것이다.

5장
죽음으로 인한 상실

    탐은 열일곱 살 고등학생으로, 최근 들어 죽음에 대해 많이 생각하고 있다. 학교에서 읽었던 많은 책들, 음악으로 들었던 많은 노래 가사들은 이런저런 방식으로 죽음에 대해 다룬 것들이다. 탐이 어렵사리 가족에게 그 이야기를 꺼내자, 가족은 염려하였고, 그의 아버지는 탐이 종일 심각한 문제들에 대해 곱씹기보다는 밖에 나가서 재미있게 보내는 것이 필요하다고 생각하였다. 탐은 자신이 죽음에 사로잡혔다거나 자살을 고려하는 것은 아니라는 것을 부모에게 확신시켰다. 그는 삶의 영적 측면이 궁금하며, 그것을 이해하고 싶을 뿐이라는 것이다. 이러한 대화 끝에, 탐과 어머니는 함께 책을 읽고 그 지역의 교회 예배에 참석하기로 결심하였다. 거기에서 탐은 그렇게도 관심 가졌던 죽음에 대한 문제, 죽음 이후의 삶 그리고 영성에 대해

숙고할 수 있을 것이다.

슬픔과 상실이라는 주제가 거론될 때마다, 상실과 관련하여서 죽음에 대처하고 있는 이미지가 즉각적으로 떠오른다. 죽음이란 것이 생애 주기에서 필수적인 부분이기 때문에, 아동기 혹은 청소년기에 죽음과 관련된 상실을 겪을 가능성은 매우 클 것이다. 그러나 사회적으로도, 아동이 애도 과정을 겪을 수 있도록 돕는 데 서투른 경향이 있다. 앞에서 우리는 여러 가지 신화들을 제시하였다. 우리는 아이들을 보호하기 위해서 죽음과 슬픔을 감추려고 애썼으며, 이는 애도와 관련된 과정을 통해서 경험하고 배울 수 있는 기회들을 빼앗은 것이다(McGlauflin, 1999; Rando, 1984; Wolfelt, 1991).

이 장에서는 죽음과 관련된 상실을 겪은 아동 · 청소년에게 상담자가 어떻게 개입하여 도움을 줄 수 있는지 살펴보고자 한다. 2부에서는 이 장을 비롯하여 몇 개의 장들에서 이러한 내용들을 사례연구 형식으로 제시하고 있다. 각 사례마다 평가와 이에 대한 상담자 반응을 제시하고 있다. 이 장에 포함되는 내용은 다음과 같다. ① 죽음을 설명하기, ② 가족원의 죽음, ③ 친구의 죽음, ④ 선생님의 죽음, ⑤ 장례식에 참석하는 것, 그리고 ⑥ 애완동물의 죽음 등이다.

죽음을 설명하기 -"죽으면 어떻게 되나요?"

로라는 일곱 살이다. 그녀와 가장 친한 친구 해일리는 옆집 아이로, 한 살이 많다.

3년 전 해일리는 백혈병 진단을 받았고 그때 이후로 많은 시간 동안 항암 치료와 방사선 치료를 받아 왔다. 몇 달 전까지만 해도 해일리는 차도를 나타내어 의사는 암이 없어진 것 같다고 낙관적으로 말하였다. 그러나 최근에 암은 재발되었고, 빠르게 퍼지고 있다. 해일리의 건강은 빠르게 나빠지고 있다. 그녀는 현재 말기환자를 위한 보호치료를 받고 있으며, 3개월도 채 살지 못할 것으로 예상된다.

로라와 해일리는 많은 시간을 함께 보냈다. 해일리의 뼈가 방사선으로 너무 약해져서 비틀거리며 난투를 벌이고 있을 때에도 로라는 그곳에 함께 있었다. 해일리의 머리카락이 빠질 때에도 로라는 모자와 가발을 골라주었고, 병원에 있는 동안 수액 거치대를 장식해 주었다. 치료의 일부분으로서, 해일리는 유서를 쓰기로 결심하고서 모든 장난감과 인형을 로라에게 주었다. 로라가 해일리와 많은 시간을 함께했기 때문에, 양쪽 부모들은 모두 해일리가 곧 죽으리라는 것을 로라가 알 것이라고 여겼다. 하지만 해일리가 로라에게 유언장에 대해 말하고 난 후에야 로라는 상황의 심각성을 파악했다. 그날 밤, 로라는 부모에게 가서 해일리가 죽으면 어떻게 되는 것이냐고 물었다. 몹시 당황한 이후 로라의 부모는 그런 생각은 하지 말고 그런 일이 일어날 때까지 그저 친구와 즐겁게 지내면 된다고 말해 주었다. 그러나 로라는 진정되지 않았고, 죽음에 대해 이해할 필요가 있다고 고집하였다. 로라의 부모는 열심히 로라를 도와주었지만, 어디서부터 시작해야 할지 확신이 서지 않았다.

사례 분석

상실을 파악하기

핵심적 상실　로라에게서 핵심적 상실은 두 가지다. 하나는 친구의 죽음이 임박했다는 것이고, 다른 하나는 자신이 아무것도 몰랐다는 것에 대한 상실로서, 이는 현재 경험하고 있는 것이라 할 수 있다.

부수적·무형적 상실　해일리는 여전히 몇 달째 살아 있지만, 로라를 포함한 주변 사람들은 이미 여러 가지 상실을 경험하고 있다. 로라는 친구와 함께 했던 생활방식을 잃게 되었다. 그녀는 세상이 공평한 것이라고 느끼지 않게 되었다. 로라는 아이들은 아파서 죽지는 않는다는 흔한 생각들이 잘못되었음을 발견하는 과정에 있는 것이다.

내담자의 반응을 파악하기

인지적 반응　로라는 해일리의 죽음이 임박해 옴에 따라 사고가 경직되고 혼란스러워하고 있으며, "이유를 알아야 해."라는 식으로 반응하고 있다.

행동적 반응　이 시기에 로라는 상실과 관련된 행동 문제를 분명하게 드러내진 않았다. 그러나 로라의 부모와 상담자의 협조하에 로라를 도울 수 있다면, 그녀는 상실에 의해 자연스럽게 드러나는 행동 증상들, 즉 공격성, 감정 표현, 퇴행 등을 경험하게 될 것이다.

정서적 반응   죽음과 관련된 상실을 다룰 때, 아동이 처한 환경에서 어떠한 종류의 감정을 경험할 것인지 예상해 보는 것은 중요하다. 곧 닥쳐올 해일리의 죽음에 대해 로라는 알 수 없는 두려움을 느끼고 있을 것이다. 또한 현재 그리고 친구가 죽고 난 이후에 그녀는 분노, 배신감, 버려진 느낌, 죄책감, 슬픔, 통제감 부족, 외로움, 혼란스러움, 환멸감 등 아주 폭넓은 감정을 느낄 것이다.

Q 논의할 질문들

1. 어른들은 왜 아이들과 함께 죽음의 개념에 대해 의논하기 어려워하는가?
2. 로라가 친구의 죽음을 이해할 수 있도록 로라의 부모를 어떻게 도와야 하겠는가?

상담자의 반응

사랑하는 사람의 죽음은 누구든지 어려워하는 경험일 것이다. 대다수의 어른들은 아이들에게 죽음에 대해 말해 주지 못한다. 왜냐하면 그들은 '옳은 대답'을 해 주는 것이 중요하다고 느끼기 때문이다. 많은 주제들 중 특히 죽음에 대한 주제는 복잡하며, 이것은 옳거나 옳지 않은 것으로 나누기가 쉽지 않다. 아동의 생활 속에서 어른들 또한 상실을 겪고 있기 때문에, 어른들은 자신의 아이들을 정서적으로 이용하려 들지는 않을 것이다. 게다가, 어른들은 자신이 어렸을 때 어른들이 자신을 다루었던 방식대로 아이들을 보살핀다. 상실과 죽음을 다루던 과거 어른들의 방식이 불만족스럽기는 하지만 다른 대안은 없다. 결국, 많은 어른들이 아이들과 함께 죽음이나 상실에 대해 이야기할 때는 저 마음 밑바닥에 두려움이 존재하는 것이다. 그들은 자신의 감정에 대해 두려워하며 아이들이 어떻게 반응할지에 대해서도 두려워한다. '만약 말하거나 행동한 것이 잘못된 것이면 어떻게 하지?' '만일 너무 많이, 혹은 너무 적게 말하면 어떻게 하지?' 어른들은 그들 스스로 죽음을 두려워하고 있는 것이다. 그 결과, 어른들은 종종 아무것도 말하지 않거나, 또는 그 어떤 행동도 하지 않게 된다. 이렇게 접근함으로써, 결국 아이들은 정서적으로 혼자 남겨지게 된다. 이것은 아이를 정서적으로 보살피지 않은 것임은 물론 선의를 갖고서 한 행동으로도 볼 수 없다.

해일리의 병, 그리고 해일리가 죽을 수밖에 없다는 것은 로라와 로라의 부모에게 심각한 문제라 할 수 있다. 여러 가지 이유들로 나는 그들이 함께 상담받기를 바란다. 로라와 나는 개방적이면서도 연령에 적절한 대화를 해 나감으로써 가족에게 도움이 되도록 할 것이다. 또한 부모가 해일리와 해일리의 병에 대해 로라가 가지고 있는 감정을 발견하고 그것에 대해 알아채는 연습을 해야 할 것이다. 로라가 부모의 경험을 바라보는 것 또한 중요할 것이다. 부모의 슬픔을 바라보면서, 로라는 슬픔이란 것이 수용할 만한 것이며, 어른과 아이에게 공유될 수 있음을 배우게 된다. 가족이 함께 상담을 받는다면, 가족이 표현하는 것들을 자연스럽게 지지해 줄 수 있을 것이다. 처음에, 가족은 자신들의 강점을 쉽게 인식하지는 못할 것이다. 이들을 상담해 주는 상담자로서, 나는 이들에게 힘이 되어 주면서 이들의 강점에 주목할 것이다. 이들의 자신감이 더 커질 때, 이들은 자신들의 자원을 이용하여 자녀와 대화하는 방법들을 발견해 나가기 시작할 것이다.

로라와 해일리가 함께 상담한다면 아주 좋은 기회가 될 수 있을 것이다. 상담 시간이 제한되어 있기 때문에 이것은 아마도 나의 사무실 밖에서 진행되어야 할 것이다. 해일리를 배려하는 의미로 해일리 자신의 죽음을 준비하도록 해야 할 것이다. 해일리를 자원으로 하여 해일리에 대한 로라의 감정과 그녀가 친구를 얼마나 많이 그리워할지를 발견할 수 있도록 도울 것이다. 해일리는 로라와 정서적으로 연결되어 있으며, 사려 깊고, 호기심이 많다는 점에서 로라에게 역할 모델이 될 수 있을 것이다. 소녀들이 사진을 찍고, 이야기를 적어 보며, 우정에 대해 노래하고, 우정에 대한 스크랩북을 만들도록 북돋아 줄 것이다.

로라와의 상담은 그녀의 친구가 죽을 때까지 계속될 것이다. 그녀가 원한다면, 미완성된 작업들을 끝낼 수 있도록 도울 것이다. 물론, 그녀가 자신의 감정과 생각을 표현하거나 말할 수 있는 기회를 제공할 것이다. 로라가 나와의 관계를 언제 끝낼 것인지, 그리고 어떻게 끝낼 것인지 결정할 수 있는 기회를 제공하는 것 역시 중요할 것이다. 이러한 결정에 따라 로라는 현실을 깨우칠 수 있으며, 관계가 끝나는 방식은 물론 자신의 인생에서 중요한 것들을 스스로 통제했음을 확인하게 되는 것이다.

마지막으로, 로라에게 더 많은 지지가 필요하다는 것을 상담 초기에 말해 줄 것이다. 호스피스, 장의사, 학교 상담자는 모두 로라와 그녀의 부모에게 지지 자원이 될 수 있을 것이다.

사례 2 가족원의 죽음 - "사촌 아기가 죽은 걸 알고 있나요?"

코너는 따뜻하고, 똑똑하며, 활달하고, 사려 깊은 어린아이다. 부모는 그가 네 살 때 이혼하였다. 코너는 이혼에서 비롯되는 어쩔 수 없는 변화들에 잘 적응해 나갔다. 그는 어머니와 살았고, 여름의 두 달 동안은 아버지에게 방문하였다(아버지는 2천 마일 떨어진 곳에 살고 있다).

코너는 이모, 그리고 옆 동네 사는 이모의 남자 친구와 많은 시간을 보냈다. 그는 이모의 임신 소식을 듣고서 매우 좋아했으며, 임신에 대한 이야기나 임신을 축하하는 이야기, 일어날 일들에 대해 계획하는 이야기 등에 대해 매우 적극적으로 이야기를 나누었다. 그는 이모, 어머니, 할머니와 함께 이모의 초음파 검사에도 함께 갔다. 심지어 그는 사촌 아기의 초음파 '사진'도 가지고 있었다.

지난달 이모가 쓰러졌을 때, 코너는 이모 그리고 제임스와 함께 있었다. 코너는 병원으로 가는 구급차의 뒷자리에서 제임스와 함께 있었다. 도착했을 때 코너의 어머니가 이미 병원에 와 있었다. 어머니는 코너에게 집에 가라고 했지만 그는 거절했다. 그는 이모와 아기가 너무나 걱정되었다. 코너의 이모는 말기 유산으로 고통스러워하였다. 가족 모두는 '함께 모여서' 슬퍼하고 힘들어하였다.

다음 달에, 코너는 자신이 만나는 모든 사람에게, "우리 사촌 아기가 죽은 걸 아세요?"라고 하였다. 그의 어머니와 가족은 몹시 걱정하였다. 그는 잠도 잘 자지 못했고, 예전의 그와 같지 않았다. 더욱이, 그는 아버지를 만나러 가는 것도 거부하고 있으며, 아버지를 만난 지가 벌써 2주가 지났다. 예전에는 결코 이런 적이 없었다.

사례 분석

상실을 파악하기

핵심적 상실　코너의 핵심적 상실은 아직 태어나지 않은 사촌 아기의 뜻밖의 죽음이라 할 수 있다.

부수적·무형적 상실　코너는 즐거운 마음으로, 오랜 기간 동안 바랐던 사촌의 출생 경험을 놓치게 된 것은 물론, 몇몇 부수적 상실을 경험하고 있다. 이모가 임신하고 있었던 몇 달이 코너에게는 매우 길었을 것임을 감안하라. 또한 그는 앞으로 발생했을지도 모르는 상실에 대해서 애도하고 있는 것이다. 그는 함께 놀고 보살펴 줄 새로운 사촌 아기를 기대하고 있었던 것이며, 뜻밖에도 그 기회를 거절당한 것이다.

내담자의 반응을 파악하기

인지적 반응　코너가 "우리 사촌 아기가 죽은 걸 아세요?"라고 중얼거릴 때 그의 사고 과정에 대한 단서가 제공되고 있는 것이다. 그는 자신의 상실에 대해서 이야기하려고 노력하고 있으며, 무슨 일이 일어난 것인지 이해하려고 애쓰고 있는 것처럼 보인다.

행동적 반응   코너는 잠을 이룰 수 없고, 사촌의 죽음에 대해 이야기하고 싶어 하며, 어머니와 가족 옆에 바짝 붙어 있으려고 한다.

정서적 반응   코너는 다소 모순되는, 다양한 정서를 경험하고 있을 것이다. 슬프게 보이지만, 아마도 두려움과 혼란스러움을 가장 크게 느끼고 있을 것이다. '어떻게 이런 일이 일어났지?' 라고 생각하며 혼란스러워할 것이다. 아마 그는 분노감도 느끼고 있을 것이다.

Q 논의할 질문들

1. 당신이 세운 임상적 가정에 따르면, 코너는 어떠한 상실의 역사를 가지고 있는가?
2. 당신은 어떠한 상담 계획을 수립하였는가?
3. 코너에게 일어났던 일들을 경청하면서 당신에게 일어난 감정은 무엇인가?

상담자의 반응

코너는 사촌의 죽음으로 자신이 경험했던 여타의 상실 감정과 기억들, 즉 이혼 후에 아버지와 멀리 떨어져 살게 된 것 등의 기억들을 되살리고 있는 것이다. 성격의 변화, 잠들기 어려워하는 것 등을 볼 때, 그가 우울증에 시달리고 있음을 알 수 있다. 여느 우울한 아동과 마찬가지로, 아동에게 전형적으로 나타나는 우울증 증상들, 예컨대 과민성, 행동화, 친구들과 좋아하는 활동으로부터 멀어지기, 섭식 습관의 변화, 자살 사고나 자살 행동 등이 나타나는지 면밀히 관찰해야 할 것이다(DSM-IV; APA, 2000). 코너는 꿈과 희망을 품고 달려온 것이며, 그의 인지적 발달 수준으로는 이러한 복잡한 상실을 완전히 이해할 수 없다.

코너는 자신의 상실에 대해서 이야기하고 싶어 하는 것처럼 보인다. 때때로, 가족원이 상실을 경험한 경우 그들은 그것에 대해 자녀에게 말하지 않으려 한다. 만일 가족원이 지나치게 감정이 드러날까 봐 이에 대해 꺼내 놓기 어려워한다면, 상담자는 코너가 사촌의 죽음에 관련된 감정과 생각을 가족에게 충분히 이야기할 수 있는 기회를 마련해 주어야 할 것이다. 코너는 언어, 그림, 놀이를 통해 자유롭게 표현함으로써 혼란스러운 사고와 감정을 다룰 수 있게 될 것이다. 나는 코너가 아기와 작별 인사를 나눌 수 있는 방법을 찾도록 도와주려 한다. 헬륨 풍선을 날려 주는 것과 같은 일종의 기념식도 도움이 될 것이다. 왜냐하면, 코너는 너무 오랫동안 아기가 태어날 '엄청난 날'을 위해 준비해 왔기 때문이다. 이러한 활동을 통해 코너는 마무리되는 느낌과 함께 죽음이 인생의 일부분이라는 교훈도 얻게 될 것이다.

코너에게 안정감이 생길 때까지는 아버지에게 가는 여행을 미루어야 할 것이다. 죽음 이후, 종종 어린아이들은 자신의 죽음이나 가까운 사람들의 죽음에 대한 생각이 떠나지 않게 된다(Fitzgerald, 1992). 코너는 어머니와 이모에게 바짝 붙어 있을 것이며 그들 곁을 떠나지 못할 것이다. 2천 마일이나 멀리 여행해야 한다는 생각은 코너를 꼼짝 못하게 만들 것이다. 그가 집을 떠나 아버지와 가까워질수록 그의 문제가 행동으로 나타날 것이다. 나는 코너의 아버지와 연락하여 아버지, 어머니와 상담을 하려 한다. 그렇게 함으로써 코너는 두려움을 줄이고 안정감을 늘려 나갈 수 있을 것이다. 코너가 아버지 집으로 떠날 때, 어머니와 이모에게 전화와 편지로 자주 연락할 것을 제안할 것이며, 아버지 집에 도착한 후에도 계속해서 상담을 받을 수 있도록 전문기관에 의뢰할 것이다.

사례 3	친구의 죽음 −"난 아직도 카라와 이야기해요."

　빌리와 카라는 여덟 살로, 5년째 친구다. 이들은 헤드스타트 프로그램을 통해 만났는데, 이 프로그램은 유치원에 잘 적응할 수 있도록 준비시키는 취학 전 교육과정이라 할 수 있다. 빌리와 카라는 여러 해 동안 사람들에게 자기들이 결혼할 것이라고 말하고 다녔다. 부모들이 볼 때도, 이것이 아주 말도 안 되는 이야기 같지는 않았다.

　카라는 지난 몇 달 동안 아주 많이 아팠다. 학교에서 유행하는 감기에 걸린 것 같았지만, 적당한 기간 내에 회복하지 못하였다. 카라의 소아과 의사는 이에 대해 염려하였다. 카라는 늘 건강했었다. 소아과 의사는 아마도 그녀가 충분히 못 잤거나, 영양이나 운동이 충분치 않았을 것이라고 생각하였다. 카라의 부모는 카라가 정밀 검사를 받는 것이 옳은 것인지 결정을 하는 것이 어려웠지만, 이것을 간절히 원하긴 하였다. 두 달이 채 안 된 3월에, 소아과에 일곱 번째 방문하면서, 카라의 어머니는 카라에게 필요한 것들에 대해 의사의 생각을 따르기로 결심하였다.

소아과 의사 또한 이에 전적으로 동의하였고, 매우 염려되기 시작하였다. 일련의 검사 후에, 카라에게서 악성 췌장암이 발견되었다. 암은 급속도로 퍼지고 있었다. 물론, 카라의 가족과 친구들은 엄청난 충격을 받았고 크게 놀랐다. 그러나 빌리는 그렇지 않았다. 빌리는 카라에게 책을 읽어 주면서 '노크노크 조크' 놀이를 하였다.

카라는 치료를 받고자 3월 말에 입원하였다. 빌리가 카라의 머리카락 전부가 없어진 것을 보았을 때, 카라가 이상하게 느끼지 않도록 자기의 머리도 다 깎아 달라고 부모에게 부탁하였다. 카라가 죽은 날까지, 빌리는 하루에 서너 번을 그녀에게 방문하였다. 빌리가 방문한 어느 날, 카라는 빌리가 온 지 세 시간 후에 죽었다. 빌리가 방문했을 때, 카라는 그가 가장 좋은 남편이라고 말하였다.

이웃들은 상실로 몹시 커다란 상처를 입었다. 하지만 빌리는 울지 않았고 슬픈 것 같지도 않았다. 빌리는 매일 카라에 대해 이야기했고, 심지어 밤에도 그녀를 보았다고 이야기하였다. 빌리는 어머니에게 자기 같은 평범한 소년이 카라와 같은 천사와 결혼할 수 있냐고 물어보았다. 빌리는 선생님이나 부모에게 매일매일 이러한 질문을 하는 것 같았다. 어른들은 그가 살고 있는 공상 세계에 대해 매우 염려하였다. 어제 빌리는 버스에서 다른 소년과 싸우게 되었다. 빌리는 자기가 여전히 카라와 이야기하고 있으며 그녀도 자신에게 이야기하고 있다고 다른 친구들에게 이야기한 것이다. 이때 또 다른 친구가 빌리를 거짓말쟁이라고 불렀고, 그렇게 상황이 악화되었다.

사례 분석

상실을 파악하기

핵심적 상실   빌리의 핵심적 상실은 가장 친한 친구의 죽음이라 할 수 있다.

부수적 · 무형적 상실   빌리는 자기가 여전히 카라와 만나고 있다는 것을 가족과 친구들이 믿어 주지 않을 때 좌절감을 느낄 것이며, 이것이 빌리에게 부수적 상실이 될 수 있을 것이다.

내담자의 반응을 파악하기

인지적 반응   빌리는 친구의 죽음이 돌이킬 수 없는 현실이라는 점을 부인하고 있는 것처럼 보인다.

행동적 반응   빌리는 죽은 후의 삶에 대해 질문하고 있으며, 카라와 대화할 수 있는 자신의 능력에 대해 누군가 이의를 제기할 때 행동화된 문제를 나타내고 있다.

정서적 반응   빌리는 친구의 죽음에 대해 혼란과 분노를 느끼면서 괴로워하고 있다.

상담자의 반응

상실을 감당하고 있는 아동과 상담을 하는 임상가에게는 빌리의
사례가 매우 익숙하다. 어른들은 아이가 죽은 사람과 '대화하는
것' 또는 죽은 사람을 '보는 것'에 대해 듣게 되면 공포감을 느끼
곤 한다. 사실, 이러한 반응들은 매우 일반적인 것이다. 심지어 어
른들 역시 사랑하는 사람이 죽은 후에 이러한 경험을 하리라 예상
할 수 있다(Schoen, Burgoyne, & Schoen, 2004). 죽은 사람을 보는
것이나 그들과 이야기하는 것을 병리적으로 간주해서는 안 된다.
빌리는 사랑하는 친구가 죽었다는 것을 단지 마음으로 이해할 수
없었을 것이다. 빌리는 계속해서 카라와 접촉하고 싶었을 것이며,
그래서 그렇게 한 것이다. 이것은 일종의 방어기제로 간주될 수 있
을 것이다. 빌리는 그렇게 함으로써 친구의 죽음과 관련된 상처나
고통을 겪지 않을 수 있었던 것이다. 즉, 이것은 빌리로 하여금 친

구의 죽음과 관련하여 트라우마와 고통을 경험하게 하지만, 또 다른 관점에서는 이를 영적 관점으로 바라볼 수도 있다. 죽음 후에 어떤 일이 일어나는지에 대해서 우리는 아는 것이 거의 없다. 많은 문화권의 사람들이 죽은 후에도 그 사람과 계속해서 접촉할 수 있다고 믿는다. 어떤 사람들은 아동은 편협하지 않기 때문에 그만큼 초자연적 경험에 개방되어 있는 것이라 믿기도 한다. 초자연적 현상이 존재한다고 확신할 수는 없지만, 빌리가 자신의 경험을 치유해 나가도록 돕기 위해서 가족이 문화적으로, 영적으로 사후의 삶을 어떻게 여기고 있는지 평가해야 할 것이다.

상담자로서, 상담을 통해 빌리가 카라에 대해 갖고 있는 감정과 사고를 음악이나 스크랩북 같은 방식으로 전환시켜 줄 것이다. 그가 현실세계와 계속해서 접촉할 수 있도록 도와주겠지만, 카라와의 대화를 강제로 막지는 않을 것이다. 빌리의 부모에게는 사후의 삶과 천사에 대한 빌리의 질문에 대해 이들이 함께 이야기를 나누는 것을 장려해 주려 한다. 이 주제에 대해서 지역의 성직자들에게 도움을 요청한다거나 함께 책을 읽는 등의 방법들을 제안할 것이다. 무엇보다도, 빌리의 부모가 놀라지 않고서 아이에게 상실을 극복해 나갈 수 있는 시간과 공간을 허용해 주는 것이 중요할 것이다. 죽은 사람과 관계를 유지하는 방법, 그리고 이들을 기념하는 방법에 대하여 어른들은 아이들에게서 교훈을 얻을 수 있다. 마지막으로, 빌리가 친구를 잃은 현실을 직면하는 순간에 무너질 수 있다는 것을 빌리의 부모가 예상하고 있어야 할 것이다. 발달적으로 친구의 죽음에 대한 감정을 다룰 수 있는 시기가 다가오면, 빌리는 슬픔과 애도와 같이 더욱 전형적인 증상들을 나타내기 시작할 것이다.

친구의 죽음(청소년기) – "십대들은 죽지 않을 거예요."

데비는 청소년기를 비교적 무난하게 보내고 있었다. 그녀는 학교 그리고 발달적 변화에 잘 적응하고 있었다. 어머니와 새아버지는 데비가 한결같이 잘 지내는 것이 자신들의 능력 때문이라고 여겼다. 그들은 데비가 세 살 때부터 같은 지역의 같은 집에 살았다. 데비는 일상생활, 즉 데비와 다른 자녀들이 예상하는 저녁 시간, 취침 시간, 가족의 규칙, 관습 등의 일상에 적응하였으며, 성장해 가면서도 이를 버리진 않았다.

데비는 꽤 훌륭한 운동선수이자 학생이었다. 그녀는 졸업앨범 제작을 위한 스태프로 학교 신문사에서 활동하였다. 그녀는 사려 깊고, 재미있으며, 매력적이었고, 인기가 많았다. 데비에게는 재미있는 친구들이 많았다. 그녀의 부모는 지난해 7개월 동안 그녀의 남자 친구로 케빈을 괜찮게 생각하였다. 그러나 지난 한 달 동안 데비의 모습은 극적으로 변하였다.

데비 친구인 레이는 데비로부터 끔찍한 전화를 받았다. 데비는 아무도 자신에 대해 걱정해 주는 사람이 없다고 말하였다. 그날 밤 파티를 마쳤을 때, 그는 데비의 팔에서 붉은 '상처'를 발견하였다. 그는 이것을 케빈에게 말하였고, 케빈 역시 이를 염려하였다. 그가 말하길, 데비가 최근에 마리화나를 많이 피우고 있으며, 심지어는 학교 수업 시간에도 피운다는 것이었다. 케빈은 그녀와 이야기를 나누고 싶다고 말하였다. 파티 후에 케빈은 차로 데비를 데려다주면서 상처에 대해 이야기하고자 하였다. 그녀는 울면서, 그에게 "너도 나를 버릴 거지? 그래, 이 나쁜 자식아!"라고 말하였다. 케빈은 무슨 일이 일어난 것인지는 모르겠지만, 자기가 염려하고 있다고 말하느니 차라리 대화를 그만두어야겠다고 생각했다.

집에서도, 데비의 부모는 데비에게서 몇몇 변화들을 발견하였다. 데비는 맞는 옷이 없다면서 미친 것같이 굴었다. 그녀의 몸무게가 늘긴 하였지만 어머니가 보기에는 그녀가 여전히 귀여웠기 때문에 걱정하지는 않았다. 데비의 새아버지는 그녀가 풋볼게임에 다녀온 후 가슴에서 술 냄새를 맡은 적이 있었지만, 대수롭게 여기지는 않았다. 그녀는 열여덟 살이었기 때문에…….

케빈은 집 주변에 오지 않았고 전화도 하지 않았다. 데비는 이것에 대해 케빈의 친구 숀이 죽었기 때문이라고 부모에게 말하였다. 데비의 부모는 숀의 죽음에 대해 들어서 알고 있었다. 숀은 무용학교로 자신의 여동생을 태우러 가는 길이었고, 음주 운전자가 적색 신호에서 숀의 차를 들이받은 것이다. 학교 전체와 지역 사람들은 충격에 휩싸였다. 데비는 숀의 장례식에 대부분 참석했다. 모두가 참석하기 때문이기도 했지만, 숀은 케빈의 좋은 친구였기 때문이다. 사실상, 숀이 주변에 있을 때면 이를 내버려 두지 않고 경쟁하듯이 케빈의 관심을 끌곤 하였다. 그녀가 부모에게 숀의 장례식에 관해 이야기하면서 웃음 지었을 때 부모는 이것을 이상하게 여겼다.

데비의 부모는 딸의 마약과 알코올 복용에 대해 걱정하고 있으며, 이 때문에 당신에게 상담받고 싶어 한다.

사례 분석

상실을 파악하기

핵심적 상실   이 사례에서 특정 상실에 대해 정확하게 끄집어내기는 특히나 어려워 보인다. 하지만 데비의 핵심적 상실은 아마도 예측성, 순서, 불멸에 대한 느낌을 잃어버린 것이라 할 수 있다.

부수적·무형적 상실   데비는 극적으로 변화하고 있다. 그녀는 신체적으로나 감정적으로 자기 자신에 대해 더 이상 인식하지 못하는 것 같다. 그녀는 정체감을 잃어버렸다. 그녀는 남자 친구와의 관계를 통해 오랫동안 맺어 왔던 연속성과 안정성을 상실하였다.

내담자의 반응을 파악하기

인지적 반응   데비는 자신에 대해 염려해 주는 사람이 아무도 없다고 생각하고 있다. 이 사례를 통해 드러난 그녀의 생활환경을 살펴볼 때, 그녀는 다소 혼란스러워하는 것처럼 보인다. 또한 한때 그녀가 의지하여 조언을 듣고 상담받았던 사람들을 신뢰하지 못하게 되었다.

행동적 반응   데비의 주된 행동들은 대개 자기파괴적 방식이다. 약물을 하고 알코올을 마시는 것이나 자해하는 것이 여기에 포함된다. 또한 그녀는 자기를 돌보아 준 사람들을 밀쳐내고 있다.

정서적 반응   데비는 스스로에 대해 엄청난 혐오감을 느끼고 있다. 생활 전반을 살펴볼 때, 그녀는 자아존중감이 부족해 보인다. 그녀는 분노감, 두려움, 외로움, 고통에서 벗어나지 못할 것 같은 절망감을 느끼고 있다. 그녀는 숀을 좋아하지 않았기 때문에 숀의 죽음에 대해서 죄책감을 느낄 것이다.

1. 데비의 알코올과 약물 남용에 대해 어떤 식으로 접근하겠는가? 당신은 데비의 부모에게 이러한 실상에 대해 어떻게 보고하겠는가?
2. 데비의 행동에 대해서 어떻게 설명하겠는가?
3. 데비를 상담 과정에 어떻게 참여시키겠는가?

상담자의 반응

데비와의 작업 시 무엇보다도 중요한 것은 충분한 신뢰를 확립하는 것이다. 데비는 정신적 외상을 초래할 만큼 심각한 경험을 했을 것이다. 청소년의 경우, 성격이 급속하게 변화하거나 행동이 달라지고 자기파괴적 경향을 나타낸다면, 즉시 강간, 성범죄 또는 기타 다른 폭력들과 같은 충격적 일들을 예상하고서 이에 대해 살피곤 한다. 데비와 같은 내담자에게 치사성 평가와 우울증 검사를 실시하는 것은 매우 중요하다. 이를 통해 그녀 스스로도 자신이 위험하지 않다는 것을 확인할 수 있을 것이다. 또한 가까운 사람들을 밀쳐 내고 싶어 했던 마음을 탐색할 것이며, 이와 더불어 데비가 느끼는 분노감, 불신감, 자기혐오감 등에 대해 살펴볼 것이다. 추측컨대, 그녀는 자포자기함으로써 스스로를 보호하고자 애쓰고 있는 것이다. 또한 데비가 보이는 현재의 행동이 숀의 죽음 때문인지 탐색할 것이다. 그녀가 장례식에 대해 설명하면서 웃었다는 것은 불일치를 나타내는 것이다. 일반적으로 기대하는 것이 다를 수도 있겠지만, 죽음이란 것이 데비에게 아주 커다란 영향을 미친 것처럼 보인다. 데비는 숀의 죽음으로 자신이 영원히 살 수 없다는 것을 알게 되었고, 인생의 무질서와 혼란에 대해 관심을 갖게 되었다. 세상은 예측 가능하며 질서 정연하다는 한 소녀의 생각이 흔들린 것이다. 자기 또래의 건강한 남자아이가 말도 안 되는 이유로 죽었다. 데비는 현재 상실감을 느끼고 있으며 두려워하고 있다. 그 다음엔 어떻게 될 것인가? 그녀는 그의 죽음에 대해서 슬퍼하고 있지 않기 때문에 심지어 죄책감마저 느낄 것이다. 이것들은 모두 상담 장면에서 데비와 함께 다루어야 할 주제들이다.

데비의 자해 행동에 대해 충고할 때는 신중해야 할 것이다. 결국, 라포가 형성된 후에는 상처들을 보면서 이러한 행동들을 함께 터놓고 이야기해야 할 것이며, '위험 행동 금지' 서약서를 작성해야 할 것이다. 데비의 문제가 더 심각해지기 전에 부모가 데비의 알코올 및 약물 남용에 대해 평가하고 도울 것을 제안할 것이다. 아마도 데비가 상실감과 절망감에 대처하기 위해 음주를 했을 것이란 점 또한 부모에게 설명할 것이다. 부모가 데비의 문제를 이해하여 그녀를 돕는 것이 무엇보다도 중요하기 때문에, 데비와 부모 간의 대화를 촉진시킬 것이다.

선생님의 죽음 – "마르티네스 선생님께 무슨 일이 일어난 거죠?"

마르티네스 선생님은 아이들을 끔찍하게 좋아하는 분으로 저스틴이 다니는 유치원 교사였다. 저스틴의 어머니는 몇 주 전에 마르티네스 선생님이 갑자기 심장마비로 죽었다는 내용의 신문 기사를 읽었다. 학교에서 아이들에게 죽음에 대해서 설명해 줄 계획이라는 기사를 읽은 후, 저스틴의 어머니는 안도의 한숨을 쉬었다. 그녀가 저스틴과 죽음에 대해 의논하지 않더라도 학교에서 그것을 다뤄 줄 것이기 때문이다. 그녀의 집에서 이러한 주제는 그녀가 성인이 될 때까지도 몹시 피했던 주제였던 것이다.

월요일에, 아이들은 교감 선생님의 특별 연설을 듣기 위해 강당으로 모이라는 말을 들었다. 교감 선생님은 마르티네스 선생님이 "돌아가셨다."고 발표했고, 장례식 세부 일정을 전달하였으며, 만일 슬프거나 당황스럽다면 상담 선생님과 이야기를 나누어도 좋다고 설명하였다. 저스틴은 어른들이 말하는 동안에는 실제로 주의를 기울이지 않았다. 오히려 그 주변에 있는 사람들에게 관심을 기울이고 있었다. 바로 그때 그는 학급 친구들 몇몇이 울고 있는 것을 발견했지만, 그 이유를 알지 못했다. 그는 마르티네스 선생님이 어디에 있는 것인지 이해할 수 없었다. 아이들이 교실로 돌아왔을 때, 교실에는 새로운 '어떤 다른 여자 선생님'이 계셨고, 그녀는 상담 선생님이었다. 상담 선생님은 아이들을 원을 만들어 둘러앉게 하고 아이들에게 나누고 싶은 어떤 주제나 질문 등이 있는지 물었다. 저스틴은 손을 들고 마르티네스 선생님이 어디에 계신지 질문하였다. 상담 선생님이 마르티네스 선생님의 죽음에 대한 설명을 끝내자, 저스틴은 "좋아, 좋아요. 그럼, 그녀는 언제 돌아와요?"라고 물었다. 그의 물음에 몇몇 다른 아이들이 대답하였고, 한 작은 여자아이가 소리 질렀다. "그녀는 안 돌아와. 이 멍청아! 그녀는 죽었다구!" 바로 이 시점에, 저스틴과 다른 몇몇 아이들이 울기 시작했다. 그때 이후로, 저스틴은 학교에서 골칫거리가 되었다. 새로운 담임 선생님에 따르면, 그는 행동화된 문제를 나타내었고, 지적을 당하면 자기는 마르티네스 선생님의 방식들이 그립기 때문에 선생님이 돌아왔으면 좋겠다고 말하였다. 저스틴의 어머니는 이것이 '학교 문제'이기 때문에 자신은 그것에 대해 신경 쓸 필요가 없다고 말하면서 이 상황을 회피하였다.

사례 분석

상실을 파악하기

핵심적 상실   비록 저스틴이 죽음의 최후에 대해 이해할 수는 없지만, 선생님의 죽음은 저스틴에게 핵심적 상실 경험이라 할 수 있다. 핵심적 상실로 인해 그리고 자신이 죽음을 다룰 수 없다는 것으로 인해 다양한 부수적·무형적 상실들이 생겨날 것이다.

부수적·무형적 상실   의지할 수 있었던 것들의 상실과 일상생활의 상실은 저스틴이 겪은 상실 중 핵심적인 것이다. 그는 세계관, 학급 공동체 그리고 지지체계와 관련된 상실을 경험하고 있다.

내담자의 반응을 파악하기

인지적 반응   예상한 대로, 저스틴은 연령에 맞게 구체적으로 사고하고 이에 반응하고 있는 것이라 할 수 있다. 또한 뭔가에 사로잡혀 있는 듯하고 산만해 보이는데, 아마도 마르티네스 선생님의 상실에 대해 곰곰이 생각하고 있는 것 같다.

행동적 반응   저스틴의 담임 교사에 따르면, 그는 '행동화' 된 문제를 나타내고 있다. 담임 교사에게 이러한 행동들에 대한 조작적 정의를 제공해 달라고 요청할 것이며, 어떠한 행동 변화들이 나타나는지 살펴보고자 비교가 되는 기준치를 알려 달라고 부탁할 것이다.

정서적 반응   저스틴은 눈에 띌 정도로 혼란스럽고 화가 나 있다.

Q 논의할 질문들

1. 저스틴의 어머니는 이 상황에서 어떤 식으로 달리 처신했어야 하는가?
2. 학교 상담자의 접근은 연령에 적절하였는가? 그 밖의 어떠한 개입이 이루어져야 하겠는가?
3. 선생님의 죽음을 받아들일 수 있도록 돕기 위해서 저스틴과 어떻게 상담을 해 나가야 하겠는가?

상담자의 반응

저스틴의 삶에서 어른들은 마르티네스 선생님의 죽음에 대해 다른 식으로 설명해 줄 수 있었을 것이다. 이유가 무엇이었든 간에,

그의 어머니, 학교 상담자 그리고 새로운 담임 교사는 저스틴과 다른 아이들에게 공감을 해 준다거나 이해해 주려고 하지 않았다. 나는 저스틴의 어머니, 학교 상담자 및 새 담임 교사에게 자문을 제공하고자 하였다.

아이의 삶에서 가장 중요한 사람은 그들의 부모다. 저스틴의 어머니가 마르티네스 선생님의 죽음에 대해서 저스틴과 이야기하지 않기로 결심했을 때, 그녀가 실질적으로 말하고 있는 것은, "너에게 중요한 어떤 물건, 그리고 어떤 사람에 대해서도 관심이 없다." 또는 "그만 힘들어하고 이겨 내라."의 의미라고 할 수 있다. 어떤 식이든 간에, 어머니가 죽음에 대해서 담임 교사와 의논ー즉, 마르티네스 선생님이 죽고 난 이후 학교에서 일어난 여러 가지 변화들에 대해 저스틴이 어떻게 느끼고 있을지, 그리고 저스틴이 죽음 그 자체를 어떻게 느끼고 있을지에 대해ー하려 하지 않는 것은 저스틴 혼자서 죽음을 다루도록 내버려 둔다는 것을 의미한다. 이것은 학교와 가정을 분리시켜서 학교에서 일어난 일들이 집에서는 중요하지 않다는 메시지를 전달한 것이라 할 수 있다. 저스틴의 어머니가 의도적으로 이러한 메시지를 보낸 것인지 궁금하다. 저스틴을 지지해 주어야 한다는 것에 대해 그의 어머니와 이야기를 나눌 것이다. 어머니를 격려해 주면서 지금까지 저스틴이 상실을 겪어 왔을 때 그를 지지해 주었던 방식들, 현재 그를 지지해 줄 수 있는 방식들에 대해서 이야기를 나눌 것이다. 그녀는 여전히 저스틴을 지지해 줄 수 있을 것이다. 또한 그녀가 이야기하는 것들에 귀를 기울일 것이다. 어쩌면 이 죽음은 여러 가지 이유로, 특히 마르티네스 선생님이 그녀와 비슷한 연령대라면, 그녀에게 더 버거울지도 모른다는 예감이 든다. 그녀를 지지해 줌으로써 그녀가 저스틴을 지원할 수 있도록 할 것이다.

학교 상담자의 경우에 그 의도는 좋았지만, 유치원생들에게 사용했던 상담자의 개입 방법을 지지해 주긴 어렵다. 첫째, 그녀는 그들에게 질문을 하였고, 그러고 나서 아이들이 그녀에게 질문을 하도록 요청하였다. 다섯 살 아이들은 "모르겠어요." 외에는 그 어떤 질문에도 답을 하기 힘들어한다. 종종 그들은 '옳은' 대답이 무엇인지 알고 싶어 하지만, 이 사례에서도 정답은 없다. 이런 종류의 질문에 답하는 데에는 통상 다섯 살 이상의 인지적 능력이 요구된다(Fry, 1995; Metzgar, 2002). 둘째, 그녀는 다섯 살 아이들에게 그들의 생각과 감정을 말로 표현해 볼 것을 요청하였다. 이 연령대의 아이들은 이러한 방식으로 자신들의 생각과 감정을 자연스럽게 표현할 수 없다(Axline, 1969; Landreth, 2002). 아이들에게 자신들의 감정을 표현할 수 있는 장난감, 물감 그리고 크레용과 같은 재료들을 제공하였다면 더 좋았을 것이다. 언어적인 도구로 무장한 많은 어른들은 슬픔을 표현하기 어려워한다. 교감 선생님이 완곡하게 사용한 "돌아가셨다."라는 것도 죽음의 영향을 약화시키고 어른들이 사용하는 언어의 한 예로 볼 수 있다. 하지만 완곡한 표현은 이미 혼란스러워진 아이들을 당황스럽게 만들고 있다. 비록 아이들이 언어로 자신에 대해 표현할 수 있을 것이라는 상담자의 기대는 터무니없었다 해도, 여전히 상담자는 미술 재료와 놀이 재료를 사용하여 개별적, 집단적으로 아이들에게 힘을 보태 줄 수 있을 것이다.

마지막으로, 마르티네스 선생님을 대신하여 들어온 새 담임 교사와 반드시 상담이 이루어져야 할 것이다. 얼마나 난감한 상황이 겠는가! 혼란스럽고 상처받은 아이들로 구성된 학급에서 그녀가 경험한 것들에 대해 이야기하도록 할 것이다. 그녀가 잘해 왔던 것들을 파악할 것이고, 좀 더 다르게 혹은 잘할 수 있는 것들을 찾아 나가도록 돕고자 한다. 그녀는 자신의 학급에 대한 전문가이므로, 이러한 역할부터 시작하도록 돕는 것이 더 바람직할 것이다. 내가 정신건강 전문가라면, 그녀는 교육 전문가인 것이다.

만일 저스틴과 개인적으로 작업할 수 있는 기회가 있다면, 그와 함께할 놀이치료사를 고용할 것이다. 그가 경험한 상실의 특성은 분명히 마르티네스 선생님의 죽음과 관련되어 있기 때문에, 이러한 상실 경험을 직접적으로 강조하려 한다. 마르티네스 선생님이 계셨을 때 그의 모습을 그려 보라고 한 다음, 지금의 그의 모습을 느껴지는 대로 그려 보라고 요청할 것이다. 마르티네스 선생님의 죽음을 인정할 수 있도록 작별 인사 이야기, 그림 또는 찰흙을 통해 표현하도록 도와줄 것이다. 저스틴이 죽음에 대해서 질문한다면, 연령에 적합한 수준으로 대답하려 노력하겠지만, 정말로 잘 모를 경우에는 "나도 잘 모른단다."라고 대답할 것이다. 저스틴이 마르티네스 선생님에 대해 느끼고 있는 과거의 감정과 현재의 감정을 살펴보는 것은 중요하다. 저스틴이 어리다고 해서 상실을 온전히 경험하지 않는다고 여길 수는 없는 것이다. 그가 경험한 상실의 심각성을 보듬어주어야 할 것이다.

장례식 – "할아버지께 작별 인사하기"

에린의 부모는 에린의 증조 할아버지의 장례식에 에린을 데리고 가야
할지 말아야 할지 확신이 서지 않아서 당신에게 연락하였다. 가족원들의
의견이 각각 다를 경우, 모두들 자신의 의견을 제시하는 것 같다. 몇 년 전,
에린이 자전거를 타는 중에 한 어린아이가 차에 치인 것을 목격한 직후에
당신은 에린과 상담을 했었다. 그 어린아이는 에린의 이웃이었다.

에린은 여섯 살로 열 명의 증손 가운데 하나였다. 그녀는 증조 할아버지
를 알고 있으며, 그와 연결되어 있다고 느낀다. 실제로, 에린이 두 살 때,
증조 할아버지는 1년 동안 에린과 그녀의 오빠와 함께 살았다. 에린이 세
살 때 증조 할아버지는 요양원에 갔고, 그녀는 한 달에 한 번 증조 할아버
지를 방문하였다. 그는 아흔일곱 살의 나이로 어제 자연사하였다.

에린의 부모는 그녀를 장례식에 데리고 가기로 결심했지만 걱정이 많다.
이들은 과거에 당신과 긍정적 경험을 했기 때문에, 당신의 조언을 듣고 싶
어 한다.

사례 분석

상실을 파악하기

핵심적 상실   에린의 핵심적 상실은 증조 할아버지의 죽음이라
할 수 있다.

부수적·무형적 상실   장례식과 관련하여, 에린은 증조 할아버지

를 다시는 볼 수 없으며 작별 인사를 할 수도 없다는 현실에 마주하고 있다.

내담자의 반응을 파악하기

인지적 반응　에린은 자신이 장례식에 참석해야 할지 말아야 할지에 대해 모호하게 느끼고 있다. 에린의 부모는 그녀가 장례식에 참석하는 것에 대해 주저하고 있다. 이 때문에 에린은 장례식을 두렵고 공포스러운 일로 해석하여 혼란스러워하는 것이다.

행동적 반응　에린은 행동화 문제를 나타낼 가능성이 있고, 또는 우울감을 나타낼 것이다.

정서적 반응　에린은 혼란스럽고, 화가 나며, 슬퍼할 것이다. 그리고 장례식 참석에 대한 결정권을 부모에게 빼앗겼다고 느낄 것이다. 그녀는 무력감을 느낄 것이다.

Q 논의할 질문들

1. 에린을 장례식에 데리고 가는 것에 대해 당신은 어떻게 생각하는가?
2. 에린의 부모에게 어떠한 제안을 하겠는가?
3. 장례식을 위해서 그녀를 어떻게 준비시켜야 하겠는가?

상담자의 반응

장례식 참석 여부는 죽음과 관련된 상실을 겪은 아동·청소년을 상담할 때 흔히 거론되는 주제라 할 수 있다. 부모들은 종종 자녀가 장례식에 참석해야 하는지 질문하곤 한다. 어떤 가족은 모든 아이들이 반드시 장례식에 참석해야 한다는 관습을 따르곤 한다. 또 어떤 가족은 아이들을 '보호한다'는 명분으로 장례식에 데려가지 않는다. 피츠제럴드(Fitzgerald, 1992)는 아동이 장례식에 동참해서 묘지를 방문하고 추도식에 참여하도록 하는 것이 중요하다고 설명하였다. 그렇게 함으로써 아동은 가족의 신념과 경험들을 간직한 채, 죽음을 의미 있는 관점으로 여기게 된다.

이러한 딜레마에 옳은 답 또는 그른 답이 있는 것은 아니다. 나의 관점으로 볼 때, 장례식 참석 여부를 결정하는 데에는 아이가 반드시 포함되어야 한다. 이 사례에서, 장례식, 철야, 방문이 무엇을 의미하는지에 대해 부모는 에린과 함께 이야기를 나누어야 할 것이다. 어떤 기분일까? 거기에 누가 있을까? 아이들은 무엇을 해야 할까? 이러한 질문들에 대해 모두 설명해 주어야 한다. 에린의 질문을 격려해 주어야 할 것이며, 관의 그림이 나와 있는 소책자 및 이와 유사한 것들을 이용하는 것도 좋을 것이다. 대부분의 장례식 책임자들은 특별히 아이들 수준에 맞춘 팸플릿을 갖추고 있다. 에린이 장례식 참석 여부로 인해 부담을 느껴서는 안 될 것이다. 이러한 대화를 통해 부모는 에린이 장례식 참석에 대해 어떻게 느끼고 있는지 알게 될 것이다.

만일 에린이 장례식에 참석하지 않는다고 해도, 사랑하는 사람을 기념하는 곳에 참여하는 것은 중요할 것이다. 가령, 그녀는 특별한 장소에 방문하고 싶어 할 수도 있으며, 사진을 장식한다거나, 중요한 사람의 삶을 기념할 만한 특별한 유품을 만들 수도 있다. 에린이 장례식에 참석하기로 했다면, 그녀가 기대하는 것을 알 수 있도록 자신의 경험을 아주 잘 정리해야 할 것이다. 종종 밤을 세우기 직전이나 직후에 가족이 개인적으로 죽은 이의 몸을 보면서 작별 인사를 할 수도 있다. 어떤 아동에게는 이러한 의식이 더 적합할 수도 있다(Shaw, 1999; Webb, 2002). 그러나 아이에게 억지로 몸을 만지게 하거나 입 맞추도록 강요해서는 안 될 것이다(어떤 성인 내담자는 죽은 친척의 몸에 입 맞추도록 강요당한 트라우마를 극복하지 못하였다). 부모는 그녀가 어떤 선택을 하든 간에 증조 할아버지와 작별 인사를 할 수 있도록 도와주어야 하며, 장례식을 치른 후 에린이 보여 줄 다양한 감정들과 질문들에 대해 준비하고 있어야 할 것이다(Goldman, 2004; Shaw, 1999; Silverman & Worden, 1992).

사례 7 애완동물의 죽음 – "어떻게 그럴 수가 있지?"

재닛은 열 살로, 지난주에 학교에서 돌아와 어머니를 발견하고는 울음을 터뜨렸다. 재닛의 어머니인 리즈는 재닛을 앉히고서 어떤 큰일이 있었는지 말하도록 하였다. 리즈와 재닛의 아버지는 열네 살 된 독일 종 셰퍼드인 브랜디의 건강 악화에 대해서 수의사와 한참 의논하였고, 결국에 개를 안락사시켰다. 브랜디는 음식을 먹기 힘들어하여 계속해서 다 토했으며, 의사는 브랜디의 위에서 종양을 발견하였다. 재닛의 부모는 재닛 모르게 브랜디를 안락사시키는 것이 재닛에게도 더 나을 것이라고 생각하여 그렇게 하기로 결심하였다. 이 시점에서, 재닛은 방에서 뛰쳐나가서 흐느껴 울었고, 어느 쪽 부모와도 이야기하려 들지 않았다. 재닛의 아버지는 '어수선한' 이 모든 상황들을 이해할 수 없었다. 말 못하는 개에게 어떻게 그럴 수가 있냐고 하면서 재닛은 그 어떤 것에도 집중하지 못하였다. 아버지는 이 문제에 대한 해결책으로 재닛에게 새 강아지를 사 준다고 하였다. 재닛은 이에 대해 아버지에게 소리 지르고 그를 살인자라고 불렀다.

재닛은 몇 가지 이유로 몹시 혼란스러워한다. 그녀는 브랜디에게 관심을 많이 가져 주지 못한 것에 대해 죄책감을 느끼고 있다. 그녀는 브랜디를 가장 친한 친구로 여기고서 함께 산책했던 것을 그리워하고 있다. 그녀에게 브랜디는 어떠한 판단도 하지 않고서 그녀를 무조건적으로 사랑해 주었던 경청자였던 것이다. 무엇보다도, 재닛은 자신이 사랑했던 애완동물에게 작별 인사를 할 수 있는 기회조차도 가질 수 없었던 것에 화가 났다. 재닛의 어머니는 자녀를 보호해 주려고 한 것이 오히려 상황을 더 악화시켰다는 것을 깨달았다. 리즈는 자신의 어린 시절에도 어머니가 자기에게 알리지 않고서 애완 고양이를 안락사시켰던 비슷한 경험이 있기 때문에, 스스로에게도 화가 났다. 그녀는 그때의 경험을 잊으려 애를 썼지만, 현재 상황은 그녀로 하여금 많은 감정들을 떠올리게 만들었다.

사례 분석

상실을 파악하기

핵심적 상실　브랜디는 재닛의 애완동물이자 가족이며, 친구였다. 재닛의 핵심적 상실은 브랜디의 죽음이라 할 수 있을 것이다.

부수적·무형적 상실　청소년기에 애완동물의 죽음을 경험하는 것은 한 사람의 인생에서 최초로 경험하는 중대한 사건이 되곤 한다 (Trozzi, 1999). 순진성의 상실, 우정의 상실, 안정성의 상실, 일상 생활과 세상이 공평하다는 인식에 대한 상실, 그리고 이전과는 달라진 부모의 태도 등도 핵심적 상실과 관련된 상실이라 할 수 있다.

내담자의 반응을 파악하기

인지적 반응　재닛은 부모와의 교류를 차단하고 있다. 이것은 그녀가 이 엄청난 상실을 인지적으로 처리하기 힘들어한다는 것을 보여 주는 것이다.

행동적 반응　부모를 차단하는 것은 행동적인 반응이기도 하다. 억압한다거나 혹은 억압하지 않고서 화를 폭발시키는 것 역시 상실 경험을 행동으로 나타내는 것이다.

정서적 반응　재닛은 분노감, 죄책감, 배신감, 두려움, 불신감, 억울함, 외로움과 같은 감정들을 경험하고 있을 것이다.

1. 우리 사회는 동물의 죽음으로 크게 슬퍼할 수 있다는 것을 간과하곤 한다. 그 이유가 무엇이라고 생각하는가?
2. 리즈는 고양이의 죽음과 관련된 자신의 아동기적 경험으로 인해 브랜디의 죽음을 어떠한 식으로 다루겠는가?
3. 재닛이 브랜디에게 작별 인사를 할 수 있도록 돕기 위해 재닛 그리고 그녀의 부모와 어떻게 상담을 해야 하겠는가?

상담자의 반응

미국에서는 직계가족이 죽었을 경우에 학교나 직장을 얼마 동안이나 나가지 않을 수 있는가? 대가족의 경우에는 어떠한가? 가까운 친구의 경우에는 어떠한가? 언급한 어떠한 경우에도 일주일 정도를 일반적으로 여기고 있는 것 같다. 당신의 애완동물이 죽었을 경우에 직장이나 학교에 나가지 않는다고 하면 이상하게 여길지 모른다. 우리 사회에서는 슬픔, 상실, 죽음을 두려워하는 것이 지배적인 문화라 할 수 있다. 란도(Rando, 1984)는 미국을 가리켜 슬픔을 부인하는 문화라고 언급하였다. 애완동물을 잃은 아동·청소년에게 도움을 주지 않고서 그것을 간과하고 과소평가한 것은 당연한 일이었다. 하지만 이는 아동·청소년에게 수많은 고통의 원천이 될 수 있다.

많은 사람이 애완동물의 상실을 부인하거나 별것 아닌 것으로 여기기 때문에, 이들은 애완동물을 잃게 된 다른 사람들(아동, 청소년, 어른)을 만날 때에도 마치 자신이 경험한 것처럼 존중과 공감 없이 대하기 쉽다.

나의 친구와 친구의 가족이 애완동물을 잃었을 때, 그들의 상실을 알아주기 위하여 애도의 카드를 작성하기도 하였다. 나는 특히 애완동물의 죽음에 대해 다룬 책들을 발견할 수 있었다. 애완동물의 죽음에 대해 공감하고 연민을 느끼는 사람들에 대한 사례를 공유하려 한다. 부모와 상담자는 문학작품을 통해서 이러한 주제에 더 친숙해지길 바란다. 아동에게는 한스 빌헬름(Hans Wilhelm, 1989)이 쓴 『나는 언제나 너를 사랑해(*I'll Always Love You*)』를, 청소년에게는 개리 코왈스키(Gary Kowalski, 1997)가 쓴 『잘 가, 친구야: 애완동물을 잃은 사람들의 치유를 위한 지혜(*Goodbye, Friend: Healing Wisdom for Anyone Who Has Ever Lost a Pet*)』를 추천하려 한다.

재닛의 사례에서 볼 때, 재닛에게는 일상적인 일들과 과거의 경험이 중요할 것이다. 재닛의 가족은 그 밖의 상실들을 어떤 식으로 다루어 왔는가? 이것은 가족들이 경험했던 것 가운데 가장 의미 있는 상실일지도 모른다. 재닛과 상담을 할 때, 브랜디에 대한 기억을 존중해 줄 것이며, 재닛이 존중받는다는 느낌을 갖도록 할 것이다. 재닛의 도움을 받아 가계도를 작성하면서 상담 개입을 시작할 것이다(Goldenberg & Goldenberg, 1997). 이것을 통해 다른 상실들에 대한 재닛 가족의 특성을 이해할 수 있을 것이며, 이 가족 안에서의 애완동물의 위치를 알게 될 것이다. "브랜디가 너의 첫 번째 애완동물이니?" "다른 애완동물이 있니?"라고 물어본 다음, "가족의 일부분으로서, 있는 그대로, 여기에 애완동물들에 대해 쭉 적어 보렴.”이라고 덧붙일 것이다(같은 이유로, 아동·청소년과 함께 가계도의 일부분으로서 친구들에 대해 적어 볼 것이다).

재닛을 위한 상담 개입은 저스틴의 사례 분석에서 기술했던 내용과 매우 유사하다. 마르티네스 선생님이 저스틴에게 아주 중요한 ‘사람’이었듯이, 브랜디는 재닛에게 매우 중요한 ‘친구’였던 것이다. 따라서 브랜디의 죽음 및 죽음 이후 가족에게 나타난 감정과 사고를 끌어내기 위해서 마련된 일련의 활동들에 재닛을 참여시킬 것이다. 저스틴의 사례에서 강조했던 몇몇 활동들뿐만 아니라, 모래놀이치료 또한 적용하려 한다. 많은 청소년은 모래놀이치료 상자, 도형 및 인형들에 매료된다. 재닛에게 “브랜디가 없다면 어떤 마음일 것 같은지 모래상자 안에서 보여 줄 수 있겠니?”라고 요청할 것이다. 그녀가 모래에서 이야기를 만들어 나감에 따라, 조금씩 탐색을 해 가면서 반영적으로 반응해 줄 것이다. 그녀가 자신이 만든 것에 대해 만족감을 느낄 때, 그것에 대해 말해 달라고 요청하면서 그녀의 감정과 이야기에 열심히 귀 기울일 것이다. 만일 내가 그녀의 감정과 이야기에 반응한다면, 그녀는 내게 자신의 고통을 표현할 것이고, 나는 경청을 통해 그녀를 치료해 줄 수 있을 것이다. 또한 브랜디를 기념할 수 있는 방법을 찾아야 할 것이다. 이것은 수용적 분위기에서 작별 인사를 할 수 있는 하나의 방법을 제공해 줄 것이다.

독자를 위한 사례 연구

개비는 '테오(*Theo*)'라고 불리는 지역 음악 그룹의 엄청난 팬이다. 지난 밤에 그녀는 친구 토리로부터 급박한 메시지를 받았다. 토리는 '테오'의 리드싱어인 제이크가 어제 선박사고로 죽었다는 것을 모든 이에게 알리고 있었다. 메시지에 적혀 있길, 경찰관인 토리의 아버지가 그 사고 장소에 있었다는 것이다.

개비는 어머니의 방으로 뛰어 들어갔다. 그녀는 울면서 너무도 빠른 속도로 말하였고 그녀 어머니는 그녀가 말하는 것을 이해할 수 없었다. 몇 분 후에, 개비는 어머니에게 관련된 이야기를 할 정도로 충분히 안정되었다. 그녀의 어머니는 지역 뉴스를 통해 토리의 소식을 확인할 때까지는 기다리라고 하였다. "이것은 모두 소문이거나 농담일 거예요."라고 그녀는 말하였다.

그러나 그것은 사실이었다. 제이크는 익사하였다. 개비의 부모는 개비의 감정을 존중해 주려고 노력하였다. 개비의 어머니는 존 레넌이 살해당했을 때 어떤 기분이었는지를 기억하였기 때문에, 개비에게 공감적으로 대해 주어야 한다고 생각했다. 개비의 부모는 심지어 개비가 장례식에 참석할 수 있도록 학교를 결석하게 해 주었다.

제이크가 끔찍하게 죽고 나서 몇 달 후, 어머니의 말에 따르면 개비는 "음울하였다." 개비는 제이크와 함께 하늘나라로 가고 싶다고 부모에게 말하였다. 그녀의 오빠는 개비의 반응을 듣고서, 그녀에게 한심하다고 말하였다. 다음 날, 개비는 오빠의 차를 긁어 놓았다. 개비의 부모로서는 더 이상 가볍게 여길 수도 없고, 이해할 수도 없는 문제인 것이다.

Q 논의할 질문들

1. 개비의 핵심적 상실 그리고 부수적 · 무형적 상실은 무엇인가?
2. 당신은 개비에게 어떻게 공감을 할 수 있겠는가?
3. 그녀의 부모를 위해 어떠한 제안을 하겠는가?
4. 상담 계획의 일부분으로 어떠한 개입 방법들이 필요하겠는가?

요 약

이번 장에서, 우리는 아동 · 청소년이 죽음과 관련하여 경험한 상실에 대하여 다양한 상담 사례와 상담적 개입 방법들을 통해 살펴보았다. 다음 장에서는 죽음과 관련되지 않은 상실들에 대해 살펴볼 것인데, 이러한 상실들의 상당수가 아동 · 청소년을 대상으로 하여 슬픔과 상실을 살펴보았던 기존의 연구에서 간과된 것들이다.

6장
대인관계에서의 상실

에이미, 엘런 그리고 스테퍼니는 초등학교 시절 내내 친구로 지냈다. 그들은 같은 버스를 타며 함께 이야기하고 놀면서 여름을 함께 보냈다. 에이미는 엘런과 스테퍼니 집과는 멀리 떨어진 길가의 이동 주택에서 살았다. 스테퍼니와 엘런의 어머니는 '현실적 상황'에 대해 의논하고자 딸들을 앉혀 놓고서 이야기했다. 어머니들의 생각에, 어릴 때 엘런과 스테퍼니가 에이미와 사귀는 것은 괜찮겠지만 이제 곧 중학교에 들어가야 하기 때문에 에이미와 친하게 지내는 것은 더 이상 바람직하지 않다는 것이다. 어머니들은 에이미가 아주 좋은 아이이긴 하지만 '딴 세상'에 사는 아이들과 마찬가지로 마약을 하거나 임신을 해서 말썽을 일으킬 수 있을 것이라고 설명했다. 에이미는 친구들이 갑자기 왜 자기를 버렸는지 이해할 수 없다. 개학 이후 엘런과 스테퍼니는 버스에서도 에이미 옆에 앉지 않으려 하였고, 학교나 집 어디서건 더 이상은 에이미와 놀지 않으려 했다. 그녀는 외롭고, 상처받았으며, 혼란스러워하고 있다.

이 사례는 또래관계가 변화하면서 수반되는 고통에 대해 보여 주고 있다. 앞 장에서는 사랑하는 사람이 죽음으로 인해 아동·청소년이 겪게 되는 상실에 대해서 설명하였다. 아동·청소년은 누군가 죽어서 겪게 되는 상실보다도 훨씬 더 빈번하게 대인관계에서의 상실을 경험하게 된다. 친구나 가족과의 이별과 같은 대인관계에서의 상실은 아동·청소년의 생활에 심각한 영향을 미칠 수 있다. 부모와 전문가는 너무도 자주 이러한 종류의 상실들을 간과하거나 과소평가하곤 한다.

아동·청소년 모두에게 사회적 관계는 중요하다. 어린아이들에게 가족관계는 특히 더 중요하다. 많은 어린아이들이 탁아소나 보육원에 맡겨진다 하더라도, 사회적 지지와 정서적 지지를 해 줄 수 있는 가장 중요한 원천은 바로 가족이다. 또래관계는 예컨대 '친구와 물건을 나누어 써야 하는 것'과 같이 발달적으로 적합한 사회적·행동적 기술들을 발달시키는 데 중요하긴 하다. 하지만 어린아이에게 또래관계는 연령이 높은 아동과 청소년의 경우처럼 늘 중요한 것은 아니다.

가족관계는 아동이 어릴수록 특히 중요하겠지만, 또래관계는 십대에게 결정적으로 중요하다고 할 수 있다(Vernon & Al-Mabuk, 1995). 청소년은 자신의 또래관계를 토대로 하여 자기 자신과 자신의 기분에 대해 설명하곤 한다(Vernon, 1993). 부모나 청소년과 정기적으로 만나서 상담하는 상담자는 청소년들의 세계가 누군가에게 화가 나고, 누군가를 사귀며, 누군가와 말하지 않는 등의 감정과 이야기로 이루어져 있음을 알고 있다. 청소년의 발달단계로 볼 때, 십대 청소년은 인간관계에서의 미묘함을 배우고 자신이 이것에 어떻게 대처해 나가야 하는지를 익혀 나간다. 청소년 시기는 그 자신에게 최고의 시간이 될 수도 있지만 고통의 시간이자 자아 발견의 시간이 될 수도 있는 것이다. 어른이 보기에는 이들이 겪는 대인관계에서의 상실이 사소해 보일지 모르겠지만, 이것은 아동과 십대를 완전히 압도할 수도 있다.

이 장에서는 아동·청소년이 겪는 세 가지 범주에서의 대인관계의 상실, 즉 사랑하는 사람과의 이별과 같은 관계에서의 상실, 우정의 상실, 그리고 이성 친구와의 이별에 대해 상세히 살펴볼 것이다. 또한 위탁되어 양육되고 있는 아동·청소년의 상실 경험에 대해서도 살펴볼 것이다.

사례 1 사랑하는 사람이 떠나갈 때 - "할머니를 잃는 것"

사라는 세 살로, 최근에 여든 살인 할머니가 한 시간 거리의 퇴직자 전용 아파트로 옮기신다는 이야기를 할아버지께 들었다. 사라는 할머니와 매우 친했고, 태어났을 때부터 할머니의 옆집에서 늘 가까이 살았다. 사라는 놀이방이 끝난 후 점심시간에 매일같이 할머니를 방문하였고, 어머니가 가르치는 일을 끝내고 집에 오는 오후 네 시까지 할머니와 함께 있었다. 그들은 함께 집안일을 하거나 할머니가 좋아하는 게임 쇼와 드라마를 시청하는 등의 일상적인 일들을 늘 해 왔다. 또한 저녁마다 할머니와 함께 <운명의 수레바퀴>를 시청하기 위해 할머니에게 들렀고, 할머니에게 문안 인사를 했다.

할머니는 새로운 성인 시설로 옮기는 것에 대해 매우 좋아하였다. 그곳에 살면 할머니는 수리 등의 문제를 떠맡지 않아도 되는 것이다. 사라의 부모와 할머니는 사라가 할머니를 계속해서 자주 볼 수 있을 것이며, 주말에는 할머니 집에서 자고 갈 수 있다고 약속해 주었다. 사라의 할머니는 2주안에 이사 갈 예정이다. 어제 '물건을 팔려고 내놓은' 표지판이 할머니 마당에 들어섰다. 그것을 보고서 사라는 할머니 집에 가려 하지 않았다. 놀이방 교사는 사라가 어떤 아이를 때리고 별명을 불러서 그날 두 번의 벌을 받았다고 사라의 어머니에게 알려 주었다. 교사는 사라가 지난 몇 주 동안 위축된 것 같았다고 말하였다.

사례 분석

상실을 파악하기

핵심적 상실   사라의 핵심적 상실은 할머니와의 우정을 잃은 것과 할머니 가까이 살지 못하게 된 것이라 할 수 있다.

부수적 · 무형적 상실   핵심적 상실과 관련하여 사라는 몇 가지 부수적 상실들에 마주하고 있다. 그녀는 옆집에 가지 못하게 되었으며, 친숙한 일상마저도 잃게 되었다. 또한 사라는 안정감마저도 위협받고 있다. 즉, 그녀는 자기를 위해서 언제나 그 자리에 있어 주는 사람들을 신뢰하지 못하게 된 것이다.

● 내담자의 반응을 파악하기

인지적 반응   제시된 사례를 통해 볼 때, 사라가 경험하고 있는 생각들과 두려움들이 무엇인지 확인하는 것이 중요해 보인다. 예를 들면, 사라는 '할머니는 나를 더 이상 사랑하지 않아.' 또는 '심지어 가까운 사람들조차도 신뢰할 수 없어.' 라고 생각할지 모른다. 아동은 자기 마음속에서 어떤 일이 일어나고 있는지 말로 설명하기 어려워한다. 따라서 아동이 어떤 생각을 하고 있는지 예상해 보는 것은 중요할 것이다.

행동적 반응   이 사례에서, 사라는 학교에서 친구를 때리는 식으로 행동화하고 있으며, 할머니를 피하고 일상적인 일을 하지 않는 등 자신의 핵심적 생각과 감정을 행동으로 표현하고 있다. 또한 두통이나 복통과 같은 신체화 증상을 나타내기 시작한다 해도 이상한 것은 아닐 것이다.

정서적 반응   인지적 반응으로 살펴볼 수 있듯이, 사라가 경험할 수 있는 감정에 대해 예상해 보는 것이 중요할 것이다. 사라는 할머니가 곧 떠나는 것과 관련하여 알 수 없는 두려움을 경험하고 있는 것 같다. 할머니 집에 들르면 잠을 어디에서 자야 하는지부터 할머니가 떠난 후에 자신의 일상생활이 어떻게 될 것인지에 이르기까지 알 수 없는 두려움을 경험하고 있을 것이다. 이는 궁극적으로 할머니가 옆집에 살지 않는다 하더라도 할머니가 여전히 자기의 단짝이 될 수 있을지에 대한 두려움인 것이다. 또한 사라는 환경의 변화에 대해 슬픔, 분노감, 혼란스러움을 느끼고 있을 것이다.

상담자의 반응

사라의 상담자로서, 사라의 수준에 맞게 접근하는 것이 매우 중요할 것이다. 사라가 안정감을 가져야 하기 때문에, 신체적·인지적·정서적으로 사라의 수준에 맞추어 주어야 할 것이며, 안정적 환경을 만들어 갈 것이다. 사라와의 상담을 위해서는 특히 사라의 연령을 많이 고려해야 할 것이다.

현 문제의 개념화나 정서적·인지적·행동적 반응은 그녀에게 가장 중요한 문화라 할 수 있는 '연령'을 통해 이해될 수 있을 것이다. 30분 정도의 놀이치료가 사라에게 가장 도움이 될 것이다. 놀이치료를 통해서 사라는 자기가 생각하고 느끼는 것들을 표현할 수 있을 것이다. 나는 사라가 경험하는 것들에 대해서 반영해 줄 것이다. 그렇게 함으로써 그녀는 언어적 수단으로 자신을 표현하는 방법에 대해 알게 될 것이다. 사라의 부모와 할머니는 사라에게 가장 중요한 사람들이기 때문에 이들과는 반드시 정기적으로 상담을 해야 할 것이다. 그녀의 부모와 할머니가 반영적 경청을 통해 사라와 대화를 나눌 수 있도록 돕고자 하며, 몇 회기 동안에 걸쳐서 이러한 기법들을 익히도록 연습시킬 것이다. 그들은 이러한 경험을 통해서 사라가 느끼고 있는 복잡하고 다양한 감정을 알아차리고 이해할 수 있을 것이다.

또한 사라의 부모와 할머니에게 사라가 할머니의 집과 작별 인사를 나눌 수 있는 기회를 만들어 줄 것을 요청할 것이다. 그들은 할머니와 사라가 함께했던 시간들을 기념하는 파티나 즐거운 행사를 치르고 싶어 할 수도 있다. 이 활동에서 주의 사항이자 사라의 두려움을 경감시키기 위하여, 가족은 이사를 위한 준비 및 본격적인 이사에 사라를 포함시키는 것이 바람직해 보인다. 예를 들면, 그녀는 짐을 싸고 푸는 것을 도울 수 있을 것이다. 할머니의 새 집에서 할머니와 함께 찍은 사진을 집에 가지고 가서 자기의 생각에 대해 이야기 나누거나 놀이를 할 수도 있을 것이며, 사진은 또한 멋진 기념품이 될 수도 있을 것이다.

사라와 신뢰적 관계를 구축한 다음에는, 어른의 관점이 아닌 사라의 관점에서 사라가 맞닥뜨리고 있는 상실에 대해 분명히 밝히는 것이 중요할 것이다. 이 사례에서, 사라는 할머니가 떠나는 것과 관련하여 몇 가지 부수적 상실에 직면하고 있다. 예를 들면, 사라는 옆집으로 자유롭게 드나들지 못하게 되었다. 계단, 두 집 사이를 가로질러 피어난 꽃과 나무들은 사라의 친한 친구인 것이다. 할머니의 집 안으로 들어가면 함께할 수 있었던 향기들, 광경들, 소리들을 그녀는 모두 그리워할 것이다. '새로운 사람들'이 이사를 오면 여전히 반가울까? 집은 여전히 똑같아 보일까? 게다가, 할머니의 집에 있었던, 그녀가 좋아하는 편안한 침대와 베개가 있던 그녀의 방도 없어질 것이다. 그녀는 할머니의 새 집에서 잠들 수 있을까? 그녀의 침대는 여전히 거기에 있을까? 이것들은 사라의 마음속에서 소용돌이치고 있는 질문들이다.

또한 할머니와의 이별로 인해 사라의 일상이 큰 영향을 받는다는 것에 주목할 필요가 있다. 어린아이는 정형화된 틀과 일관성을 간절히 바라는 특성이 있다. 사라는 어린 시절 내내 할머니와 일관성 있는 관계를 맺어 왔다. 사라는 가장 친한 친구와 자신의 생활 방식을 잃은 것처럼 느낄 것이다.

언급하였듯이, 사라는 안정감을 잃었다. 또한 언제나 자기를 위해 주었던 사람들을 믿지 못하게 된 것 같다. '만일 할머니가 이사를 간다면, 그다음은 누구지?' '엄마나 아빠 또한 나를 떠나가면 어떻게 하지?' 사라는 자신의 삶에서 통제력이 부족하다. 그녀는 자신이 처한 상황을 변화시킬 수 없다는 생각에 무력감을 느끼고 있다. 놀이방에서 행동화 문제를 나타낸 것이나 할머니 댁에 방문하려 들지 않는 행동들은 아마도 통제력을 되찾기 위한 시도라 할 수 있을 것이다.

친구관계가 끝이 날 때 – "친구들이 그리워요."

매튜는 아홉 살 소년으로, 어린 시절부터 지금까지 계속해서 도심 지역에 살고 있다. 매튜는 겉으로 드러나는 발달장애를 갖고 있어서 그에 대해 잘 알지 못하는 사람들에게는 그것이 이상하게 보일 수 있다. 예를 들면, 그의 말투는 시끄럽고, 걸음걸이는 이상하며, 가까이 있는 물건이면 어느 것이든 물어뜯으려 한다. 매튜는 유치원 이래로 계속해서 같은 초등학교에 다녔다. 학교에서 많은 친구가 있는 것은 아니지만, 그와 열네 살인 형 미첼은 옆집에 사는 아이들과 매우 친하게 지냈다. 이들은 열 살 에리카와 열세 살 도나인데, 5년 동안 옆집에서 살았다. 그들은 매튜를 아주 잘 알았고, 그를 어린 동생처럼 대해 주었다. 그들은 매일 함께 놀고, 학교에도 함께 갔다. 미첼은 소녀들과 몰려다니는 것을 좋아했고 방과 후 매일 그의 동생을 돌보지 않아도 되는 것에 고마워했다. 또한 매튜의 행동들 때문에 그가 얼마나 당황스러웠는지를 도나에게 이야기할 수 있었기 때문에 이 역시 도움이 되었다. 그녀는 이러한 그의 감정을 이해할 수 있었고, 이에 대해 부정적으로 여기지 않았다.

소년들은 옆집 사는 이웃들이 한 달 후 여름방학이 끝난 후에 교외로 이사를 가게 된다는 것을 알았다. 소녀들이 더 이상 옆집에 살지 않는 것에 대해 매튜에게 다 설명해 주었지만, 그는 이것에 대해 이해하지 못하는 듯하였다. 매튜는 내년에도 여전히 학교에 같이 걸어갈 것이고, 공을 함께 찰 것이며, 여름 내내 함께 수영을 할 것이라고 이야기하고 있다. 미첼의 부모는 미첼이 최근 동생에게 "심술궂게 굴고 있다."고 말하였다. 즉, 그는 동생에게 소리를 지르면서 철 좀 들라는 식으로 이야기하였다. 또한 옆집 소녀들에게 싸움을 걸었고 더 이상은 함께 몰려다니지 않았다. 학교 성적도 떨어졌다. 미첼과의 다툼으로 매튜의 부적응적 행동이 늘어나게 되었다.

사례 분석: 미첼

상실을 파악하기

핵심적 상실   미첼의 핵심적 상실이 무엇인지 알아내는 것은 간단하지 않다. 그가 경험한 상실 안에는 많은 것이 겹겹이 쌓여져 있기 때문에, 이를 단순히 친구관계의 상실이라고 칭하기에는 지나치게 단순해 보인다. 아마도 동생을 돌보는 데 도움을 주고 이를 이해해 준 것에 대한 상실이 미첼의 핵심적 상실이 될 수 있을 것이다.

부수적·무형적 상실   언급하였듯이, 옆집 사는 이웃과 헤어지는 것 안에는 많은 부수적 상실과 무형의 상실이 포함되어 있다. 미첼은 놀이 친구를 잃었을 뿐만 아니라, 도나라는 절친한 친구를 잃었다. 그녀는 판단하지 않은 채로 그의 경험을 공감해 주었고 그의 상황을 이해해 주었다. 또한 도나와 에리카는 미첼이 장애를 가진 동생을 돌보아야 하는 압박으로부터 해방될 만큼 커다란 휴식을 제공하였다. 도나, 에리카와 함께 있으면, 매튜의 행동이 이상하게 보이진 않았다. 즉, 그것들은 정상적인 것처럼 여겨졌고 기대할 수 있었던 수준이었다. 도나와 에리카라는 지지자 없이 방과 후와 여름을 보낸다면 미첼에겐 자유가 없어질 것이다.

내담자의 반응을 파악하기

인지적 반응   미첼은 옆집에 사는 이웃이 떠나는 것에 대해 다양한 인지적 반응을 나타낼 것이다. 예를 들면, 그는 지금 혼자서 자기 동생을 돌보아야 한다고 생각할 수도 있다. 아마도 책임감이 커지면서 '지금부터 나 혼자의 힘으로 이것들을 다루어야 해.'라고 생각할 것이다. 또한 현재의 상황이 자신에게 부당하다고 여길 것이다. 동생에 대해서 그가 보여 주는 행동들도 어떤 경우에는 납득이될 만하다. 즉, 그는 소녀들이 떠난 후 하굣길과 학교 안에서 매튜가괴롭힘 당하지 않도록 준비시켜야 한다는 것이다. 그는 '그를 강하게 만드는 게 낫겠어. 그렇지 않으면 그들은 동생을 잡아먹을 듯이대할 거야.'라고 생각할 것이다.

행동적 반응   미첼은 옆집에 사는 친구들에게서 멀어지고 있다. 이는 그들이 그를 버리기 전에, 신체적·정서적으로 옆집 친구들에게서 멀어지려 애쓰는 것일지 모른다. 동생에게 고함지르고 때리는 행동, 성적의 하락은 옆집 소녀들이 떠나는 것과 관련된 생각과 감정에 완전히 압도되었음을 보여 주고 있다.

정서적 반응   미첼은 많은 혼란스러운 감정을 경험하고 있다. 예를 들면, 소녀들이 이사를 간 후에 무슨 일이 일어날 것만 같은 두려움, 버림받는 것에 대한 두려움, 매튜, 부모, 소녀들, 심지어는자기 자신에 대한 분노감, 동생의 장애로 인해 쩔쩔매야 하는 것에대한 부끄러움, 그 누구도 도나와 에리카처럼 자기를 이해해 주지못할 것이라는 두려움 등이 그것이다.

1. 어떠한 전략들을 통해서 미첼이 소녀들의 이사에 대한 자신의 생각과 감정을 인식하고 표현하도록 해 주겠는가?
2. 미첼이 지닌 부담감을 어떻게 덜어 줄 수 있겠는가?
3. 미첼이 친구관계를 통해 도움을 받고 이해받을 수 있도록 계속해서 도나와 연락하고 지낼 수 있는 방법이 있겠는가?
4. 미첼이 동생에 대해 느끼는 사랑과 수치심이라는 상반된 감정에 대해 다루는 것이 중요하겠는가?

상담자의 반응: 미첼

미첼과 상담을 할 때는 그가 바라본 세상을 정확하게 공감적으로 이해하여 반영해 주어야 한다. 그가 경험한 상실은 복잡하다. 그는 관계의 일부분이었던 우정, 안정감, 신뢰감, 이해심을 잃게 되었다. 그로서는 지금이 매우 힘든 시간임을 인정해 주면서, 진지하고 다정하게, 공감적으로 대화하려 한다.

청소년의 생활양식을 배려하여 그와 만나는 스케줄을 계획해야 할 것이다. 즉, 그의 학교, 사회, 과외 활동들을 피해서 상담 약속을 잡아야 할 것이다. 또한 어떤 경우에는 그를 성인처럼 대해 줌으로써 내가 미첼을 존중해 주고 있다는 것을 보여 줄 것이다. 특히, 이것은 인구학적 정보나 접수 면접 정보에 대한 책임이 그에게 있음을 알리고 고지에 입각하여 동의를 이끌어 낸다는 것을 의미한다. 그에게 비밀보장의 한계에 대해 이야기하고자 하며, 자신이나 타인을 해칠 위협이 있거나, 타인이 그를 해칠 위협이 있지 않은 한은 누구와도 이 정보를 공유하지 않을 것임을 확실히 할 것이다. 상담 관계에서의 한계점에 대해서 미첼, 그리고 미첼의 부모에게 설명하고자 한다(이것은 어떤 청소년과 작업하든지 간에 중요한 점이다).

미첼과의 작업은 미술용품, 잡지, 모래 등과 같이 쉽게 구할 수 있는 대화의 매개체를 활용하여, 언어 위주의 상담으로 진행할 것이다. 미첼이 친구들, 특히 도나에 대해서, 즉 그들이 곧 이사를 가게 된다는 것과 그들의 우정에 대한 이야기들을 하도록 격려해 줄 것이다. 그렇게 하는 과정에서 미첼 스스로가 상실의 복잡함에 대해 깨닫기도 전에 너무 지시적이 된다거나 문제 해결적으로 접근하지 않도록 주의를 기울일 것이다. 일단 복잡한 문제가 밝혀지고 나면, 미첼은 치료적 관계 자체를 통해서 자신의 감정을 표현할 수 있을 것이다. 특히 상담 관계를 통해서 그가 이야기를 나눌 수 있는 유일한 사람이 오로지 도나 한 사람만이 아니라는 것을 알게 될 것이며, 그가 나와 함께 소통할 수 있다면 타인과도 소통할 수 있다는 것을 깨닫게 될 것이다.

미첼이 나를 지지자로 여겨야 하겠지만, 그 밖의 잠재적 지지자들을 발견할 수 있도록 돕는 것 역시 중요할 것이다. 미첼에게 도나와의 우정을 유지할 수 있는 방법을 찾아 오는 숙제를 내어줄지에 대해서 고민해 볼 것이다. 다른 친구들이나 가족, 심지어는 도나로부터 다양한 의견들을 들어보는 것도 도움이 될 것이다.

지지체계를 구축함으로써, 그로 하여금 도나의 이사에 대한 부담을 덜어 줄 수 있을 것이며, 동생에 대한 상충된 감정을 다루는 데에도 도움을 줄 수 있을 것이다. 발달장애가 있는 아동의 형제들과 접촉하는 데에는 그의 상황을 이해하고 있는 사람들과 함께 자신의 경험을 공유하도록 하는 것이 매우 도움이 된다. 그는 어린 동생을 효과적으로 다룰 수 있는 방법들에 대해서 소중한 조언들을 듣게 될 것이다. 나의 치료 목표 중에 하나는 미첼이 지역사회 내에서 혹은 인터넷을 통해 연락할 수 있는 또래 지지 집단을 찾을 수 있도록 돕는 것이다.

사례 분석: 매튜

상실을 파악하기

핵심적 상실   매튜는 옆집 사람들의 이사를 둘러싼 파장에 대해 이해하지 못하고 있기 때문에 상실감이 지연되어 나타나는 것 같다. 이는 소녀들이 새로운 곳으로 이사갈 때, 매튜가 평생 쌓아 왔던 우정과 일상생활에서의 상실을 갑작스럽고 강렬하게 느끼게 될 것임을 의미한다.

부수적 · 무형적 상실   매튜는 아마도 이 상황에서 몇 가지 부수적 상실과 무형적 상실들을 경험할 것이다. 그는 에리카와 도나로부터 날마다 받아왔던 무조건적이고 긍정적인 관심을 잃게 될 것이다. 장애를 가졌음에도 불구하고 자신을 수용해 주었던 친구들을 잃게 되는 것이다. 그는 또한 사회적인 분출구와 지지 자원을 잃게 된 셈이다. 매튜를 향해 고함치고 때리는 미첼의 행동으로 미루어 볼 때 그는 이미 형제관계를 통해 상실감을 경험하고 있을 것이다. 또한 그는 소녀들과 등하교를 함께 하면서 느꼈던 안정감을 잃게 될 것이다. 소녀들은 다른 아이들이 자기를 놀릴 때, 자신의 편이 되어 주었던 것이다.

내담자의 반응을 파악하기

인지적 반응 현 상황에서, 매튜는 소녀들이 실제로 떠난다는 것을 부인하고 있는 것이거나 또는 현 상황에서 일어날 수 있는 결과에 대해 충분히 이해하고 있지 못하는 것 같다.

행동적 반응 매튜는 자신이 직면하고 있는 상실에 대해 세부적 내용들까지 충분히 이해할 수는 없지만, 이미 현 상황에 대한 직접적 결과를 행동으로 나타내고 있다. 울음, 분노 폭발 그리고 부적응적인 행동의 증가 등이 여기에 속한다.

정서적 반응 옆집 사람들의 이사와 관련하여 매튜가 경험하는 정서들은 혼란스러움, 분노, 두려움, 형의 행동으로 인한 상처 등이라 할 수 있다.

상담자의 반응: 매튜

모든 아동과 마찬가지로, 발달장애를 가진 아동도 폭넓은 감정을 경험하며 이러한 감정의 강도 역시 동일하다고 볼 수 있다. 매튜의 상담자로서, 그가 가진 장애의 특성과 증상에 대한 정보를 우선적으로 파악할 것이다. 부모, 의사와 함께 대화하면 충분할 것이다.

매튜는 소녀들의 이사가 궁극적으로 무엇을 의미하는지에 대해서는 이해하지 못하는 것 같다. 무슨 일이 일어난 것인지에 대해 그가 말로 설명할 수는 없지만, 곧 다가올 상실에 대해서는 느끼고 있는 것이다. 아이들이 내년에 무엇을 할지 이야기한다는 것 자체가 아무것도 변하지 않기를 바라고 있는 것이라 할 수 있다. 그는 현 상황에서 통제력을 얻고자 애를 쓰고 있는 것이다.

여느 아홉 살 아동과 상담할 때와 마찬가지로, 아동에게 안정감을 제공하면서 개입해 나갈 것이다. 도나와 에리카가 그를 수용한 것처럼, 나도 그를 수용하려 한다는 것을 매튜가 분명하게 인식하도록 도울 것이다. 그가 수용되고 있다는 것을 알게 하는 한 가지 방법은 그로 하여금 최소한의 한계 내에서 자유롭게 표현할 수 있도록 해 주는 것이다. 확실히 어떤 장면에서는 그의 안전, 나 자신의 안전과 관련된 한계들을 설정해 놓을 필요가 있다. 그러나 매튜는 표현하지 못할 수 있으므로 너무 많은 제한은 두지 않으려 한다. 예를 들면, 상담의 맥락에서 그가 말하는 것이나 껌 씹는 행동들에 대해서 제한하거나 제약하지 않을 것이다.

또한 이사가 목전에 있음을 알 수 있도록 매튜의 인지적 기능을 개발시켜 주려 한다. 그다음으로 매튜의 개인적 경험을 토대로 하여 상담 개입과 관련한 의사 결정을 할 것이다. 이렇듯 매튜가 현 상황을 인식하지 못한다고 해서 상실에 대한 안건을 밀어붙이는 것은 도움이 되지 않을 것이다. 더욱이, 매튜의 상담자인 나, 매튜의 부모, 매튜의 교사들이 가지고 있는 안건에 대해 다루는 것은 치료에 도움이 되지 않아 보인다. 매튜는 좌절감을 느끼고 위축되어서, 훗날 상담을 받으러 다시금 돌아 올 가능성이 있다. 초기상담에서는 매튜의 부모를 도와서 매튜가 이사에 대해 준비할 수 있도록 해 주어야 할 것이다. 예를 들면, 가족은 소녀들이 이사 간 집과 학교까지 운전을 해서 가 볼 수 있을 것이다. 그렇게 함으로써 이사는 더욱 가시화되고 현실적으로 다가오게 된다. 하지만 실제로 이사를 한 다음까지 기다려 볼 필요가 있다. 매튜의 반응과 욕구는 이사 후에야 더 분명하게 평가될 수 있기 때문이다.

이별 - "그냥 친구로 남자!"

조와 캐런은 둘 다 열여섯 살로, 9개월 간 교제해 왔다. 그들은 같은 고등학교에 다니는 2학년생이다. 조는 캐런을 아주 많이 사랑했고, 고등학교 이후의 그녀와의 미래를 계획하기도 하였다. 어제, 조는 여름방학 동안 잔디를 깎으며 모아 둔 돈으로 얼마 남지 않은 캐런의 생일을 위해서 아름다운 목걸이를 샀다. 오늘, 점심시간에 캐런은 조에게 더 이상은 조를 만나고 싶지 않으며, '좋은 친구'로 남았으면 좋겠다고 말했다. 또한 그녀와 조의 친구 마이크가 서로 정말로 좋아해서 사귀기 시작했다고 사실대로 말했다. 조 뒤에서 몰래 데이트를 하니 차라리 조에게 사실대로 솔직하게 말하는 것이 옳은 것 같다고 조에게 말하였다. 조는 조용하고 내성적인 청소년으로, 뭔가 일이 잘못되어 간다고 느끼면 위축되고 스스로를 비난하는 경향이 있다. 조는 캐런과 마이크를 함께 봐야 한다는 생각에 멍해지고 심지어는 자살 충동도 느끼고 있다.

사례 분석

상실을 파악하기

핵심적 상실 이 상황에서 조의 핵심적 상실은 여자 친구와의 이별이라 할 수 있다.

부수적 · 무형적 상실 여자 친구를 잃었다는 중요한 상실감 외에도, 조는 부수적이고도 눈에 보이지 않는 다양한 상실들을 경험하고 있을 것이다. 첫째, 그의 일상생활과 습관이 무너져 버렸다. 상담자들은 이별을 경험한 내담자를 만나면서 종종 이 점을 간과하곤 한다. 그러나 이별을 겪은 사람들이 처음으로 직접 경험하는 것이 바로 이러한 것들이다. 그의 하루하루는 캐런과 이야기를 언제 나누었는지 또는 캐런을 언제 보았는지에 따라서 달라졌다. 더 이상은 낮에 그녀의 사물함 옆에서 기다릴 필요가 없어졌으며, 방과 후에 그녀를 데려다 주거나 잠들기 전에 그녀에게 전화할 필요도 없다. 뿐만 아니라 그는 캐런의 가족, 캐런 친구들과의 관계를 그리워할 것이다. 학년 말 댄스 파티나 2학년 여행에도 캐런과 함께 가고 싶어 했을 것이다. 캐런과 마이크가 언젠가 결혼하는 모습을 보게 될지도 모른다. 조는 신뢰에 금이 갔다. 그는 여자 친구를 잃었을 뿐만 아니라, 동시에 가장 친한 친구를 잃은 것이다. 사랑이 정말로 존재하는 것인지에 대해서 혼란스러워할 수도 있다. 조는 또한 당혹감마저도 느낄 것이며, 캐런이 그가 아닌 다른 사람을 선택했기 때문에 자존심에 상처도 입었을 것이다. 뿐만 아니라 조는 정체감을 잃었다. 더 이상은 커플의 한 사람으로서가 아닌, 캐런을 포함시키지 않은 새로운 개인적 정체감을 형성해야 하는 것이다. 조는 무력감과 상황을 통제할 만한 힘이 부족하다고 느낄 것이다.

내담자의 반응을 파악하기

인지적 반응   조는 내성적이고 자책하려 하기 때문에 여자 친구와 헤어진 것에 대해 자기 자신을 비난할 가능성이 있다. 스스로에게 "나는 패배자야." "모든 것이 내 탓이야."라고 말할지도 모른다. 또한 어느 정도의 자살 사고를 분명하게 나타내고 있다.

행동적 반응　조는 다음과 같은 행동 증상들을 부분적으로 또는 전부 드러내고 있을 것이다. 즉, 신체화 증상, 등교 거부, 사회적 고립과 철수, 울음, 수면과 섭식 문제, 그 밖의 우울증 조짐들이다. 모든 청소년이 똑같은 방식으로 슬픔이나 상실을 나타내지 않는다는 것에 주목할 필요가 있다. 어떤 청소년은 약물 복용이나 음주 등 행동화 문제를 나타내지만, 또 어떤 청소년은 마치 아무 일도 없었던 것처럼 행동하기도 한다.

정서적 반응　조는 슬픔, 충격, 무감각, 혼란스러움, 우울감, 분노감과 같이 상충되는 다양한 감정들을 경험하고 있을 것이며, 자기 자신과 타인에게 화가 나고 당황스러울 것이다.

Q 논의할 질문들

1. 조에게 치사성 평가를 실시하는 것이 중요한 이유는 무엇이겠는가?
2. 조가 자신의 사고와 감정을 인식하고 다뤄 나갈 수 있도록 돕기 위해 어떠한 방법들을 사용할 수 있겠는가?
3. 조에게 애도 과정에 대해서 설명해 주는 것이 중요한 이유는 무엇이겠는가?
4. 조가 상실을 겪었음에도 다시 일상생활을 시작하도록 돕기 위해 어떠한 전략들을 사용하겠는가?

상담자의 반응

조는 엄청나게 괴로워하고 있다. 상담의 초반부에 해야 할 일들이 많다. 접수 면접에서는 치사성 평가를 포함하여, 안정되고 신뢰감 있는 분위기를 만들어야 한다. 자살이나 살인에 대한 생각, 약물 복용이나 음주, 자해에 대하여 표준화된 평가가 이루어져야 할 것이다. 이러한 평가에 기초하여 조에 대한 개입이 이루어져야 할 것이며, 당장의 안전을 최우선으로 고려해야 할 것이다. 뿐만 아니라 조와 그 보호자와 함께 안전에 대한 계획을 수립하는 것이 현명할 것이다. 개입 내내 그의 안전성에 대한 평가가 이루어져야 할 것이다.

조와의 상담에서는 친구, 또래 혹은 그 밖의 어른들과는 경험하지 않은 것을 그에게 제공해 주는 것이 중요한 목표가 될 수 있을 것이다. 그는 누군가가 자기를 이해하고 경청해 주고 있다고 느낄 필요가 있는 것이다. 이 사례에서는 무엇보다도 '하지 않아야 하는 것'이 중요하다. 나는 자기 개방을 하지 않을 것이고, 그가 최근에 끝낸 인간관계에 대해서 그의 친구나 또래와 비교하지 않으려 하며, 그가 겪은 상실과 고통 경험을 충고하거나 과소평가하지 않을 것이다. 이것들은 아마도 가족과 친구가 조에게 이미 해 주었던, 치료적이지 않은 일반적 반응들일 것이다.

또한 조의 요구에 맞추어서 상담을 진행할 것이다. 조는 내성적이다. 상담 속도를 느리게 진행하여 그가 성찰할 수 있도록 해 주어야 할 것이다. 그에게 숙제를 내줄 것이고(그가 생각하고 느낄 수 있는 시간을 가질 수 있도록) 대화가 덜 중요한 회기에서는 그에게 시간과 공간을 주려 한다.

조에게 한 가지 우려되는 점이라면, 그가 슬픔에 압도되어 있다는 것이다. 따라서 애도 과정에 관한 심리교육학적 정보들을 조에게 제공하는 것이 도움이 될 것이다. 조가 슬퍼할 때 시간제한을 설정하는 것도 좋을 것이다. 가령, 조는 30분이라는 시간제한을 두어 슬퍼할 수 있을 것이다. 이러한 시간을 가지면서, 그는 상담 시간에 내준 과제를 하고, 음악을 듣고, 그림을 보고, 또는 울기도 하면서 상담을 해 나갈 수 있을 것이다. 특히 시간제한을 두어 슬퍼하도록 함으로써, 그는 계속해서 일상생활을 해 나갈 수 있는 것이다. 조가 고통스러운 감정을 정리하는 시간은 점차로 줄어들게 될 것이다. 조가 몹시 슬프더라도, 슬퍼할 시간이 정해져 있기 때문에 조는 하루 종일 슬퍼하면서 보내지 않게 된다.

내성적인 청소년이 애도할 때 이야기나 일기를 작성하는 과제가 특히 유용하다. 나는 조에게 일기를 쓸 것을 제안할 것인데, 이를 통해 지면에 자신의 감정을 나타낼 수 있을 것이다. 또한 조의 내적 경험과 관련된 음악이나 노래 가사를 접하도록 도와줄 수 있다. 이를 통해 조는 자신의 시각으로 스스로의 상실에 대해 이해할 수 있는 기회를 가질 수 있을 것이다.

위탁되어 양육된 아동이 겪는 변화 – "설명하기 힘들어요."

스테퍼니는 여덟 살로, 아프리카계 미국인이다. 그녀는 지난 2년간 위탁 가정에서 양육되었다. 그녀를 맡아 준 가족은 백인이었다. 많은 위탁 서비스 제공업자들은 스테퍼니를 포함하여, 그녀의 위탁 가족, 원가족과 연관되어 있다. 주의 보고에 따르면, 스테퍼니의 원가족은 1년 안에 다시 결합할 예정이다.

스테퍼니는 정열적이고 활동적인 아이다. 그녀는 학교에서 공부를 잘했고, 사회성도 좋았다. 그녀는 유소년 축구와 댄스에도 참여하였다. 그녀에게는 어머니와 세 명의 오빠들로 이루어진 원가족에 대한 방문권이 있다. 한 달 전에, 스테퍼니와 위탁 가족은 스테퍼니의 방문권에 어떤 변화가 있을 것이라는 연락을 받았는데, 그것은 스테퍼니 가족들이 재결합을 준비하도록 돕기 위한 것이라고 하였다. 그 모임 이후로, 스테퍼니는 위탁 가족과 함께하는 '가족 시간'에 참여하지 않았다. 그녀는 매주 참여하는 토요일 활동에도 더 이상 흥미를 보이지 않았다. 지난 토요일에는 떼를 쓰면서 바닥에 머리를 박기 시작하여 위탁 가정의 아버지가 제지하기도 하였다. 스테퍼니의 교사도 스테퍼니가 자신과 자신의 원가족을 혐오스럽게 묘사하기 시작했다고 알려 주었다.

사례 분석

상실을 파악하기

핵심적 상실 　스테퍼니의 핵심적 상실은 위탁 가족의 예견된 상실이라고 할 수 있다.

부수적·무형적 상실　스테퍼니는 다수의 부수적 상실과 무형의 상실에 마주하고 있다. 스테퍼니가 경험한 상실의 의미와 복잡성에 대해 정확하고 공감적으로 이해하기 위해서는 그녀의 관점에 입각하여 이러한 상실들을 평가해야 한다. 안정감, 통제감, 능력, 안전성, 문화적 자의식, 정체감, 공동체에 대한 상실 등 모두가 스테퍼니가 상실한 것들이라 할 수 있다. 그녀가 경험한 대부분의 상실들이 눈에 보이지 않는 것들이기 때문에 간과되기 쉽다.

내담자의 반응을 파악하기

인지적 반응　스테퍼니는 자신의 삶에 닥친 갑작스러운 변화로 혼란스러워할 것이다. 그녀는 이러한 변화들을 통제할 수 없으며, 변화와 관련된 세부 사항들에 대해 관여할 수도 없다. 그녀는 몹시 두려워하면서, '나는 우리 가족에 대해서 알지 못해.' 라고 생각할 것이다. 갑자기 닥친 상실 때문에 스테퍼니는 '나의 위탁 가족은 나를 좋아하지 않아.' 와 같이 자기중심적으로 생각할 수도 있다. 그녀는 자기가 잘못을 했거나 나쁜 짓을 했다고 여기면서 스스로를 비난할지도 모른다.

행동적 반응　각 아동은 각기 다른 방식으로 상실을 경험하기 때문에, 표현 역시 다른 방식으로 이루어진다. 스테퍼니의 경우, 그녀가 겪은 상실 경험의 심각성은 자신에 대한 공격성, 행동화, 철

수, 신체화 증상을 통해 드러났다. 스테퍼니의 행동 변화에 주목할 필요가 있다. 즉, 그녀는 앞서 언급한 대로 행동하고 있지 않으며, 그녀가 보여 주는 행동들은 그녀의 성격과는 전혀 다르다는 점에 주목해야 할 것이다.

정서적 반응   스테퍼니는 아마도 두려움, 혼란스러움, 무관심, 외로움, 압박감 등의 정서를 경험할 것이다. 그녀가 정서적으로 압도되었기 때문에, 그녀의 행동적 · 인지적 반응이 악화되는 것이다.

Q 논의할 질문들

1. 스테퍼니와의 상담 관계가 끝나더라도 그녀가 처한 상실과 상담 관계의 상실이 뒤섞이지 않도록 하려면 스테퍼니와의 관계를 어떤 식으로 구조화해야 겠는가?
2. 스테퍼니의 문화적 정체감은 그녀의 상실 경험에 어떠한 영향을 미치겠는가?
3. 변화의 시기에, 그리고 그 이후에 스테퍼니는 위탁 가족과 원가족으로부터 어떠한 방식으로 지원받을 수 있겠는가?
4. 상담자로서 스테퍼니와 관련되어 있는 가족과 서비스 제공자들에게 그녀가 경험하는 상실의 복잡성에 대해 어떻게 이해시키겠는가?

상담자의 반응

이와 같은 상황에서, 아동은 이미 많은 이별과 상실들을 경험해 왔으며 이제 또 다른 고통스러운 상실을 마주하고 있는 것이라 할 수 있다. 따라서 당신이 이 아동을 만날 수 있는 기간에 대해 분명하게 이야기를 나누면서 상담 관계를 시작해 나가는 것이 중요하다. 이것은 여러 가지 이유들 때문에 그 중요성을 가진다. 첫째, 내담자는 상담에서 기대하는 것에 대해 알아야 하며, 이것에 동의를 할 권리가 있다. 둘째, 상담 관계에 도움이 되기 위해서는 신뢰감이 구축되어야 한다. 마지막으로, 가장 중요한 상담자의 역할은 내담자에게 해를 입히지 않는 것이라 할 수 있다. 또 다른 누군가가 자기를 버리는 것을 지켜보게 될 경우에, 내담자는 단기간의 상담 과정에서 결과적으로 득보다는 훨씬 더 많은 해를 입게 될 것이다. 아동에게는 상담자를 믿을 수 없다는 생각이 주입될 것이며, 결국 스테퍼니와 같은 내담자는 미래에 도움을 요청하지 못할지도 모른다.

이상적인 상황이라면 스테퍼니 가족이 재결합하기 전, 재결합의 과정, 그리고 재결합 이후에 걸쳐서 장기간의 상담 관계를 구축하는 것이 좋을 것이다. 이러한 방식으로 이루어질 수 있다면, 스테퍼니는 과도기 동안 인생에서 적어도 단 한 명의 사람에게 지속적으로 의존할 수 있을 것이기 때문이다.

스테퍼니의 문화적 정체감을 고려하지 않고서는 이 사례를 잘 설명할 수 없을 것이다. 스테퍼니는 인종적 정체성이 형성되는 결정적 시기에 백인 가족과 함께 살았다. 이것은 그녀가 주류 문화의 가치를 채택하였음을 의미한다. 불행하게도 이것은 여전히 흑인보다 백인을 더 우월하다고 여기는 일부 주류 미국인의 편견을 스테퍼니가 내재화하였음을 의미한다. 그녀가 위탁 가족과 행복하게 살고 난 후, 행복과 기회를 백인의 문화와 동일시하고 있을지도 모른다. 그녀가 자신의 문화에 대해 부정적 태도를 갖고 있기 때문에 자기 자신과 자신의 원가족을 혐오스러운 단어로 표현하기 시작한 것이다. 스테퍼니 자신과 원가족에게 자신들의 문화적 유산과 정체감에 관해 긍정적 태도를 가질 수 있도록 도울 것이다. 이를 위해 그녀에게 아프리카계 미국인 멘토와 역할 모델을 소개해 주어서 자신의 문화에 대한 지식을 증진시키고 자부심을 갖도록 할 것이다. 또한 문화적 가계도나 독서 치료, 영화 치료 등을 이용하려 한다.

그녀의 위탁 가족과 원가족은 그녀가 겪은 상실의 복잡성에 대해 과소평가하기 쉽다. 사례 연구에서 지적하였듯이, 스테퍼니는 위탁 가족이 자신을 거절했기 때문에 원가족이 재결합하는 것이라고 여기고 있을 것이다. 동시에, 그녀의 위탁 가족은 스테퍼니의 갑작스러운 행동과 태도 변화에 대해 이해할 수 없을 것이다. 그녀는 언제나 행복하고 협조적이었으며, 이 가족에게 너무나도 활력이 넘치는 존재였다. 그들은 어째서 그녀가 가족 활동에 더 이상 참여하려 하지 않을까 하면서 당황스러워하고 있을 것이다. 스테퍼니와의 비밀을 깨지 않고서, 위탁 가족에게 스테퍼니가 경험하고 있는 사고와 감정에 대해 설명할 것이다. 또한 스테퍼니가 겪고 있는 변화와 그것이 스테퍼니에게 어떠한 영향을 미치는지에 대해 이들이 함께 대화 나눌 수 있도록 스테퍼니와 위탁 가족의 의사소통 방식을 찾아주려 한다. 스테퍼니는 위탁 가족이 그녀를 버린 것이 아니라는 점, 그녀가 '나쁜' 아이라거나 벌을 받는 것이 아니라는 점을 분명히 알아 둘 필요가 있으며, 원가족이 재결합된 이후에도 계속해서 위탁 가족과 좋은 관계를 유지할 수 있음을 알아야 할 것이다.

이와 동시에, 스테퍼니의 원가족은 스테퍼니의 행동을 이해하지 못할 것이다. 스테퍼니는 위탁 가족과 원가족 중에서 하나를 선택해야 한다고 여길 것임을 설명해 줄 것이다. 그녀는 어머니, 세 오빠와의 재결합에 대해 양가감정을 가진다는 것에 죄책감과 배신감을 느낄 수 있을 것이다. 또한 스테퍼니의 생물학적 어머니, 오빠들과 상담하여 스테퍼니가 경험하는 다양한 감정들을 이해할 수 있도록 도울 것이다.

스테퍼니가 과도기를 순탄하게 보낼 수 있도록 스테퍼니의 두 가족이 함께 상담하면서 대화를 늘려 나가는 것이 무엇보다도 중요할 것이다. 두 가족은 스테퍼니에게 재결합 이전과 재결합 과정, 재결합 이후에 일어난 일들에 대해 동일한 메시지를 보내야 하며, 두 가족 모두 그녀가 느끼는 죄책감, 두려움, 혼란스러움, 배신감 등의 감정들을 줄여 주어야 할 것이다. 가능하다면, 두 가족이 함께 특정한 활동에 참여하고 가족 치료에 참석하는 것이 도움이 될 것이다. 또한 재결합이 이루어지기 전에 실현 가능한 계획들을 많이 세워 보는 것 역시 유용할 것이다. 스테퍼니는 안전한 구조를 필요로 하는 것이다. 그녀는 자신이 무엇을 예상해야 할지, 그리고 언제 그것을 예상해야 할지에 대해 알 필요가 있다. 그녀는 위탁 가족과 어떠한 관계를 유지해 나갈 수 있을지에 대해 알아야 할 것이다. 이러한 영역들에 대해서 가족들이 스테퍼니의 관심사를 예상하고 답해 줄 수 있도록 돕는 것이 상담 목표라 할 수 있다.

독자를 위한 사례 연구

러네는 라틴계 소녀로 열다섯 살이다. 그녀는 지난 1년 동안 백인 위탁 가정에서 살았다. 이번 위탁 가족을 만나기 전에, 러네는 다른 위탁 가족들과도 세 번 살았지만, 그녀는 언제나 한 달도 채 안 되어서 가출하였다.

러네의 생물학적 부모는 러네의 어린 시절 내내 코카인과 알코올을 남용하였다. 그녀는 6남매의 막내로서 현재 독립해서 살고 있지 않은 유일한 자녀이며, 수년 동안 성적·신체적·정서적 학대로부터 살아남은 자녀라 할 수 있다.

러네는 사회복지사에 의해 상담에 의뢰되었다. 사회복지사는 러네가 위탁 가족의 입양을 거부하였기 때문에 이에 대해 걱정을 하고 있다. 그녀의 선택으로 위탁 가족은 상처를 크게 받았지만 러네의 욕구를 존중해 주고자 한다.

Q 논의할 질문들

1. 러네의 핵심적 상실과 부수적·무형적 상실들은 무엇이겠는가?
2. 러네가 경험하는 상실은 무엇이겠는가?
3. 러네의 상담자로서, 그녀의 슬픔과 상실을 함께 나누기 위해 당신은 어떻게 할 것인가?

요약

우리는 죽음과 관련된 상실 외에, 아동·청소년이 경험할 수 있는 몇몇 대인관계적 상실에 대해 살펴보았다. 이러한 상실은 사랑하는 사람이 떠나갈 때, 친구관계가 변할 때, 애인과 헤어질 때, 위탁 가정 시스템의 특성상 결과적으로 상실을 겪어야만 할 때 일어나는 핵심적 상실과 부수적·무형적 상실을 포함하고 있다. 각각의 상실 유형에 따라 일반적 반응들과 사례 분석을 제공하였다.

대개 어린 아동일수록 자신의 세상 안에서 가장 중요한 사회적 소통망이라 할 수 있는 가족 관계에 의존하기 쉽다. 연령이 높은 아동과 청소년에게도 가족 관계는 여전히 중요하겠지만, 이들이 삶에서 가장 중요한 가치를 두는 것은 친구관계와 또래관계라 할 수 있다. 성인은 죽음이 아닌 대인관계적 상실들에 대해서는 그 영향력을 과소평가하기 쉽다. 의미 있는 친구나 가족을 잃은 아동·청소년은 강렬한 생리적·인지적·정서적·행동적 반응을 나타낼 것이다. 이러한 상실이 해결되지 않는다면, 이는 그들의 삶에 지속적으로 심각한 영향을 미칠 것이다.

7장
과도기적 상실

더스틴은 열여섯 살이며, 그의 어머니는 늘 아주 건강하고 활기찼다. 하지만 그녀는 과거 몇 년 전부터 건강이 좋지 않았으며, 다발성 경화증 진단을 받은 상태였다. 병의 과정은 예측할 수 없었다. 더스틴의 어머니는 그럭저럭 괜찮았고, 최소한의 증상만을 나타내었다. 언젠가는 더스틴의 어머니가 입원을 해야 할 것이고, 휠체어도 사용해야 할 것이다. 어머니의 병으로 더스틴의 가정과 생활방식은 엄청나게 달라졌다. 더스틴은 매우 적극적으로 사회생활을 해 왔지만, 지금은 어머니와 어린 형제를 돌보면서 지내야 한다. 그는 또한 어머니와 함께 이야기 나누면서 지냈던 시간들을 그리워하고 있다. 더스틴의 말에 따르면, 최근에 어머니는 매우 지쳐 보였고, 심지어 더스틴이 활동적인 것을 알기 때문에 그것에 신경 쓰고 있는 것 같다. 그는 자신이 이렇게 느끼는 것에 대해 상상할 수도 없을 만큼 죄책감을 느끼고 있다. 왜냐하면 어머니가 아픈 것은 어쩔 수 없는 일인데 자신은 그것을 무시하고 짐으로 여기고 있기 때문이다. 더스틴은 아버지에게 극도로 화가 나 있다. 아버지는 두 번째 직업을 구하느라고 아내의 의료비를 다 써 버리고서 돈을 구하고 있다. 아버지가 가장 필요한 순간에도 아버지는 아무런 도움이 되지 않을 것이라고 더스틴은 생각하고 있는 것이다.

인생의 과도기, 그것을 예측할 수 있건 그렇지 못하건 간에, 상담자는 내담자와 함께 이 시기의 많은 문제들에 대해 탐색해야 할 것이다. 아동·청소년은 급격한 변화로 인한 상실에 대해 면역체를 가지고 있지 않다. 이와 대조적으로, 아동·청소년기는 본래 빠른 성장과 변화의 시기이기도 하다. 이들이 처한 과도기를 극복하기 위해서는 많은 지지와 격려가 필요할 것이다.

이 장에서는 과도기적 상실을 경험한 아동·청소년에게 적합한 상담 개입 방법에 대하여 살펴볼 것이다. 이사, 이혼, 병이나 장애, 약물 남용, 부모의 직업 상실, 군 입대와 관련된 상담 사례를 통해 과도기적 상실에 대해 살펴볼 수 있을 것이다.

이사 —"나는 여기가 싫어요!"

열한 살 엠마는 도시에 사는 것을 좋아했다. 그녀는 이웃, 인도, 가로등을 좋아했다. 방과 후에 그리고 주말마다 큰 건물에서 나온 아이들이 그녀의 집에 모였고, 여름방학에는 옆집 주차장에서 즉석 발야구 게임과 공차기를 하였는데, 이 모든 것이 너무 좋았다. 그녀는 도시의 광경과 소음을 좋아했다. 왜 그런지 몰라도, 사이렌 소리는 그녀를 편안하게 해 주었다. 또한 그녀는 자신이 다니는 학교를 좋아하였다. 그녀는 모든 아이들을 알았고, 자신이 모든 아이들의 친구라고 자처하였다. 그녀가 백인이긴 했지만, 그녀는 북아메리카 원주민, 라틴계 미국인, 아프리카계 미국인, 아시아계 미국인 친구 등 여러 나라의 친구들이 있었다. 그녀는 아프리카 무용 수업도 들었고, 아프리카 드라마와 운동에도 참여하였다. 요약하면, 그녀는 '대단히 두드러졌다.'

반면, 엠마의 부모는 아주 다른 환경에서 성장하였다. 어머니는 시골 출신이었고, 아버지는 교외 지역에서 성장하였다. 그들은 범죄율 증가와 주택 가격의 하락을 이유로 몇 년 동안 이 도시를 떠날 생각을 하며 고심해 왔다. 비록 그들도 자신들의 집과 이웃을 좋아하긴 했지만, 내년에 딸이 가기로 한 중학교에서 범죄가 일어났다는 신문 기사를 읽고서는 겁이 나서 엠마의 어머니가 일하는 작은 도시로 이사를 가리라고 결심한 것이다. 그들로서는 이사가 흥미로운 것이었다. 교외에 살게 되면 더 좋은 집을 살 수 있었다. 엠마는 자신을 시베리아로 보내는 것같이 느꼈다. 그녀는 억지로 끌려가야 하는 새로운 집이 싫었다. 그녀는 시골, 학교, 그곳에 사는 모든 '촌놈들'이 싫었다. 엠마의 부모는 이사를 가면 새로운 강아지를 사 주겠다고 약속하면서 그녀를 설득하려 했다. 그들은 여동생이 새로운 집에서 자기 방을 고르기 전에 엠마가 먼저 자기 방을 고를 수 있게 해 주었다. 심지어 그들은 엠마를 달래기 위해 그녀가 다니고 있던 학교를 마칠 수 있게 해 주었다.

현재 그들은 교외에 있는 아름다운 새 집으로 이사를 갔고, 엠마는 비참해하였다. 그녀는 집 주변에서 침울해하며 맥없이 돌아다니곤 하였고, 자주 울었으며, 부모가 자기 생활을 빼앗아 버렸기 때문에 너무 싫다고 말하고 있다.

사례 분석

상실을 파악하기

핵심적 상실　엠마의 상실은 다양하고도 복잡하다. 엠마의 핵심적 상실은 살던 지역을 떠난 것이라 할 수 있다.

부수적 · 무형적 상실　엠마는 다양한 부수적인 상실과 무형의 상실을 경험하고 있다. 새로운 학교와 새로운 지역으로 이사를 가면서 그녀는 친구들을 잃게 되었다. 사람들, 안정감, 자신에게 주어졌던 기회들을 포함해서 다니던 학교에서 느꼈던 친숙함을 잃게 된 것이다. 예를 들면, 그녀는 웨인스테인이라는 학교 축구 대표팀 코치와 지난 10년 동안 알고 지냈으며, 만약 팀을 만들면 그에게 코치를 부탁해야겠다고 생각했다. 새로운 학교에서 그녀는 코치가 누구인지 몰랐다. 초등학교에서 오신 체육 교사가 있긴 했지만 이전 학기에는 그녀가 그 학교에 없었기 때문이다. 그녀는 도시에서 경험한 풍요로움을 잃게 되었고, 자신을 지지해 준 이웃을 잃었다.

더 이상은 자기가 지역이나 이웃의 일부분이 아니었다. 심지어는 자존감의 일부를 잃어버린 것만 같았다. 청소년으로서, 그녀는 자신의 정체감을 형성해 나가고 있었다. 그녀는 현재의 공동체 내에서 이미 인정받았고 인기도 있었다. 지금 그녀는 인정받기 위해 모든 것을 다시 시작해야 한다. 이사를 함으로써 그녀는 자신이 처한 환경에서 또다시 자신이 누구인지, 그리고 자기 자신을 어떻게 느껴야 하는지에 대해 묻고 있는 것이다.

내담자의 반응을 파악하기

인지적 반응   청소년은 자아중심적 경향이 있기 때문에, 엠마는 부모가 자기 때문에 이사를 간 것이라고 믿을 것이다. 예를 들면, 부모가 자기를 싫어해서 벌을 주고자 이사를 가는 것이라고 이해할지도 모른다. 또한 교외 지역, 중산층 등을 '진정한 자기의 모습'이라는 메시지로 받아들이고 있으며, 그것은 도시에서보다 스스로를 '더 좋게' 규정짓고 있는 것이라 할 수 있다.

행동적 반응   엠마는 현재 울거나 맥이 빠진 상태로 지내고 있으며, 부모를 비난하면서 슬픔을 나타내고 있다.

정서적 반응   엠마는 복잡한 상실 경험으로 인해 정서적으로 충격을 받았다. 그녀는 약간의 우울과 분노를 드러내고 있다. 냉담함 또한 드러내고 있는 것 같다.

Q 논의할 질문들

1. 엠마가 새로운 상황에 적응하도록 돕기 위해 어떻게 상담을 해야 하겠는가?
2. 엠마에게 이런 일이 일어나기 전에 부모가 어떻게 행동했어야 엠마가 과도기를 용이하게 겪었겠는가?
3. 새로운 학교에서 더 일찍 시작하는 것보다 오히려 여름에 이사를 갔던 것이 더 나은 생각이었겠는가?
4. 현재 이미 이사가 이루어진 상태에서, 엠마가 새로운 집과 환경에 적응할 수 있도록 하기 위해 엠마의 부모가 어떠한 전략을 사용하도록 도울 수 있겠는가?
5. 엠마가 옛 친구들과 연락을 끊지 않으려면 어떠한 조치를 취해야 하는가?

상담자의 반응

엠마는 자발적으로 상담에 참여하여 이야기할 가능성이 있다. 그녀가 상담에 참여하는 것은 그녀가 선택한 것인지 혹은 부모의 생각이었는지가 영향을 미칠 것이다. 엠마와 라포를 형성하기 위해서, 상담에 참여한 것은 그녀의 선택이었다는 것을 즉시 알려 주려 한다. 이사는 엠마가 선택한 것이 '아니었기' 때문에, 상담 과정을 분명하게 말하는 것이 중요할 것이다. 만일 부모의 생각으로 상담을 하게 된 것이라면 그녀는 상담에 참여하지 않으려 하거나 내가 개입하는 것을 싫어할 수도 있다. 그녀는 자신이 직면해야 하는 모든 변화들에서 어떠한 말도 하지 못하고 있기 때문에, 이 점을 분명하게 하는 것이 특히 중요할 것이다. 그녀의 연령대에 적합한 치사성 평가, 약물 남용, 자해 평가를 실시할 것이다. 라포 형성 단계와 상담 과정을 통해서 간헐적으로 종결과 주의 사항에 대해 간략하게 말해 주는 것이 좋을 것이다. 그렇게 함으로써 상담을 종결할 때 나타나는 다양한 상실들에 대해서 터놓고 이야기를 나누는 경험을 할 수 있을 것이다. 상담을 마쳤을 때 그것을 또 다른 상실로 여길 가능성을 줄이기 위하여, 종결에 대한 논의를 상담 과정의 일부분으로 포함시켜야 할 것이다.

라포가 형성되면, 엠마로부터 그간의 사건들에 대해 들어보려 한다. 이것은 엠마의 관점에서 그녀의 이야기를 할 수 있도록 해 준다. 엠마에게 일어났던 일들에 대해 듣는 과정에서, 그녀 가족의 심리학적 가계도를 작성해 볼 것이다(Goldenberg & Goldenberg, 1997). 이와는 별도로, 엠마의 친구관계에 대한 도표 역시 작성할 것이다. 가계도를 통해 엠마는 상담의 방향을 선택할 수 있을 것이다.

일어난 일들에 대해 탐색하고 나면, 그녀가 겪었던 다양한 상실들에 초점을 맞추려 한다. 많은 청소년이 그러하듯이, 그녀가 통찰력을 지니고 있다면 그녀에게 다수의 상실들에 대해 알려 주면서 그녀가 그것들을 확인할 수 있도록 도와줄 것이다. 우리는 그녀의 상실과 슬픔에 대해 하나하나 이야기 나눌 수 있을 것이다. 엠마의 부모는 그녀에게 집을 보여 주고 강아지를 사 주겠다고 약속했으며, 그녀의 방을 고르도록 하였고, 그 도시에서 학년을 마치도록 해 주는 등 그녀를 소외시키지 않았다. 그들은 이사가 엠마에게 힘들 것이란 점을 예상하여 신중하게 행동한 것처럼 보인다. 엠마가 한 학년을 그 학교에서 마치도록 해 주었기 때문에 엠마는 약속을 잡고서 상실 경험을 나눌 수 있었다. 그러나 학년 말이 다가오면서 이사 및 다수의 상실을 예상하는 순간, 그녀는 엄청난 부담감을 느꼈을 것이다. 엠마에게 부모의 참여에 대해서 결정할 수 있도록 하여, 부모를 어떻게 포함시킬지를 결정하려 한다. 엠마의 부모에게 처음부터 이것에 대해 알려야 할 것이다. 또한 딸이 경험하는 여러 가지 복잡한 상실에 대해서 부모와 대화를 나눌 것이다. 아울러, 이사와 관련하여 부모가 겪는 상실에 대해서 자녀에게 설명할 수 있도록 부모를 격려해 주려 한다. 이를 통해 부모는 이처럼 감정을 표현하고 토론하는 데에 있어서 엠마와 여동생의 역할 모델이 될 것이다.

마지막으로, 이사와 이와 관련된 상실의 슬픔을 덜기 위하여 몇 가지를 더 계획해 볼 수 있다. 엠마에게 나타날 수 있는 잠재적 상실에 대해 부모에게 알리고, 그것이 엠마에게 나타나면 그것들에 대해 이야기를 나눌 것이다. 엠마에게 강아지를 사 준다고 약속한 것은 그녀가 애도할 수 있는 기회를 부인하는 하나의 방식이라 할 수 있다. 추측건대, 엠마에게 일어날 슬픔으로 인해 부모에게도 힘들고 불쾌한 감정들이 생겨났을 것이다. 엠마에게 의미가 있는 사람, 장소, 물건들을 담은 스크랩북을 만들고 이별파티를 함으로써, 그녀는 일이 어느 정도 종결되었다는 기분을 갖게 될 것이며, 과거의 사람들과 생생하게 연결된 느낌을 갖게 될 것이다.

이혼 – "가족을 잃었어요."

　모간은 열네 살 소녀로, 그녀의 부모는 그녀가 상담자에게 도움을 받을 필요가 있다고 판단하였다. 모간은 네 자매 중 맏이였는데, 자매들 중 앨리샤는 열한 살, 아만다는 아홉 살 그리고 보니는 네 살이었다. 3년 전에, 모간의 부모는 결혼 생활 15년 만에 더 이상 서로 사랑하지 않는다고 생각해서 이혼에 합의하였다. 모간의 부모는 자신들이 아이들과 어떻게 그리고 무엇을 이야기해야 할지에 대해 심사숙고하였다. 그들은 아이들에게는 어떠한 잘못도 없었고, 자신들은 아이들 각각을 무조건적으로 사랑하며, 그것은 변함이 없을 것이라고 분명하게 말하였다.

　모간은 잘 적응하는 것 같았다. 그녀의 아버지는 언뜻 보면 그녀가 슬프고 화가 난 것 같아 보인다고 말하였다. 모간, 그녀의 자매들, 그리고 어머니가 다른 지역에 있는 더 작은 집으로 이사를 간 후에도, 그녀는 사회적으로나 학업적으로 뛰어났다. 그러나 어머니의 말에 의하면, 모간이 지난 3개월 동안 성적이 한 단계(어떤 경우는 두 단계) 떨어졌고, 누구와도 어울리려 하지 않았으며, 담배를 피웠다는 것이다. 부모가 모간을 함께 양육하고 있는 것처럼 그녀의 행동에 대해 설명하였을 때 모간은 세 시간 동안 비명을 지르며 흐느껴 울었다. 그녀는 더 이상 살아야 할 가치가 없다고 하였고, 부모가 이혼하게 된 것은 부모의 잘못이라고 말하였다. 그녀는 부모를 미워하였다.

　부모가 이에 대해 말하는 동안 모간은 머리를 떨군 채로 침묵하며 앉아 있었다. 부모가 상담실을 나가고 나서, 모간과 나만이 상담실에 남아 있었을 때 모간은 말했다. "전 자살하지 않을 거예요. 지금 가도 될까요?"

사례 분석

상실을 파악하기

핵심적 상실 　모간의 핵심적 상실은 부모의 이혼이라 할 수 있다.

부수적·무형적 상실 　부모의 이혼으로 모간은 다양한 부차적 상실과 무형의 상실을 경험하였다. 그녀는 안정감을 상실하였다. 가정의 편안함과 안락함을 잃게 된 것이다. 무엇보다도, 그녀는 언제나 함께 생활하던 아버지를 상실하였다. 그녀가 생각해 왔던 가족에 대한 개념이 흔들리게 되었다.

내담자의 반응을 파악하기

인지적 반응 　부모가 이혼한 이후 상당히 많은 생각을 해 왔을 것이다. 예를 들면, 그녀는 부모가 재결합할 수 있는 방법들을 강구하고 있을지도 모른다.

행동적 반응 　모간은 다소 변덕스럽게 행동하였다. 어떤 일이 있건 간에, 그녀는 이혼에 잘 적응하는 것 같아 보였지만, 최근에는 다소 반항적인 행동들을 보이고 있다.

정서적 반응 　모간은 부모의 이혼으로 엄청난 고통, 상처, 혼란스러움, 좌절, 분노를 느끼고 있을 것이다.

1. 당신이 모간의 상담자라면, 모간을 어떻게 상담에 참여시키겠는가?
2. 모간 부모의 이혼에는 어떠한 무형의 상실이 관련되어 있는가?
3. 모간의 발달단계를 고려할 때, 이혼 경험이 그녀에게 잠재적으로 어떠한 영향을 미치겠는가?
4. 상담자로서 모간의 부모에게 어떠한 조언을 할 수 있겠는가?

상담자의 반응

부모의 이혼에 대한 모간의 반응은 이상한 것이 아니다. 밖에서 보면 그녀의 행동이 모순되어 보이지만, 모간의 반응은 그녀의 나이나 발달단계적 수준에 매우 적합한 것이라 할 수 있다. 처음 이혼에 직면하였을 때, 모간은 계속해서 기계처럼 행동하였다. 그녀는 주변의 기대에 맞추어 평범하게 행동하면서 마음속으로는 여러 가지 일들을 정리하고자 노력하였다. 아이로서는 부모가 재결합한다는 희망을 갖는 것이 지극히 일반적이라 할 수 있다. 자신이 아주 얌전하게 행동하면 부모가 재결합할 것이라는 환상을 갖는 것은 이혼한 부모의 자녀가 갖는 보편적인 생각일 것이다(Mack & Smith, 1991). 아마 모간도 처음에는 이혼을 부인했거나, 또는 부모가 원래대로 돌아가서 재결합할 것이라는 헛된 희망을 가졌을 것이다. 그녀의 입장에서 볼 때, 만일 자기가 '착한 소녀'라면 자신의 행동에 대해 보상받을 것이고, 자신의 부모는 가족이 예전처럼 돌아감으로써 얼마나 행복한지 알게 되리라는 것이다. 모간은 매우 화가 났고 상처받았다. 또한 그녀는 매우 영리하다. 몇 달 후, 그녀는 부모가 화해하지 않을 것임을 깨달았다. 모간은 또 다른 전략을 모색하고자 하였다. 그녀는 부모를 재결합시키기 위해서 반항적인 행동을 하기로 결심하였다. 모간의 사례는 전형적인 삼각화의 예라고 할 수 있다. 삼각화에서, 두 명의 가족원은 세 번째 가족원에게 대항하기 위해 더 밀착될 수 있다. 또는 모간의 사례에서처럼 세 번째 가족원을 '구출' 해 주기 위해 두 명의 가족원이 합심하여 노력할 수도 있다. 삼각화는 모간에게 매우 효과적인 전략이다. 즉, 모간은 반항적으로 행동하여 부모를 연합시킴으로써 더 많은 대화를 나눌 수 있도록 하였다. 그리고 궁극적으로는 자신이 부모에게 더 많은 관심을 받을 수 있다는 것을 깨닫게 되었다(Goldenberg & Goldenberg, 1997). 종종 말이 없는 아동·청소년은 자신의 분노와 좌절감을 표현할 수 있는 방식을 어떻게든 발견해야 할 것이다. 대개 상담자와 부모는 행동의 이면에 내재되어 있는 목적이나 메시지를 발견하지 못하곤 한다. 모간은 자신의 혼란스러운 상태를 통제할 수 있는 방식을 발견한 것이다. 그녀는 자기 자신에 대해 표현하면서 부모의 관심을 얻을 수 있는 방법을 발견하였다.

모간과 상담할 때, 아마도 그녀는 상담을 받아들이려 하지 않을 것임을 알아야 할 것이다. 부모가 상담실에서 나간 후 그녀는 완전히 태도를 바꾸었는데, 이는 부모가 있는 동안 그녀가 연극을 하고 있었음을 보여 주는 것이다. 아마도 상담자가 가족을 재결합시키기 위한 자신의 계획을 방해하고 있다고 여기고 있을 것이다. 일반적으로 상담자는 모간이 이혼에 대해 생각하고 느끼는 것을 표현하도록 해 주면서 모간에게 다가갈 것이다. 모간의 관점에서 볼 때, 그녀는 이혼을 현실로 받아들이지 않고 있다는 점에 주목할 필요가 있다. 모간과 효과적으로 상담을 진행하고 치료적 관계를 구축하기 위해, 그녀가 있는 곳에 가서 그녀를 만나야 할 것이다. "부모님 두 분 모두 예전처럼 돌아오길 진심으로 바라고 있구나." 또는 "부모님이 그렇게 함께 있는 모습을 보면 정말로 기분이 좋은가 보구나."와 같이 이야기하면서 그녀에게 다가가야 할 것이다. 이혼하기 전에 모간이 좋아했던 가족의 생활에 대해, 그리고 그녀의 가족에 대해서 이야기하도록 할 것이다. 라포가 형성되면, 그녀가 부모의 재결합에 대해 희망을 갖고 있다는 것과 부모의 재결합을 위해 그녀가 반항적으로 행동하고 있다는 것을 부드럽게 직면시킬 수 있을 것이다. 무엇보다도, 모간은 건강한 방식으로 자신의 삶에 대한 통제력을 획득하고, 자기 목소리를 낼 수 있어야 할 것이다.

몇 회기 동안 가족을 각각 만나서 신뢰감을 구축한 후에, 모간과 부모를 대상으로 한 가족치료를 제안할 것이다. 모간의 부모는 그녀의 행동 이면에 있는 목적을 이해해야 할 것이며, 가족 전체가 더 직접적인 방식으로 대화하고, 개방적이고 건강한 방식으로 자신들의 감정을 표현할 수 있어야 한다. 이것은 또한 부모에게, 그리고 이혼에 대해 모간이 느끼고 있을 분노와 억울함에 모간의 부모가 귀를 기울여 주어야 함을 의미하는 것이다. 궁극적으로 모간은 자신의 상실에 대해 애도할 필요가 있다. 그녀는 화가 나고, 상처받았으며, 좌절감을 느낄 만하다. 따라서 이러한 모든 감정에 대해 애도할 시간이 필요한 것이다.

장애에 대처하기 – "나는 괴물이야!"

여덟 살 이안은 최근에 학습장애 진단을 받았다. 학교에 가기 전부터도, 글자를 알고 읽는 것을 언제나 어려워했다. 수년 동안 교사는 그를 '게으른' '주의력이 부족한' 학생이라 불렀고, 학급 친구들도 그를 '멍청한' '얼간이'라고 불렀다. 심지어는 이안의 아버지도 그의 학습장애를 이안의 결함으로 여기며, 이제 본격적으로 노력해야 한다고 말하곤 하였다. 아버지는 종종 이안의 특권을 빼앗았으며, 성적이 나쁘다는 이유로 벌을 주곤 하였다. 하지만 이안의 어머니는 이안이 학습장애가 아닐지 늘 의심쩍게 여겼다. 그녀는 활기 넘치고 행복한 자신의 아들이 스스로에 대해 부정적으로 이야기하면서 서러워하는 것을 발견하였다. 그는 스스로를 '패배자' '괴물'이라고 부르고 있다.

이안이 학습장애라는 진단을 받았을 때, 이안의 어머니는 아들의 자존감이 급격히 변화하리라 기대하였다. 결국, 이안은 현재 자기가 '멍청이'가 아니라는 것을 알고 있다. 그러나 이안이 생각하기에 이 새로운 진단명은 그가 정말로 멍청이라는 것을 보여 주기에 괜찮은 방식일 뿐이다. 교실 안에서 특별한 관심을 받게 되고 시험도 다른 교실에서 치르기 때문에, 학급 친구들에게 그는 더 분명하게 멍청이가 된 것이다. 게다가 이안의 아버지는 그가 학습장애라는 사실을 수긍하는 것 같지 않았다. 그는 아직도 이안이 열심히 노력하지 않았기 때문이라고 믿고 있다. 이안은 학교에 가는 것을 날마다 두려워하고 있다. 그는 두통과 복통을 호소하며 계속 피곤해한다. 그에게 선택권이 주어졌을 때, 그는 계속해서 몇 시간 동안 게임을 하고 싶어 하였으며, 더 시무룩해지면서 짜증을 내었다.

사례 분석

상실을 파악하기

핵심적 상실　이안의 핵심적 상실은 자신의 정체감을 잃은 것이라 할 수 있다. 학습장애 진단을 받기 전에 그는 아버지와 학급 친구들이 바라보는 자신의 이미지를 받아들였다. 진단을 받고 난 후에, 그는 예전의 자기를 현재 자신이 인식하는 자기로 통합하는 데 어려움을 느끼고 있다.

부수적 · 무형적 상실　이 상황에서는 몇 가지 부수적 상실과 무형의 상실이 존재한다. 이안은 자신감을 상실하였을 뿐만 아니라, 자아존중감, 위상, 자부심도 상실하였다. 학습장애라는 진단을 받은 것은 이안의 자기수용 수준을 높여 준 것이 아니라, 자신에 대한 부정적 면을 확인시켜 준 셈이었다. 따라서 진단을 받음으로써 이안에게 이미 존재했던 상실들이 복잡하게 뒤얽히게 되었고, 상황은 악화된 것이다. 이러한 상실들은 대부분 서로 관련되어 있기 때문이다.

내담자의 반응을 파악하기

인지적 반응　이안은 학교에서의 과업들에 집중하기 힘들어하고 있으며 자기 자신에 대해 부정적으로 생각하고 있다.

행동적 반응　　이안은 두통, 복통, 에너지 고갈 등의 몇몇 신체화 증상을 나타내고 있다.

정서적 반응　　이안은 자기 의심, 분노, 두려움, 혼란스러움, 슬픔, 짜증, 무관심 등의 다양한 정서들을 느끼고 있다. 이안이 나타내는 정서적 반응들 가운데 가장 핵심적 정서는 수치심인 것으로 보인다.

Q 논의할 질문들

1. 학습장애에 대해 이안에게 충분히 설명해 주었다고 생각하는가? 이안이 자신의 장애에 대해 이해할 수 있도록 어떻게 도와야 하겠는가?
2. 아버지가 이안의 학습장애를 부인하는 것이 이안에게 어떠한 영향을 미치겠는가?
3. 부모가 이안을 도울 수 있으려면 이안의 부모와 어떻게 상담을 해야 하겠는가?
4. 이안과 어떻게 상담을 진행하여 이안의 자존감을 향상시킬 수 있겠는가?

상담자의 반응

나는 이안에게 온전히 집중하면서 상담을 시작하려 한다. 결국에는 학습장애와 관련될 수밖에 없겠지만, 그럼에도 그에 대해 알아가는 것으로 상담을 시작해 나가려 한다. 이안의 연령을 고려하여 언어는 물론 그 밖의 다양한 방법을 통해 대화 나눌 수 있는 기회를 제공하려 한다. 아동이 긍정적 상담 경험을 충분히 하도록 하려면, 이러한 것들을 충분히 고려해야 할 것이다.

부모가 이안을 지원해 줄 수 있도록 적합한 여러 가지 방법들을 부모에게 알려 주겠지만, 나는 이안의 부모를 이안과 따로 만나려 한다. 또한 그들이 인식하고 있는 상실들, 즉 자녀가 장애를 가진 것에 대해 함께 이야기를 나눌 것이다. 나는 상담의 초점을 이안에게 두고 있기 때문에 부모를 외부 상담기관에 의뢰할 수도 있을 것이다.

이안과의 상담에서 반드시 이루어져야 할 몇 가지 요소들이 있다. 첫째, 그가 경험한 것을 함께 나누고자 장난감, 미술 재료, 창의적 매체 등 다양한 매체들을 제공하려 한다. 그는 무엇인가를 만들면서 확연히 드러나는 성취 경험 또한 할 수 있을 것이다. 긍정적 자원을 발견하는 것은 상담 과정을 통해 지속적으로 이루어져야 할 부분일 것이다(Ivey & Ivey, 2003). 이안이 자기 자신의 긍정적인 면들을 인식하고 자신의 학습 양식에 대해 이해하도록 돕는 것이 나의 역할이다. 이안을 칭찬하지 않도록 매우 주의를 기울일 것이다. 아마도 이안은 나의 칭찬을 거절할 것이며, 그것은 결국 우리의 라포를 엉망으로 만들 것이다. 또한 이안을 칭찬함으로써 자칫하면 그의 의존성을 키울 수 있다.

이안의 자존감이 향상되었음을 행동적·정서적으로 관찰할 수 있을 때, 아주 짧은 시간 동안 심리교육적 목적으로 상담을 진행할 것이다. 회기의 처음 5분이나 마지막 5분 동안(나는 그것을 이안에게 맡길 것이다), 장애를 가진 사람의 입장에서 학습장애를 가진 것이 무엇을 의미하는 것인지를 중점적으로 교육할 것이다. 학습장애가 있는 아동을 위한, 그리고 그러한 아동에 대한 내용을 다룬 책들을 사용할 것이다(장애가 있는 아동과 보호자를 위한 추천 목록은 www.ldonline.org 참조). 마지막으로, 이안에게는 집단 상담이 적합하다고 여겨진다. 많은 아동이 학습장애로 어려움을 겪고 있다. 집단으로부터 사회적 지지를 받고 그들과 관계를 형성하는 것은 이안에게 또 하나의 도움이 될 수 있을 것이다.

사례 4 정신질환에 적응하기 - "롤러코스터를 타는 것 같아요."

라틴계 청소년인 로만은 3주 전에 상담소로 다시 의뢰되었다. 로만은 일곱 살부터 간헐적으로 상담을 받으러 왔다. 열네 살에, 로만은 학교에서 공격적으로 행동하여 또다시 곤경에 처해 있다. 로만의 행동은 더욱 일관성이 없었다. 가끔씩 그는 좋은 학생의 모습도 보여 주었다. 즉, 얌전하게 행동하고, 흥미를 나타내며, 집중하기도 하였다. 하지만 또한 공격적으로 폭발하고, '취조하는' 것처럼 굴었고, 심지어는 가장 친한 친구에게조차 적대적으로 행동하곤 하였다. 최근에 그는 통학버스에서 친구에게 건전지를 던져서 정학을 당했다.

로만은 상담자를 만나기 싫어한다. 교감 선생님은 로만이 문제아이며, 가정과 접촉하는 것이 그나마 최선이라고 말하고 있다. 로만의 어머니인 헤르난데스 부인은 로만이 속해 있는 모임에 자주 나타나지 않았다. 그녀가 마지막으로 나타났을 때(1년 전), 그녀는 속이 훤히 비치는 셔츠 차림으로 로만의 이전 상담자에게 성적 유혹을 하였다. 그의 어머니는 모임을 독점하다시피 하였고, 20분간을 끊임없이 말하였다. 그녀가 말한 것은 거의 이해하기 힘들었다. 교감 선생님은 "이건 공개되진 않은 것인데……그녀가 국립 정신건강센터에 정기적으로 다니고 있다고 들었어요."라고 이야기해 주었다. 버스 기사에 따르면, 로만이 버스에 탔을 때 로만의 어머니는 취해서 로만에게 욕을 하고 있었고, 로만은 자기 어머니를 비웃은 남자 아이에게 건전지를 던졌다.

사례 분석

상실을 파악하기

핵심적 상실   로만의 핵심적 상실은 방송이나 친구들의 생활을 통해 상상할 수 있는 '정상적인 어머니'가 없다는 것이다.

부수적·무형적 상실   정신질환을 가진 부모의 자녀는 무수한 상실들을 경험한다. 그들은 종종 어른에 대한 책임감을 떠맡아서, '부모화된' 특성을 갖게 되며, 누군가의 자녀가 되는 능력을 잃게 된다. 부모의 정서가 불안정하고 올바른 정신이 들었던 시기도 계속해서 변하기 때문에 자녀는 안정감을 가질 수 없다. 또한 로만은 여러 번 신변의 위험을 느꼈을 것이다.

내담자의 반응을 파악하기

인지적 반응   로만은 누구도 자신의 상황을 이해할 수 없을 것이라고 여기며, 실제로 그것이 사실일지도 모른다. 그는 또한 자신이 그의 어머니처럼 될까 봐 두려워할지도 모른다. 로만을 효과적으로 상담하기 위해서는 이러한 생각들을 탐색하는 것이 중요할 것이다.

행동적 반응   로만은 행동의 기복이 심하다. 어떤 때는 학교에서 얌전하게 행동하고, 또 어떤 때는 매우 공격적으로 행동한다. 가령, 그의 어머니에 대해 직접적으로 욕설을 들었을 때, 이에 대한 반응으로서 공격적으로 행동한 것이다.

정서적 반응   로만은 어머니 때문에 당황스러워하고 있으며, 평범한 어머니를 가진 다른 친구들로부터 고립감과 소외감을 느끼고 있을 것이다. 그리고 정신적으로 안정되지 않은 것에 대하여 불안감을 느끼고 있을 것이다.

Q 논의할 질문들

1. 로만의 상실 경험은 그의 어머니의 질환과 어떻게 관련되는가?
2. 로만을 상담 과정에 어떻게 참여시키겠는가?
3. 로만의 어머니가 정신적으로 질환이 있다고 확신하는 것이 중요하겠는가? 그렇다면 왜 그러한가? 그렇지 않다면, 그렇지 않은 이유는 무엇인가?
4. 당신은 로만의 어머니를 상담 과정에 어떻게 참여시키겠는가?
5. 일정한 권한을 가진 사람으로서, 당신은 로만의 어머니를 '긴급 전화상담'에 의뢰할 필요가 있겠는가?

상담자의 반응

로만의 사례는 다양한 관점으로 문제를 바라볼 수 있게 해 준다. 라틴계 젊은이와 상담할 때, 상담자는 반드시 라틴계 사람들의 가치가 무엇인지 살펴보아야 한다. 예를 들어, 내담자의 가치가 남성다움과 '가족(la familia)'에 관련되어 있다면, 그것들이 내담자의 사고와 행동에 어떠한 영향을 미쳤는지 알아보아야 할 것이다 (Robinson & Howard-Hamilton, 2000). 그의 상담자로서, 문화가 로만의 행동에 어떠한 영향을 미치고 있는지에 대해 살펴보려 한다. 젊은 라틴계인들은 강해지는 것에 가치를 두어서, 생활하면서 여성을 보호할 수 있어야 한다고 생각한다. 가족은 인생에서 가장 중요한 관계라 할 수 있다. 결과적으로, 로만 어머니의 정신질환으로 로만은 자기 어머니뿐만 아니라, 사진 속의 형제들까지도 돌보아야 했을 것이다. 그는 어머니를 치유하거나 상황을 개선시키지 못한다는 무능감에 아마도 좌절감을 느낄 것이다.

로만 어머니의 질환이 로만의 가정생활에 어떻게 영향을 미치는지 살펴보는 것이 중요할 것이다. 로만이 무시당하거나 학대당하지 않았다면, 그의 어머니의 정신질환은 기관에 보고할 필요가 없을 것이다. 하지만 만일 그의 어머니의 질환으로 로만이나 그녀가 또 다른 도움이나 지원이 필요한 상태라면 로만을 도와줄 방법들을 마련해 두어야 할 것이다. 또한 로만의 어머니와 상담을 할 것이며, 지역 정신건강센터에 의뢰하여 로만의 가정생활에서 모든 부분들이 안전한지, 어머니와 로만의 욕구들이 충족되고 있는지를 확인할 것이다.

로만을 이해하는 데 있어서, 매슬로우의 욕구 위계적 관점(Maslow, 1987)으로 그가 처한 상황을 바라보는 것이 유용할 것이다. 로만은 안전과 가족의 욕구가 충족될 때 학교에서 잘 기능한다. 그는 학문적 주제들에 집중할 수 있고 허물없이 행동할 수 있다. 어머니의 상황이 악화되고 그의 생활이 혼란스러워질 때, 놀랍게도 로만은 그의 생존 방식을 바꾸어서 과업 중심적인 학교 활동에 참여할 수 없게 되는 것이다. 버스에서의 사건은 또한 로만이 어머니를 보호하기 위해 공격적으로 행동하였음을 보여 주고 있다. 이것은 매우 강한 라틴계의 가치로서, 로만의 행동을 이러한 문화적 관점에서 이해할 수 있어야 할 것이다.

로만의 상담자로서, 그와 그의 어머니를 존중해 주면서 대화하는 것이 중요할 것이다. 나는 버스 기사와 교감 선생님이 털어놓았던 것과 같은 사례에 대해 로만과 이야기를 나눌 것이며, 로만이 그의 어머니에 대해 갖고 있는 생각들을 표현하도록 할 것이다. 정신질환을 가진 부모의 자녀로서 겪었던 나 자신의 개인적 경험들에 대해 노출하려 하며, 그의 어머니라든지 생활환경에 대해서 느끼는 감정들을 나에게 드러낼 수 있도록 할 것이다. 로만이 어머니를 자랑스러워하는 동시에 부끄러워한다고 해도 전혀 놀라운 일이 아닐 것이며, 그가 경험하고 있는 혼란스럽고 복잡한 감정을 탐색하기 위해 그에게 안전한 장소를 제공해 줄 것이다. 궁극적으로, 로만이 그의 고투에서 혼자가 아니라는 것을 느끼게끔 도와주고자 하는 것이다. 그가 어머니의 질환을 이해할 수 있도록 독서치료에 참여시킬 것이며 사회적 지원망을 통해 그와 비슷한 상황에 있는 아이들과 연결해 주려 한다.

로만과 개인적으로 상담하면서, 또한 학교 내에서 그를 위한 지지 자원을 만들기 위해 단계를 밟아 나가려 한다. 로만의 동의를 구하여, 로만을 말썽꾸러기라고 부르는 교감 선생님과 교사들을 만나서 로만에 대한 정보를 제공할 것이다. 이를 통해 그들은 로만의 어려움에 대해 보다 더 공감적이게 될 것이며 보다 덜 처벌적일 수 있을 것이다. 또한 로만이 좌절감을 느낄 때 학교 내에서 의지할 수 있을 만한 친구를 만들도록 도울 것이다. 이 사람은 상담자일 수도 있고, 심리학자일 수도 있으며, 교사 또는 감독일 수도 있다. 그는 로만이 학교 내에서 소속감과 신뢰감을 느낄 수 있는 바로 그 사람인 것이다.

사례 5 가족의 약물 남용 –"누군가 나를 노려보고 있어요."

여섯 살 오스틴은 백인 남자아이다. 그는 어머니, 아버지 그리고 외할머니와 함께 살고 있다. 그의 부모는 결혼을 하지 않았다. 오스틴은 여러 가지 이유로 상담 기관에 의뢰되었다. 그는 다른 아이들, 특히 통학버스에서 여자아이들에게 놀림을 받고 있다. 오스틴은 정기적으로 학교에서 옷에 용변을 보고 있다. 또한 학업적·사회적으로 힘들어하고 있다.

오스틴의 아버지와 외할머니는 그의 주 양육자다. 그의 어머니는 밤에 일해서 그가 학교에 갈 때까지는 일어나지 않고 오스틴이 잠든 후에 돌아온다. 지난 4년 동안, 오스틴의 어머니는 알코올 의존에서 회복하기 위해 세 곳의 병원에 입원해 지내느라 상당히 오랜 기간을 집과 떨어져서 보냈다.

오스틴은 네 살 때, 야경증으로 고통스러워하여 7회기 동안 상담을 받았다. 상담자를 몇 번 만난 후 야경증은 가라앉았다. 오스틴과 가족은 그가 치료받는 것이 도움이 될 것이라고 여겼다.

사례 분석

상실을 파악하기

핵심적 상실　오스틴의 핵심적 상실은 그의 생활에서 어머니의 존재가 없다는 것이라 할 수 있을 것이다.

부수적·무형적 상실　안정감과 일관성의 상실은 오스틴이 경험하고 있는 부수적 상실이라 할 수 있을 것이다. 또한 그는 자신의 상황과 어머니의 행동에 대해 통제감을 느끼지 못하고 있다.

내담자의 반응을 파악하기

인지적 반응　오스틴이 어떠한 사고를 하는지 분명히 드러나진 않지만, 그의 연령과 환경을 고려해 볼 때, 아마도 그가 어머니가 없는 것에 대해 책임감을 느끼고 있을 것이라 추측할 수 있다.

행동적 반응　오스틴은 관심을 끌려는 행동을 하고 있는 것처럼 보이는데, 그것은 그가 처한 환경을 고려하면 충분히 이해할 만하다. 그의 분노는 주로 소녀들을 향하고 있는데, 이는 그의 어머니에 대한 분노가 소녀에게로 잘못 표현된 것이라 할 수 있다.

정서적 반응　오스틴은 화가 나고, 혼란스러우며, 아마도 죄책감을 느끼고 있을 것이다. 그는 자신이 알고 있는 유일한 방법으로 어머니의 관심을 끌고자 최선을 다하고 있는 것이다.

Q 논의할 질문들

1. 오스틴을 어떻게 상담에 참여시키겠는가?
2. 오스틴의 부모 및 주 양육자들과 어떠한 방법으로 신뢰 관계를 구축해 나가겠는가?
3. 만일 오스틴이 어머니의 알코올 의존에 대해 이야기하지 않는다면 어떻게 하겠는가?

상담자의 반응

오스틴의 연령대에서는 대개 자신의 사고와 감정에 대해 직접적으로 이야기하지 못한다. 첫째, 발달적인 관점에서 볼 때, 오스틴은 자신의 욕구와 감정들을 분명히 표현하는 것은 고사하고, 이들을 이해할 수도 없을 것이다. 둘째, 알코올 중독 환자들이 있는 가정에서는 대개 비밀스러운 분위기가 만연해 있다. 사실상, 많은 가족이 친구와 이웃으로부터 고립되어 있는 것으로 나타났다(Carroll, 2000). 집안에서의 일을 가족 내에서만 알고 있으라고 분명하게 말한 것은 아니지만, 오스틴은 이 메시지를 마음에 담고 있었을 것이다. 이러한 이유로, 오스틴과는 직접적이지 않은 방식으로 상담하는 것이 중요할 것이다. 오스틴이 통제감을 획득하고 자신의 생각과 감정들을 표현하도록 돕기 위해 예술 치료, 놀이 치료, 인형극, 이야기 치료와 같은 창의적 기법들을 사용하는 것이 유용할 것이다. 이를 통해 그는 안전한 공간에서 자신의 공격적이고 화나는 감정들을 놀이로 분출할 수 있을 것이다. 바꾸어 말하면, 그는 학교에서 부적절한 방식으로 행동화할 필요가 없는 것이다. 또한 오스틴에게는 정보가 필요하다. 아마도 그는 자신이 '나쁘기' 때문에 어머니가 자신을 피한다고 느끼고 있는 것 같다. 발달적으로 적절한 용어를 사용하여, 알코올 중독이 무엇인지에 대해 오스틴을 이해시켜야 하며 그가 어머니의 행동에 대해 책임질 필요가 없음을 이해시킬 필요가 있다.

오스틴의 어머니를 포함하여 그를 돌보아 주는 사람들과 작업동맹을 구축하는 것 역시 필요할 것이다. 어머니가 오스틴과 더 많은 시간을 할애할 수 있도록 해야 하는지의 여부를 파악하기 위해서는 어머니가 오스틴에게 제대로 된 역할을 할 수 있는지에 대해 평가해야 할 것이다. 만일 그녀가 제대로 기능할 수 있다면, 오스틴이 어머니와 더 많은 시간을 보낼 수 있는 방법들을 찾아내는 것이 좋을 것이다. 오스틴의 외할머니는 오스틴에게 가장 좋은 지지원이라 할 수 있다. 외할머니가 오스틴의 질문에 대해 답할 수 있다면, 그의 두려움을 토닥여 주면서 그와 함께 걷기, 요리하기 등과 같은 활동에 참여하거나, 그 밖의 취미활동을 함께 시작하는 것도 도움될 것이다. 유분증이 의학적으로 확실한 근거가 있는 것인지 의사에게 검진을 받아야 할 것이다. 이러한 상황은 그가 정서적으로 혼란스럽다는 것을 보여 주는 것으로서, 통제감이 부족하다는 것을 상징적으로 나타내고 있는 것이라 할 수 있다. 하지만 그렇게 하는 것만이 그에게 최선인 것이다. 이 문제는 오스틴의 정서적 욕구가 충족될 때 아마도 저절로 사라질 것이다.

부모의 실직 – "가족 농장을 잃었어요."

존은 열여섯 살로, 대대로 농부 출신 집안이다. 그의 가족은 1800년도에 마을을 세웠으며, 그는 가족 이름을 따서 명명한 거리에 살고 있다. 그는 미래의 미국 농부로 그 지역 4-H 클럽에 소속되어 있다. 그는 지역 고등학교에서 농경법 프로그램을 수강하려고 등록해 놓았다. 그는 매년 자신이 기른 염소를 선보였고, 지역에서 열리는 트랙터 끌기 대회에도 참여하였다. 친구들의 대부분이 농업 가정 출신이었다. 그는 아버지가 10년 내로 은퇴할 경우 가농을 인계받고자 농업 및 생명 과학 프로그램 전공으로 코넬 대학교에 입학할 계획을 갖고 있었다. 그 사이에, 그의 아버지는 그에게 몇 마지기의 토지를 이미 증여하였고, 그는 그곳에 집을 지으려는 꿈을 꾸고 있었다. 적어도 매일 한 번은 그 땅에 들러서 집을 어떻게 지을지 마음속으로 그리곤 하였다.

존은 수년간 많은 이웃과 가족, 친구가 세금 문제, 가뭄, 지나친 신용거래 등의 이유로 농장을 잃는 것을 보았다. 하지만 이런 일이 자신의 가족에게 일어날 수 있으리라고는 예상하지 못하였다. 따라서 어느 날 저녁 식사 후 아버지와 어머니가 가족 농장을 잃은 것에 대해 그와 그의 누이에게 설명하기 시작했을 때, 존은 너무나도 큰 충격을 받았다. 부모는 어쩔 수 없이 도시에 있는 아파트로 이사를 가야 할 것이라고 말하였고, 아버지가 먹고 살 만큼의 적당한 일을 찾을 때까지는 "아껴서 살아라."라고 당부하였다.

그 후에 곧 가족의 재산이 경매로 처분되는 것을 지켜보면서 존은 이러한 상황을 믿을 수 없었다. 그는 친구들을 보는 것이 어려워졌고, 그의 작은 방 안에서 더욱 자주 움츠리게 되었다. 그의 아버지는 점점 더 자주 술을 마시는 것 같았다. 그는 일을 찾기 위해 외출하지도 않았고 가정주부였던 존의 어머니는 지역 식료품점의 점원으로 취직하였다. 존의 부모는 많이 싸우는 것 같았고, 그들이 싸울 때면 존은 자기 방에 들어가서 문을 꽝 닫고 음악 볼륨을 한껏 높였다. 그는 아버지 때문에 정말로 화가 났다. 그는 아버지를 때리고 아버지에게 고함지르고 싶었다. '어떻게 아버지가 나에게 이렇게 할 수 있지?' '어떻게 아버지 혼자서 가족이 몇 세대 동안 보유해 왔던 토지와 농장을 잃어버릴 수가 있지?' 존이 가지고 있던 모든 꿈들은 산산조각 나 버렸다. 그는 학교에서 거친 아이들과 무리지어 마리화나를 하고 싸우면서 많은 시간을 보내기 시작하였다. 그는 난폭하게 운전하였고 쭉 뻗은 위험한 고속도로에서 펼쳐지는 자동차 경주에도 참여하였다. 부모는 자신들도 너무나 괴롭기 때문에 존이 얼마나 괴로워하는지에 대해서는 알아채지 못하는 것 같다.

사례 분석

상실을 파악하기

핵심적 상실　　존의 핵심적 상실은 가정을 잃게 된 것이라 할 수 있다.

부수적 · 무형적 상실 품위, 꿈, 안정감, 정체감 등의 상실은 존에게 부수적이면서도 무형의 상실이 될 수 있을 것이다. 존은 아버지와 어머니의 중요성을 잃게 되었다. 경제적 어려움 또한 상실이라 할 수 있을 것이다. 그는 다른 지역에 있는 작은 집으로 이사를 가게 되었으며 친구, 가족의 역사, 전통, 관습을 계속해서 이어나갈 수 없게 되었다. 또한 과거와 미래, 어릴 때 살던 집과 땅, 농장에서의 생활양식들을 영위할 수 없게 된 것이다.

내담자의 반응을 파악하기

인지적 반응 존의 발달적 수준에 적합한 '자아중심성'의 특성으로 미루어 볼 때, 그는 농장을 잃은 것에 대한 일정 수준의 책임이 자신에게 있다고 믿고 있을 것이다. 이에 따라서 부정적 자기독백과 무관심과 같은 행동을 나타내는 것 같다.

행동적 반응 존은 약물(특히, 마리화나)에 빠져 있으며 그 밖의 위험한 행동들(예: 위험한 자동차 경주와 싸움)에 가담하고 있다.

정서적 반응 존은 분노, 절망, 두려움, 부끄러움, 걱정, 서운함, 외로움 등의 다양한 감정들을 느끼고 있을 것이다.

상담자의 반응

존의 상담자로서, 정확하고 공감적으로 그를 이해하고 있음을 보여 주고자 반영적 경청 기법을 활용할 것이다. 이 과정에서 그와 빠르게 라포를 형성하여 그가 자신의 이야기를 할 수 있도록 할 것이다. 존은 다양한 상실들을 너무도 강력하게 경험하였기 때문에, 존의 이야기를 들으면서 주제를 발견하고 큰 그림을 구상해 보는 것이 중요할 것이다. 주제들이 일목요연하게 정리되고 나면, 존이 애도할 수 있도록 용기를 북돋아 줄 것이다.

애도의 과정과 계획은 존 스스로 결정할 필요가 있다. 존이 심각하게 고통스러워한 것들 중 일부가 자신이 의사결정을 할 수 없었다는 것이었으며, 바로 이것이 상실로 연결된 것이기 때문이다. 예를 들면, 존은 농장이 팔린 후에 가족이 이사를 갈 곳을 선택할 수 없었다. 존은 농장을 상속받으면서 목표를 이룰 준비를 하였는데, 선택권을 상실한 것은 이러한 엄청난 자기결정과는 아주 대조적인 것이었다. 나는 존에게 제안을 하고 지지를 제공해 주는 식의, 일

종의 컨설턴트가 되려 한다. 어떤 제안 가운데에는, 존이 매일 5~
15분 동안을 할애하여 애도하는 것도 포함된다. 이 시간 동안, 존
은 울고, 고함지르고, 글을 쓰거나, 허공을 멍하니 응시할 수도 있
을 것이다. 존이 상실과 관련된 고통을 방어하거나, 축소하거나,
묵살하는 대신에 그것들을 느낄 수 있도록 하는 것이 상담 목표가
될 수 있을 것이다. 존은 농업 지역에서 적극적으로 활동하였기 때
문에 그가 할 수만 있다면 계속해서 적극적으로 활동해도 좋을 것
이며, 또는 농장 가족들이 그들의 토지와 생계를 잃지 않을 수 있
도록 일하는 기관의 일원이 되어 볼 것을 제안할 것이다.

존과 상담하는 동안, 우울 수준과 위험 행동 수준을 평가할 것이
다. 그가 보여 주는 위험한 행동들이 자살 시도를 감추고서 행해진
것인지를 파악해야 할 것이다. 그의 자살 위험성은 주의 깊게 다루
어져야 할 것이다.

사례 7 병역 배치 - "어떻게 나를 떠날 수가 있어!"

에이미는 초혼 가정의 맏이로, 걱정 없고 밝은 성격의 여덟 살 아이다.
부모는 둘 다 교사다. 어머니는 에이미와 다섯 살인 여동생 켈라를 돌보기
위해 7년 동안 쉬다가 몇 달 전부터 직장으로 돌아갔다.

에이미는 맏이로 잘 적응하여 3학년이 되었고, 그녀의 어머니는 직장으
로 복귀할 수 있었다. 에이미의 아버지는 육군 예비군이다. 세 달 전에, 그
는 전쟁 지역에 배치되었다. 에이미의 어머니는 남편의 배치가 그녀와 딸
에게 어떠한 영향을 미칠지에 대해 염려하였다. 물론, 그녀는 남편의 안전

에 대해 염려하였다. 에이미의 어머니는 자신을 지지해 줄 수 있는 가족과 친구들을 찾았다.

두 소녀들은 분명히 아버지를 그리워하고 있었지만, 켈라는 그것에 대해 이야기하면서 기분이 나아지는 듯했다. 하지만 에이미는 이와는 다르게 행동하여, 어머니는 이를 걱정하였다. 에이미는 아버지에 대해서는 일체 이야기하지 않으려 하였다. 그녀는 아버지에게 전화도 하지 않으려 하였고, 편지나 이메일을 쓰려 하지도 않았다. 학교에서도 에이미는 평상시만큼의 학업 수행을 유지하였지만, 교사는 그녀가 매우 예민해져 있음을 발견하였다. 예민해졌다는 것은, 예컨대 친구와 엄청 많이 싸우고 종종 울음을 그치려 하지 않는 것을 의미한다.

사례 분석

상실을 파악하기

핵심적 상실 에이미의 핵심적 상실은 병역 배치로 아버지와 헤어진 것이라 할 수 있다.

부수적 · 무형적 상실 에이미는 일상생활의 상실, 안정감의 상실, 그리고 아버지와 함께 보냈던 특별한 시간의 상실 등과 같은 몇몇 부수적 상실을 경험하고 있을 것이다.

내담자의 반응을 파악하기

인지적 반응 에이미는 아버지가 자신을 버렸다고 생각할 것이다. 또한 그녀가 직접적으로 표현하고 있지는 않지만, 아버지의 안전에 대해서도 걱정하고 있을 것이다.

행동적 반응   에이미는 아버지가 떠난 것에 대해 벌을 주고 있는 것이다. 아버지가 아무리 그녀와 대화를 나누려고 해도, 그녀는 아버지와 어떠한 접촉도 하지 않으려 한다. 또한 평소와는 달리 친구들에게 감정적으로 반응하며 쉽게 울곤 한다.

정서적 반응   에이미는 다양한 정서를 느끼고 있다. 그녀는 아버지와 어머니에게 화가 나 있다. 그녀는 아버지가 다칠까 봐 무서워하고 있다. 무엇보다도, 그녀는 버림받은 것처럼 느끼며 방황하고 있는 것이다.

Q 논의할 질문들

1. 군대와 군대의 역할에 대해 에이미에게 얼마나 많은 정보를 알려 주어야 하겠는가?
2. 군대에 대해 갖고 있는 당신의 견해는 상담에 어떠한 영향을 미치겠는가?
3. 에이미를 돕기 위해 어떠한 외부적 지원이 필요하겠는가?
4. 전쟁에 대한 매스컴의 보도에 대하여 에이미와 그녀의 가족이 어떻게 대처할 수 있도록 도와야 하겠는가?

상담자의 반응

　병역 배치와 관련된 여러 가지 사안들에 대한 평가가 이루어져야 할 것이다. 이것이 병역 배치에 따라 가족이 처음으로 경험하는 일인지, 아이가 분리의 문제를 대체로 어떤 식으로 해결하였는지, 병역 배치를 둘러싼 가족의 불안 수준은 어떠한지, 가정에서는 일상의 변화를 어느 정도 예상하였는지 등에 대해 평가할 것이다. 또한 에이미와 가족이 어떠한 병역 서비스를 이용할 수 있는지 알아볼 것이다. 만일 배치되어 있는 장병의 자녀를 대상으로 한 지지집단이 운영되고 있다면, 에이미가 참여하는 것이 도움이 될 것이다. 에이미는 집단을 통해서 자신과 똑같은 경험을 한 아이들과 함께 감정을 공유할 수 있을 것이다. 하지만 군부대에 가까이 살지 않는 군인들은 이러한 서비스를 이용하기가 쉽지 않다.

　아버지와의 이별에 대한 에이미의 반응은 놀라운 것이 아니다. 오로지 아버지를 무시해야만 자신의 분노를 표현할 수 있는 것이다. 상담을 통해서, 에이미가 아버지에게 느끼는 분노감과 버림받은 감정을 직접 표현할 수 있도록 도우려 한다. 그녀는 위험한 상황에 처한 아버지에게 스트레스를 가중시키고 싶지 않으면서도, 동시에 아버지에게 소리를 지르고 싶은 어려운 상황에 처한 것이다. 에이미는 자신의 감정을 표현해도 괜찮다는 것을 알아야 할 것이다. 또한 에이미의 어머니가 딸에게 보내는 비언어적 메시지가 무엇인지 탐색해야 할 것이다. 그녀는 "네 생각을 표현하렴." 또는 "아빠는 괜찮으실 거야." 라고 말하면서도, 동시에 자신의 두려움과 분노를 교묘하게 나타낼지도 모른다. 아이들, 특히나 '예민한' 아이들은 생활하면서 어른의 감정을 쉽게 알아챈다. 아버지가 안 계신 것에 대한 어머니의 비언어적 반응이 실제로 에이미에게 전달되어 행동으로 나타난 것일지도 모른다. 어른들은 너무도 자주, "걱정하지 말렴, 괜찮아질 거야."와 같이 안심시키는 말로 아이들의 두려움을 일축시키곤 한다. 나는 에이미가 자신의 두려움과 감정들을 탐색할 수 있도록 안정된 공간을 제공할 것이다. 미술 치료 와 이야기 치료를 이용하여 그녀의 감정과 사고를 표현할 수 있도록 도울 것이다. 그녀가 걱정하고 있는 것들을 인정해 줄 것이며, 아버지와의 관계를 재정립할 수 있는 방법을 발견할 수 있도록 도와줄 것이다.

독자를 위한 사례 연구

아홉 살인 이반은 육 남매 중 막내다. 그는 발달이 지체되어 있다. 2년 전에 이반의 어머니는 남매들을 이웃에게 남기고 떠나서 다시는 돌아오지 않았으며, 육 남매는 모두 위탁 센터에 맡겨졌다. 아이들의 아버지는 교도소에 있으며 4년 후에나 풀려날 예정이다. 그는 부모의 권리를 스스로 파기하였다.

이반은 부모를 그리워하고 있다. 그는 여전히 매일 그들과 전화 통화를 하는 척하고 있다. 그는 자기가 왜 위탁 센터에 있어야 하는지에 대해서 멋지게 이야기를 지어내었다. 그는 화가 나고, 좌절감을 느끼며, 혼란스러울 때 종종 공격적으로 행동한다. 위탁 부모는 특히나 더 많은 관심이 필요한 육 남매를 더 이상은 맡지 못하겠노라고 최근에 결정하였다. 사례 관리자는 최근 몇 주 동안 새로운 곳을 찾고 있으며, 아이들은 뿔뿔이 흩어질 것 같다. 이반은 아마도 이 지역을 떠날 것 같다.

Q 논의할 질문들

1. 이반이 불가피한 상실에 대비할 수 있도록 어떻게 상담을 해야 하겠는가?
2. 새로운 위탁 가정에 이반을 맡기는 문제에 대하여 사회복지사에게 어떠한 제안을 할 수 있겠는가?
3. 이반이 이전부터 가지고 있던 상실들을 다루려면 어떤 식으로 이반을 도와야 하겠는가?

요 약

이 장에서는 다양한 사례들을 통해 아동·청소년이 경험한 과도기적 상실들을 살펴보았다. 여기서 다룬 주제들은 이사, 이혼, 질병이나 장애, 부모의 실직, 병역 배치 등이다. 각각의 상실 유형별로 나타나는 일반적인 반응을 비롯하여 이에 대한 사례 분석을 제시하였다.

8장
발달적 상실

에디는 8학년으로 나이에 비해 체구가 작다. 그는 같은 연령대의 또래보다도 거의 머리 하나 정도가 더 작으며, 작은 체구 때문에 종종 괴롭힘을 당했다. 그는 키가 크지 않을까 봐 염려하였고, 그의 부모는 지난 2년 동안 에디의 자존감이 급격하게 낮아졌음을 발견하였다. 에디는 종종 '패배자'와 같은 경멸적 단어로 자신을 일컫곤 하였으며, 자신의 작은 체구를 보상하고 자신이 '호구'가 아니라는 것을 입증하기 위해 덩치가 큰 아이들에게 싸움을 걸었다. 에디의 부모는 그에 대해 걱정하고 있다. 아울러 그가 학교에서 받아 오는 행동 소견서도 계속해서 늘어나고 있다.

7장에서 과도기와 관련된 상실들에 대해 살펴보았다. 이 장에서는 아동 · 청소년이 경험하기 쉬운 몇몇 발달적 상실에 대해 다루고자 한다. 아동기와 청소년기는 신체적 · 인지적 · 정서적인 성장과 변화를 겪는 이례적인 시기라 할 수 있다. 어른은 사춘기가 시작되는 것과 같은 발달적 변화에 고통이 따른다는 것을 잘 알고 있다. 불행하게도, 성장하면서 고통을 겪지 않았던 부모와 상담자라면 아동 · 청소년이 생활하는 데 도움을 주지 못할 수도 있다. 이 장에서는 아동 · 청소년이 발달적 변화에 적응하도록 도울 수 있는 전략들을 제시한다. 여기에서 살펴볼 주제는 사춘기와 그에 따르는 신체 변화, 상급학교로의 진학, 가족 생활주기의 변화와 관련된 상실에 대한 것들이다. 아울러, 이 책의 서두에 제시한 사례에서 설명하였듯이, 아동이 신화에 대한 진실을 알게 되면서 겪게 되는 상실에 대해 살펴볼 것이다.

사례 1 아동기의 상실 - "산타는 진짜로 존재하지 않는 거죠? 그렇죠?"

열 살 테일러에게 그 날은 어마어마한 날이었다. 난생 처음으로 친구의 집에서 밤샘 파티를 하기로 한 것이다. 테일러의 부모는 다소 과보호를 하는 측면이 있었다. 테일러는 외동아이다. 하지만 브레슬러를 알고 지낸 지 꽤 되었으며, 테일러와 브레슬러는 아기 때부터 친구로 지내 왔다. 테일러의 부모는 잠자리에 들 시간 즈음에 열 살된 그들의 아이로부터 전화가 오기를 바랐다. 테일러는 전화를 하였고, 걷잡을 수 없을 정도로 울기 시작하였다. 물론 테일러의 부모도 놀랐다. 브레슬러는 아무 일 없었다고 말하였지만, 테일러는 집에 가고 싶다면서 울기 시작하였다. 테일러의 부모는 3분 정도 걸려서 테일러를 데리러 브레슬러의 집으로 갔다. 브레슬러의 부모는 별것 아니라는 듯 어깨를 들썩이며 다음 날 말하기로 하였다.

테일러는 비교적 빨리 안정을 찾을 수 있었다. 그녀가 분명하게 말할 수 있었을 때, "엄마, 아빠는 둘 다 거짓말쟁이야."라고 하였다. 그녀의 부모는 뒤통수를 맞은 것 같았다. 테일러는 "산타 같은 건 없어. 아빠가 산타였고, 엄마, 아빠는 나에게 거짓말을 했어. 웃을 일이 아니야."라고 계속 말하였고, 테일러의 부모는 잠자코 있었다. 그들은 딸에게 설명하려 애썼지만, 테일러는 다시금 흥분하였다. 그들은 그녀가 너무 지쳐 있다고 생각하였다. 그것이 3주 전이었다. 그때 이후, 테일러는 말이 많아졌고, 부모와 교사에게 무례하게 굴었다. 그녀는 집안일을 하지 않았고 심지어는 상스러운 말을 하기도 했다. 테일러의 부모는 브레슬러의 집에서 무슨 일이 더 있었던 것 같으며, 이 때문에 가족 관계가 변화한 것이라고 걱정하였다.

사례 분석

상실을 파악하기

핵심적 상실　테일러의 핵심적 상실은 부모에 대한 신뢰를 잃은 것이라 할 수 있다. 그녀는 언제나 사실대로 말하면서 부모에게 의지하였다.

부수적·무형적 상실　테일러는 순수함을 잃게 되었으며, 이전에 그녀가 너무도 좋아했던 크리스마스 의식을 따를 수 없게 되었다.

내담자의 반응을 파악하기

인지적 반응 테일러는 부모가 말하고 행동하는 모든 것에 대해 불신을 키워 나가고 있는 것 같다. 그녀는 부모가 자신을 속이고 배신했다고 느끼고 있다. 어떻게 해야 그녀가 다시 부모를 신뢰할 수 있겠는가?

행동적 반응 테일러는 부모와 교사에게 무례하게 굴었고, 자신이 해야 할 집안 심부름을 하지 않기 시작하였다.

정서적 반응 테일러는 매우 상처받았고 화가 나 있다. 자신에게 솔직하다고 생각했던 부모를 더 이상은 의지할 수 없고 안정감을 느낄 수도 없다. 또한 '산타를 믿었다니, 내가 멍청이였던 걸까?'라고 생각하면서 다소 당황스러워하며 부끄러워하고 있을 것이다.

Q 논의할 질문들

1. 이러한 종류의 상실에 대비하여 테일러의 부모는 어떠한 준비를 했어야 하겠는가?
2. 모든 아동은 결국 산타의 존재에 대해서 알게 된다. 이것이 아동에게 중요한 상실이 될 수 있다는 점에 대해서 논하라.
3. 다른 일이 있었을 것이라는 테일러 부모의 생각을 어떻게 다루겠는가?

상담자의 반응

많은 사람들이 이 사례를 읽고 공감할 것이다. 어떤 부모는 널리 받아들여지는 성탄절 의식을 따르고자 자녀에게 성탄절에 대해 절대로 정직하게 말하지 않는다. 또 어떤 부모는 산타가 존재하지 않는다는 것을 자녀가 우연히 알게 되든지 그렇지 않든지 간에 신경 쓰지 않는다. 이렇듯 뿌리 깊은 신념을 아이들이 상실하게 될 때, 아이에게 고통이 따른다는 것을 부모는 과소평가하거나 무시하곤 한다. 어떤 경우이든, 테일러의 사례에서처럼 산타가 없다는 것을 발견한 것은 아동으로서는 매우 놀랍고 힘든 경험이 될 수 있다. 이것은 가정의 행사에 영향을 줄 뿐만 아니라, 크리스마스에 대해 아이들끼리 서로 이야기를 나누는 방식, 크리스마스에 부르는 노래에 대한 인식, 크리스마스 이야기의 진실성에 대한 믿음에도 영향을 미친다.

테일러의 부모는 자신들이 눈으로 목격한 것 그 이상의 상황이 있었을 것이라고 의심하고 있지만, 테일러가 또 다른 사건으로 혼란스러워하는 것이라고 의심하는 것은 잘못되었다. 아무리 가족의 의도가 좋았다고 하더라도, 그들은 많은 사람처럼 아이가 거짓말을 알아차린 것에 대한 영향을 과소평가하고 있는 것이다. 테일러에게 이러한 상실은 중요한 의미를 가지는데, 이는 단지 그녀가 너무도 순수하게 좋아했던 성탄절의 의미를 상실했기 때문만이 아니라, 부모에 대한 신뢰감 또한 잃었기 때문인 것이다.

테일러는 다소 과보호된 외동아이로, 부모를 많이 의존하고 절대적으로 신뢰했음을 보여 주고 있다. 테일러는 거의 사춘기에 이르렀다. 그녀의 인생 단계에서, 그 어떤 것보다도 우선하는 것이 관계다. 그녀가 진실을 말하려면, 그녀가 부모를 신뢰할 수 있어야 하는 것이다. 인간관계에서 정직이 매우 중요하다는 믿음을 자신에게 주입한 사람들이 바로 부모이며, 지금 그녀는 바로 그 부모가 내내 거짓말을 해 왔다는 것을 발견한 것이다. 이러한 자각은 테일러에게 엄청난 인지적 충돌을 겪게 하였다. 심지어는 부모에 대해 알고 있는 것조차도 더 이상은 확신을 가질 수 없었다. 부모의 입장에서는 선의의 거짓말이라 생각한 것이 테일러의 신뢰감을 완전히 무너뜨린 것이다. 부모는 "단지 네가 크리스마스를 즐겁게 보내길 바라는 거야."라며 테일러의 감정을 하찮게 여기면서 부모의 행동을 해명해서는 안 될 것이며, 테일러가 분노를 부모에게 표현할 수 있도록 해야 할 것이다. 그녀가 전체 상황을 이해하기 전에 우선 자신의 분노를 다루는 것이 중요할 것이다. 또한 테일러는 부모에게 속았다고 느끼면서 수치심을 느낄 것이며, 스스로 '멍청하다'고 여길 것이다. 테일러의 감정과 사고를 드러낼 수 있도록 상담을 하는 것이 중요할 것이다.

테일러와 상담을 하면서, 부모가 정직하지 못한 행동을 했을 때 테일러가 어떻게 반응했으며 이에 따라 어떤 감정들이 일어났는지 이곳에서 탐색할 수 있도록 도울 것이다. 이 사건 이전과 이후에 겪었던 경험들을 끌어내어 표현할 수 있도록 미술 도구를 제공할 것이다. 그녀가 부모의 의도를 파악할 수 있도록 할 것이며, 신뢰와 배신의 근본적인 문제에 대해서 그녀가 부모와 대화를 나눌 수 있도록 도울 것이다. 그녀에게 상실에 대하여 편지를 써 볼 것을 제안할 것이다. 이러한 편지는 "보고 싶은 산타. 당신은 어떻게 거짓말을 할 수 있나요?"라는 식으로 시작할 수 있다. 이러한 활동을 통해서 비난하지 않는 방식으로, 그녀의 상실감에 대해 탐색할 수 있을 것이다.

발달적으로 볼 때, 테일러는 적절한 방어기제가 확립되기도 전에 너무 일찍 스스로를 의지할지도 모른다. 이러한 점에서, 테일러는 인생의 새로운 단계로 이행한 것이라고 볼 수 있다. 이러한 상황이 단지 몇 년 후에 발생했더라도, 테일러는 부모에게 잘못이 있음을 알고서도 이를 받아들였을 것이며, 이 놀랄 만한 사실에 대해서도 더 쉽게 이해할 수 있었을 것이다. 따라서 부모는 불완전한 존재이지만 여전히 그녀를 무조건적으로 사랑하고 있다는 것을 이해함으로써 부모와 새로운 관계를 맺을 수 있을 것이다.

사례 2
사춘기(신체적 변화)
─ "남자아이들이 나를 쳐다보는 게 싫어요!"

엘렌은 최근까지도 매우 활동적이고 사교적인 열한 살 아이였다. 엘렌은 열한 살이 되기 직전에 생리를 시작했고, 하루아침에 외양이 눈에 띄게 변화되기 시작했다. 그녀의 친구들처럼 어린 소녀같이 보이다가, 어느새 성인 여성처럼 외양이 발달되어 갔다. 특히 가슴 발육이 두드러졌다. 즉, 그녀는 작은 스포츠 브라를 시작으로(그녀는 신나서 브라를 사지 않았고 단지 어머니의 강요 때문에 입게 되었다) 몇 달 사이에 D컵에 이르게 되었다. 이러한 변화들로 엘렌은 마치 자기가 낯선 사람의 몸에 살고 있는 것만 같았다. 운동선수로서, 그녀는 자신의 무게와 균형감을 되찾고자 노력해야 했으며, 그녀의 축구 감독은 최근에 그녀에게 넉넉한 스포츠 브라를 사는 게 어떻겠느냐고 제안하였다. 그녀는 이러한 대화를 창피하게 여겼으며, 자신의 신체 변화를 감출 수 있는 방법이 없다고 생각했다. 엘렌에게 가장 곤욕스러운 것은 변화된 자신의 모습에 대한 또래 남자아이들의 반응이었다. 최근까지도, 그녀의 친구들은 대부분 소년들이었다. 그녀는 그들과 발야구와 그 밖의 게임들을 하면서 시간을 보내곤 하였다. 지금 그녀는 그 친구들이 자기에게 다가오는 것이 달라졌다고 느끼고 있다. 그들은 그녀에게 게임을 함께 하자고 자주 이야기하지 않았고, 그녀가 편치 않게 여기고 있는 신체에 대해 이야기하곤 하였다. 지난주, 엘렌은 극도로 혼란스러워하면서 집에 돌아왔다. 그녀는 흐느껴 울면서, 다시는 학교에 얼굴을 들고 다닐 수 없을 것 같다고 어머니에게 말하였다. 동급생 남자아이들이 '학교에서 가장 가슴이 큰 여자아이'를 비공식적으로 뽑았는데, 엘렌이 거기에 뽑혔다는 것이다. 그녀는 매우 창피하였는데, 설상가상으로 그녀와 가장 친한 친구가 엘렌에게 화를 내면서 엘렌이 "모든 남자아이들의 관심을 독차지하고 있다."고 말한 것이다. 엘렌의 어머니는 엘렌의 신체상과 자아존중감에 관한 문제를 해결하기 위해 그녀를 상담실에 데려왔다. 그녀는 엘렌의 자세가 달라졌다는 것을 발견하였다. 그녀는 등을 구부려서 자신을 숨기려 했고, 자신의 큰 가슴이 눈에 띄지 않도록 큰 옷을 입었다.

사례 분석

상실을 파악하기

핵심적 상실　엘렌은 많은 상실을 겪었으며, 핵심적 상실을 파악하는 것은 어렵다. 하지만 엘렌이 드러내는 슬픔 및 행동적 변화들로 미루어 볼 때, 엘렌의 핵심적 상실은 자아의 상실 또는 정체감의 상실로 파악할 수 있다.

부수적·무형적 상실　엘렌은 다수의 상실로 고통을 겪고 있다. 그녀는 자기인식을 하지 못하게 되었다. 그녀는 자신의 아동기, 친구들, 또래 및 어른들과의 관계를 잃었을 뿐만 아니라, 그들과 어울릴 수 있는 능력과 익명성을 잃게 되었다. 그녀는 더 이상 또래나 운동 팀의 다른 소녀들처럼 옷을 입을 수 없다. 그녀는 자신을 물건 취급하고 있으며 이와 관련된 상실, 즉 순수함, 안정성, 안정감의 상실을 겪고 있는 것이다. 그녀는 커다란 가슴의 무게로 인해 신체적으로도 힘들어하고 있다. 결국, 그것이 무엇을 의미하는지 또는 그것에 어떻게 반응해야 하는 것인지를 알기에는 그녀가 너무 어리며, 자신에게 성적 특성이 부여된 것에 대해 부담스러워하고 있다.

내담자의 반응을 파악하기

인지적 반응　다수의 상실에 대해 엘렌은 인지적으로 분명한 반응을 나타내고 있지 않다. 하지만 그녀가 학교에서 느끼는 모욕감은 실로 그녀가 집중하는 데 영향을 줄 것이다. 그녀는 또한 자신의 외모 때문에 집중이 어려울 것이다. 그녀는 가슴을 드러내지 않기 위해서 어떤 식으로 옷을 입을지, 혹은 어떤 옷을 입지 않을지에 몰두하게 될 것이다.

행동적 반응　엘렌의 옷 입는 스타일과 자세는 위축되었고 달라졌다. 행동으로 분명하게 드러나는 것은 아니지만, 일찍 성숙한 소녀가 그렇지 않은 소녀보다 비행과 성적 행동, 약물 남용에 개입될 가능성이 더 많은 것으로 알려져 있다. 조숙한 소녀는 남자아이에게 더 인기가 많으며, 역설적이게도 이 때문에 이들은 정서적으로 더 크게 동요하게 된다(Steinberg, 1996).

정서적 반응   조숙한 소녀가 약물을 사용할 가능성이 더 많으며 성적 행동과 비행 행동에 관여한다는 것은 이들이 우울증으로 고통받을 가능성이 더 크다는 것을 보여 주는 것이다(Steinberg, 1996). 몇몇 정서적 단서들을 통해 볼 때, 엘렌은 우울해하고 있다. 그녀가 경험한 수치심과 모욕감이 행동으로 드러나고 있다는 점에서 의미가 있다. 그녀는 자신을 숨기고 자신을 더 작아지게 만들기 위해서 등을 구부렸다(어쩌면 가슴의 무게 때문에 등을 구부렸을 수도 있다). 즉, 이것은 우울하고, 부끄럽고, 성적으로 대상화되었으며, 굴욕감을 느낀 사람들이 취하는 자세인 것이다.

Q 논의할 질문들

1. 엘렌이 긍정적인 자아상을 더 많이 가질 수 있도록 하기 위해 어떻게 상담을 진행하겠는가?
2. 어떤 종류의 사회적 고정관념들이 조숙한 소녀에게 투사되어 있으며, 이러한 생각들이 소녀에게 어떠한 영향을 미치겠는가?
3. 엘렌과 같은 소녀가 겪는 어려움에 대처하도록 돕기 위해, 학교 전문가들은 어떠한 종류의 체계적 개입을 해야 하겠는가?

상담자의 반응

여러 가지 이유로 나는 엘렌의 부모와 아주 가까이서 작업하려 한다. 첫째, 엘렌의 부모 또한 가슴이 풍만한 여성에 대한 고정관념을 갖고 있을 것이라고 예상한다. 엘렌이 아직 아동임에도 불구하고 그녀는 자신의 아동기를 잃어버렸다고 여기고 있을 것이다. 따라서 부모는 비록 엘렌이 성인처럼 보일지라도 그녀를 성인으로 여기지 않아야 할 것이다.

둘째, 또래와 성인은 모두 똑같이 학교라는 맥락에서 엘렌의 슬픔과 관련되어 있으므로, 엘렌의 허락하에 부모가 학교 관계자들과 대화를 나누는 것이 좋을 것이다. 엘렌은 신체적 변화로 운동선수로서의 정체감을 잃을 것 같은 위험을 느끼고 있기 때문에, 축구 코치를 만나서 엘렌을 지지해 주도록 하는 것도 도움이 될 것이다. 체계적 개입 또한 요구되지만, 무엇보다도 엘렌의 욕구에 민감해야 할 것이다. 많은 청소년들처럼, 내가 그녀에 대해 이야기한 것을 모든 사람들이 알고 있을 것이라고 여긴다면, 아마도 그녀는 이러한 문제들에 대해 직접 터놓고 이야기하지 않으려 할 것이다.

엘렌의 부모와 가까이서 작업하기 바라는 마지막 이유는, 그들 또한 상실로 고통받고 있기 때문이다. 가족 전체가 상처받았을 것이다. 만일 엘렌의 부모에게 자문을 제공할 수 있다면, 아마도 그들은 엘렌과 정서적으로 더 많이 접촉할 수 있을 것이다.

엘렌과 라포를 형성하고 안전한 분위기가 구축된 후에, 나는 분명하게 언급하려 한다. 가슴에 대한 이야기로 대화를 시작하거나,

신체적 발달이 그녀에게 어떤 영향을 미쳤는지에 대해 이야기를 나누는 것보다는, 그것에 대해 단도직입적으로 이야기할 것이다. 이것은 분명히 방식의 문제라 할 수 있다. 내 방식대로라면, 예컨대 다음과 같이 말하는 것이다. "엘렌, 너는 너의 신체를 너무나도 불편해하는 것 같아. 가슴때문에 달라진 것이 있을 것 같아." 나의 의도는 엘렌이 자신의 신체에 대해 말하도록 하는 것이다. 나의 경험에 따르면, 사춘기 소녀는 외모에 대해, 그리고 외모와 그들의 정서 상태와의 관련성에 대해서 직접적으로 다루는 것을 종종 편안하게 여긴다.

또한 엘렌과 상담할 때 사회문화적 문제들에 대해서 생각해 볼 것이다. 상담자로서, 소녀와 젊은 여성이 성적으로 대상화되고 있는 점에 대해 다루어야 할 책임이 있다. 사춘기 소녀가 자신의 신체에 대해 받아들이는 상충된 메시지들에 대해 다루어야 할 것이다. 따라서 엘렌이 경험한 적 있는 상충된 메시지에 대해서 이야기하도록 할 것이며, 엘렌이 자신을 어떻게 여기고 있는지에 대해서 주의 깊게 들어볼 것이다. 그녀가 스스로를 성인 여성으로 여기고 있지는 않은지 의심스럽다. 만일 그러하다면, 그녀가 성인 여성으로 인식하고 있지 않은 부분과 그녀가 인식하고 있는 자기 모습을 일치시켜 주어야 할 것이다. 이렇게 함으로써, 나는 그녀가 느끼고 있는 것보다 그녀를 더 성숙하게 바라보는 또 하나의 성인이 되지는 않을 것이다.

조숙한 소녀에 대해 설명하고 있는 문헌들이나 엘렌에게 나타나는 행동적 반응과 정서적 반응으로 인해 엘렌의 자존감이 염려되었다. 그녀가 혼합된 메시지들에 대해 이해할 수 있도록 이야기 과제(많은 사춘기 소녀가 글 쓰는 것을 좋아한다)와 숙제를 내줄 것이며, 신체의 변화에도 불구하고 그녀가 어떻게 여전히 일관성이 있고, 자신 있으며, 탄탄한 체격을 유지할 수 있었는지 탐색해 볼 것이다. 특히, 물건 찾기 놀이(11장 참조)에 참여시킬 것이다. 이 게임을 통해 그녀는 가슴이 큰 소녀와 여성이 지적이고 아름다우며, 이성적이고 사려 깊고 체격이 좋다는 주장을 지지할 수 있을 것이다.

언제나 그러하듯이, 엘렌의 발육과 관련된 지표들(또는 발육을 저해하는 요인들)을 '우선적으로' 살펴볼 것이다. 특히 먼저 그녀의 자세와 관련하여, 그녀가 자신의 신체를 설명하는 방식에 주의를 기울일 것이며, 그녀가 다른 소녀와 여성의 신체를 어떻게 바라보는지, 또래와 성관계가 있었는지에 대해서도 다룰 것이다.

학교의 변화

사례 3 — 유치원 입학 – "유치원으로 돌아가지 않을 거예요."

그 날은 모두가 기다려왔던 날이었다. 안드레아는 세 살 때부터 유치원에 가겠다고 계속해서 이야기해 왔다. 보육원의 다른 아이들은 지난 2년에 걸쳐서 멋진 유치원의 세계로 떠났다. 이제 안드레아의 차례가 돌아왔고, 그녀가 유치원에 대한 환상에 사로잡힐 때면 너무 들떠서 깊이 잠들기 어려워 할 정도라고 부모는 보고하였다. 안드레아의 부모도 그녀와 똑같이 흥분하였다. 그들은 딸을 유치원에 데리고 가서 구경시켜 주었고, 유치원에서 있었던 자신들의 경험에 대해 이야기해 주었으며, 새 옷과 학용품들을 사 주었다.

안드레아는 삼 남매 중 맏이로, 유일한 여자아이이다. 안드레아의 부모는 그녀가 총명하고 호기심이 많으며 예의 바르다고 말해 주었다. 사실, 그들은 안드레아의 교육에 대해서 매우 생각이 많았다. 그들은 딸에게 홈스쿨링을 시킬지, 사립학교에 보낼지, 혹은 시험을 쳐서 1년을 월반할지 고민하였다. 그녀의 어머니는 "그녀는 네 살 때부터 5단위와 10단위까지 셀 수 있었고, 네 살하고 8개월이 되었을 때부터는 책을 읽을 수 있었어요."라고 말하였다. 그녀의 부모가 공립학교에 전념하고 있다면, 그들은 그것을 100% 지지하고 있다는 것이다. 부모는 이미 자원하여 안드레아의 교실에서 교사를 만났다.

안드레아가 유치원에 간 첫날 집에 돌아와서 "난 유치원이 싫어요. 보육원에 있는 친구들이 보고 싶어요."라고 말했을 때, 얼마나 놀랐을지를 상상해 보라. 그녀의 부모는 그녀가 보육원에 있는 친구들을 그리워할 것이라고는 예상하였다. 왜냐하면 이 아이들은 지난 2년간 함께 지냈기 때문이다. 안드레아와 그녀의 단짝인 애슐리가 다른 유치원에 가게 되었기 때문에, 안드레아가 겁내고 슬퍼할 것이라고 예상은 하였지만, 유치원을 싫어할 것이라고는 전혀 생각지도 못했다.

부모는 안드레아와 이야기하려고 노력하였으나, 그녀는 유치원으로 돌아가지 않겠다고 말하였다. 그녀는 몇 주 동안 잠을 이루지 못하였고 짜증이 늘었다. 그녀는 유치원에서 화장실을 사용하지 않거나 다른 아이들과 어울리려 하지 않았다. 그녀의 교사와 부모는 안 해 본 것이 없다고 느끼고 있다. 그때 바로 그들이 당신에게 상담을 요청하였다.

사례 분석

상실을 파악하기

핵심적 상실　안드레아의 핵심적 상실은 일상적인 친숙한 환경을 잃은 것이라 할 수 있다.

부수적·무형적 상실　안드레아는 더 이상 자신이 경험했던 안정감과 안전함을 느낄 수 없다. 그녀는 자신의 삶을 통제할 수 없다고 느끼고 있다.

내담자의 반응을 파악하기

인지적 반응　안드레아는 시간을 되돌릴 수 있는 방법이 있다고 여기기 때문에, 자신이 안전한 보육원으로 되돌아갈 수 있다고 믿고 있을 것이다.

행동적 반응　안드레아는 유치원에 가기를 거부하고 화장실을 사용하지 않음으로써 자신의 상황을 통제하고 싶어 한다. 또한 가정과 유치원에서 짜증을 내고 있다.

정서적 반응　안드레아는 매우 화가 나 있다. 그녀는 자신과 상의도 없이 안전한 장소를 빼앗은 것에 대해 화가 나 있다. 그녀에게 재미있는 모험이 될 것이라고 약속했던 것이 거짓말이었다고 느낄 것이다.

상담자의 반응

이 사례에서 가장 중요한 부분은 안드레아가 자신의 상황에 대한 통제감을 되찾고자 필사적으로 노력하고 있다는 점이다. 유치원은 자신이 고른 것이 아니었다. 그녀는 자신의 친구들과 일상생활을 그리워하고 있으며, 자신의 부모가 이 끔찍한 곳에서 억지로 견뎌 내라고 강요하는 것에 대해 상처받았고 화가 나 있다. 영리한 어린 소녀인 안드레아는 자신이 표현할 수 있는 모든 방법들을 이용하여 자신의 분노와 통제감을 표현하고 있는 것이다. 그녀가 유치원에 가지 않을 수는 없겠지만, 그것에 대한 자신의 반응을 통제할 수는 있다. 그녀는 불쾌함을 표현하면서 유치원에 가지 않으려 하고 숨을 수 있다. 안드레아는 사실 공립학교에 입학하는 것에 대해 부모가 염려하고 있다는 것을 애초부터 알고 있었을지도 모른다. 그녀는 아마도 공립학교, 사립학교, 홈스쿨링에 대한 찬반양론식의 대화를 엿들었을 것이다. 이것으로 그녀는 다른 것들을 선택할 수도 있을 것이라고 결론 내렸을지도 모른다. 부모가 유치원의 즐거움에 대해서 어떠한 미사여구를 늘어놓는다 하더라도, 이전에 부모가 나눈 대화에서 공립학교는 나쁜 곳이었다. 또한 부모가 유치원에 대해서 부지불식간에 심어 준 압력에 반응하고 있는 것일지도 모른다. 그들은 유치원의 모든 측면들에 대해 철저하게 조사하였고 교육계의 모든 사람들에게 안드레아에 대해서 좋게 말하였다. 때문에 안드레아는 그들의 기대에 부응하기도 어려울 것이다. 또한 그녀의 부모님은 유치원을 이상화하고 있는 것 같으며, 안드레아는 유치원을 자기가 알고 있는 것보다도 훨씬 따분하게 여기고 있을지 모른다. 그 결과 그녀는 몹시도 불행한 것이다.

안드레아의 부모는 딸의 유치원 입학을 위해 최선을 다하였다. 아동이 자연스럽게 상급학교로 이행할 것인지 그렇지 않을지 예측할 수 있는 방법은 존재하지 않는다. 누가 보더라도, 안드레아는 과도기를 잘 겪을 수 있으리라 여겨졌다. 안드레아의 부모와 상담할 때, 이러한 상황하에서 안드레아가 되도록 많은 선택을 할 수 있도록 도와줄 것을 제안할 것이다. 현 시점에서는 유치원에 가는 것 외에 다른 대안이 없다는 것도 명확히 해야 할 것이다. 이 자체가 특정 결과를 변화시키려는 그녀의 노력이 헛된 것이라는 것을 보여 주는 것이다. 즉, 그리고 나서야 그녀는 자신의 에너지를 다른 곳에 집중시킬 수 있을 것이다. 안드레아가 은밀한 방식으로 분노와 공포를 표현하기보다는 오히려 그것들을 터놓고 표현할 수 있도록 도우려 한다. 안드레아가 자신의 목소리가 들리고 있다는 것을 깨달을 때, 그녀는 행동화할 필요성을 덜 느낄 것이다.

안드레아의 부모는 유치원에서 안드레아와 특별한 관계를 맺고 있는 아이들이 있는지에 대해 교사에게 물어보아야 할 것이다. 만일 그러하다면, 이러한 관계들은 유치원 밖에서 발전될 수 있을 것이다. 또한 안드레아의 교사에게 그녀의 행동을 관찰해 달라고 요청할 것이다. 그녀가 가장 협조적일 때는 언제인가? 어떠한 과목을 가장 좋아하는가? 그녀의 문제 행동이 점차적으로 심해지는 때는 언제인가? 무엇이 이러한 반응들을 촉발시키는 것 같은가? 어떤 날은 더 괜찮은가? 이러한 방식으로, 안드레아와 교사는 안드레아의 경험을 더 잘 이해하고 그녀에게 통제감을 부여할 수 있을 것이다. 가령, 안드레아가 유능감을 느끼고 싶어 한다면, 교사는 그녀에게 칠판을 지우거나 날씨를 기록하는 것과 같은 특별한 역할을 부여해야 할 것이다. 무엇보다도, 안드레아의 부모는 인내심을 가져야 할 것이고, 유치원에 가는 것에 대해 지나친 관심을 보여 주지 말아야 할 것이다. 직관적인 아동은 종종 부모의 불안에 반응하곤 하는데, 안드레아도 부모의 걱정과 근심에 대해 반응하고 있는 것 같다. 그들이 현 상황을 차분히 받아들일수록, 안드레아의 불안과 분노 역시 더 많이 줄어들 것이다. 물론 말이야 쉬울지 모르지만 자녀가 고통스러워하는 것을 바라보는 것은 힘든 일이기 때문에, 안드레아의 부모는 자녀의 회복력과 성장 가능성을 믿어야 할 것이다.

초등학교에서 중학교로 – "이 학교는 너무 끔찍해요!"

존은 6학년으로, 주의력결핍 과잉행동장애(ADHD)를 가지고 있다. 그는 한 달 전부터 중학교에 다니기 시작했다. 그는 최근 들어 복통을 호소하는가 하면, 학교에 가지 않으려고 다양한 변명들을 찾아내곤 하였다. 그 전까지 존은 늘 학교를 좋아했던 터라 존의 어머니는 걱정스러웠다. 존은 자기가 걱정하고 있는 것들에 대해 어머니와 대화를 나누려고 하지 않았다. 학교가 너무 커서 길을 잃은 것인데, 선생님들은 자신이 지각한 것에 대해 화를 낸다고 말하고 있다. 그의 학급에는 예전 친구들이 아무도 없기 때문에 그가 도움을 요청할 수 있는 사람은 아무도 없으며, 아이들은 늘 어려움을 겪는 그를 놀려 대고 있다. 존은 교실이 너무 자주 바뀌는 것 때문에 매우 당황하였다. 여러 방향으로 움직이는 사람들과 소음은 그를 산만하고 정신없게 만들었다. 그는 하나부터 열까지 차례대로 줄을 서서 활동하게 했던 초등학교의 체제를 그리워하고 있다. 무엇보다도, 그는 자신에 대해 알고 이해해 주었던 선생님을 그리워하고 있다. 젠킨스 선생님은 5학년 때 선생님으로, 그가 안절부절못하면 그를 일으켜 세워서 교실 주변을 돌게 하였다. 하지만 중학교에서는 그의 행동을 계속 질책하는 것이다. 그는 '착해지기' 위해 노력해 왔으나, 최근 들어 노력을 포기하였고, 무기력해졌다고 말하고 있다. 존의 부모는 그의 학교 공포증을 치료하고자 상담을 신청하였다.

사례 분석

상실을 파악하기

핵심적 상실 존의 핵심적 상실은 체제 내에서 안정감을 느끼지 못하는 것이라 할 수 있다. 초등학교 때, 그는 자신이 무슨 행동을 해야 하고 사람들이 자신에게서 어떤 행동을 기대하는지 알고 있었다.

부수적·무형적 상실 존은 교사, 소속감, 대처 방식, 친구들, 친밀감, 친숙한 학교 건물 등을 포함한 다수의 부차적인 상실과 무형의 상실을 경험하고 있다.

내담자의 반응을 파악하기

인지적 반응 초등학교 시절에 존은 친구들을 적절하게 대처하고 그들과 타협하는 방법을 알고 있었다. 그러나 지금은 이전에는 쓸모 있었던 대처 기술을 사용하지 못하게 되었고, 부정적인 자기 독백을 하는 등, 자기개념 역시 부정적이다. 이러한 것들은 상실에 대한 인지적 반응에 해당된다.

행동적 반응 복통과 같은 신체화 반응은 최근 들어 존이 나타내고 있는 행동적 반응이라 할 수 있다. 불안과 공포가 커진 것 역시 행동적 반응이라 할 수 있다.

정서적 반응   존은 무기력, 정서적 상실감, 두려움을 느끼고 있다. 그는 더 이상 초등학교에 있지 않으며, 초등학교와는 규칙과 문화가 다르다는 것을 깨달았다. 그는 불안감, 당혹스러움과 같은 정서적 반응들을 나타내고 있다.

Q 논의할 질문들

1. 존에게 어떤 종류의 개입을 제안하겠는가?
2. 학기가 시작되기 전에 존의 문제를 어떻게 경감시키거나 예방할 수 있었겠는가?
3. 어려움을 겪고 있는 상황에서 존이 가지고 있는 장애가 어떠한 역할을 하고 있는가?

상담자의 반응

나는 존에게 자문을 제공하려 한다. 존은 최근 중학교에 오기 전까지는 학교에 아주 잘 적응하고 있었던 것 같다. 존은 중학교에서 성공적으로 위기를 넘길 수 있는 방법에 대해 이미 알고 있다는 것을 첫 만남부터 알려 줄 것이며, 그가 조금이라도 변화하고 새로운 전략들을 약간씩이라도 적용해 볼 수 있도록 도울 것이다. 그렇게 함으로써 존은 학교에서 다시금 자신과 자신의 경험에 대해 긍정적으로 느낄 수 있을 것이다. ADHD를 가진 아동을 비롯하여 그 밖의 장애아동은 부정적 메시지를 숱하게 들어 왔다.

과거에 존에게 어떠한 것들이 효과가 있었으며, 그것이 현재에도 효과가 있는지 살펴보는 것이 우리가 개입하고자 하는 방향이다. 존에게 대처기술 목록 평가서(11장 참조)를 작성하도록 할 것이다. 치료 목표는 여러 가지다. 첫째, 나는 조력자 역할을 하는 사람이며, 해답은 존이 갖고 있음을 분명히 할 것이다. 둘째, 존이 스스로의 문제 해결 능력에 대해 더 많은 자신감을 갖도록 도울 것이다. 해답은 자신에게 있음을 알게 될 것이므로, 나중에는 조력자나 상담자인 나에게 의존할 필요가 없게 될 것이다. 이러한 개입을 통해 존의 창의성이 자극될 것이며, 존은 문제를 해결하는 데 많은 방법들이 있다는 것을 알게 될 것이다.

존의 상담자로서, 존이 초등학교에서 중학교로 변화하면서 겪게 되는 모든 상실감을 깨닫도록 하진 않을 것이다. 반영적 경청을 통해서 존이 겪은 상실과 슬픔을 나눌 수 있는 기회를 제공하려 한다. 존이 자신의 초등학교에 작별 편지를 쓰게 할 것이며, 편지를 썼다면 그것을 초등학교 교사에게 보내도록 할 것이다.

마지막으로, 변화를 위해서는 준비가 필요하다는 것에 대해 존의 부모와 이야기를 나눌 것이다. 이행과 변화라는 것은 인생에서 가장 어려운 국면이라 할 수 있다. 그들은 코앞에 다가온 존의 변화들에 대해서 적극적이고도 사려 깊게 임해야 할 것이며, 할 수 있는 한 최선을 다해서 준비해야 할 것이다. 그들은 또한 존을 지지해 주어야 할 것이다. 아울러, 존에게는 협력 관계가 중요하기 때문에 학교에서도 누군가와 계속 연락을 취해야 할 것이다. 사실, ADHD 및 그 밖의 장애를 가진 자녀를 둔 부모는 '개별화 교육 프로그램(Individual Education Program: IEP)'이나 'Section 504 계획' 등, 학교 내 아동 연구 팀이나 아동위원회 등과 접촉해야 한다. 이를 통해 아동은 성공적으로 학업을 수행하는 데 필요한 방법들을 알게 된다.

중학교에서 고등학교로 – "부담을 주지 마세요!"

타미는 고등학교로 진학하면서 어려움을 겪고 있는 9학년 학생이다. 타미의 부모는 모두 대학 교수로, 타미가 고등학교에서 뛰어난 학업 성적을 받고 졸업 후에 아이비리그 대학에 입학할 것이라고 크게 기대하고 있었다. 타미는 언제나 좋은 학생이었지만, 공부를 엄청나게 잘하는 것 같진 않았다. 그녀는 사회적 활동과 친구관계를 유지하는 것에 언제나 더 큰 관심이 있었다. 타미는 최근에 1/4분기 성적표를 받았다. 그녀는 85점 정도를 웃도는 자신의 성적에 아주 만족하진 않았지만, 타미의 부모는 몹시 격분하면서 "고등학교에서 성적은 그 무엇보다도 가장 중요하단다."라는 말을 강조하였고, 지금 그녀는 비장하게 공부에 임하고 있다. 부모가 크게 실망한 후에, 그들은 타미의 모든 교과 외 활동들을 하지 못하게 하였고, 13주후 시험에서 좋은 성적을 받을 때까지는 전화와 컴퓨터, 친구들과의 외출 등을 모두 금지하였다. 타미는 엄청난 충격을 받았다. 그녀가 외출을 할 수 없기 때문에, 그녀의 친구들은 그녀와 함께 있는 것에 흥미를 잃었고 남자친구와도 헤어졌다. 타미는 자주 울었고, 공부에 집중하는 것이 어려워지기 시작했다. 그녀는 성적이 오르지 않을까 봐 염려하였고 고립될 것만 같았다. 그녀는 부모와 대화하려 들지 않았다.

사례 분석

상실을 파악하기

핵심적 상실 　타미의 핵심적 상실은 수용되지 못한 것, 즉 부모, 친구들, 남자 친구, 자기 자신에게 수용되지 못한 것이라 할 수 있다.

부수적 · 무형적 상실 　타미는 수용되지 못했다고 느끼고 있으며, 더 나아가 여러 가지 부수적 상실과 무형의 상실을 경험하고 있다. 그녀는 우정, 삶의 방식, 부모와의 관계, 자존감, 지지 체계, 교과 외 활동을 통한 학교 · 단체 · 또래와의 연계, 그리고 남자 친구와의 관계를 잃었다. 이러한 상실은 그 자체로 부수적 상실을 포함한다. 예를 들면, 또래, 친구, 남자 친구와의 관계를 상실함으로써 연계감, 지지원, 위상, 대집단에의 소속감 또한 잃게 된 것이다.

내담자의 반응을 파악하기

인지적 반응 　집중하기 어려워하는 점으로 미루어 볼 때, 타미의 상실 경험은 인지적으로 분명히 드러나고 있다.

행동적 반응 　스스로를 고립시켜 온 것이 타미의 행동적 반응이라 할 수 있다. 그녀는 단절되었다고 느끼면서 그렇게 행동하고 있다. 하지만 자신이 어떻게, 언제, 어째서 관계로부터 떨어져 나온 것인지에 대해 현재는 자신이 판단하고 있는 것이다. 처음에는 그녀의 부모가 그녀의 관계에 제한을 두었지만, 현재는 그녀 스스로가 그 책임을 떠맡고 있는 것이다.

정서적 반응   타미는 미래에 대해 두려움을 느끼고 있다. 게다가 그녀는 외롭고, 우울하며, 화가 나고, 좌절감을 느끼고 있다.

Q 논의할 질문들

1. 타미 그리고 그녀의 부모와 어떻게 상담을 해 나가겠는가?
2. 만약 이러한 상황이 계속된다면, 어떠한 결과가 나타나겠는가?

상담자의 반응

내 예감에 타미의 부모는 나를 자신들의 편으로 여길 것이다. 나또한 성인이고 교수다. 그들은 교육에 대하여 내가 자신들과 비슷한 가치를 두고 있을 것이라고 여길 것이다. 그들과의 신뢰 관계를 구축하기 위하여 그들이 나에 대해 가지고 있는 견해를 이용하려 한다. 만일 그들이 나를 신뢰하지 못한다면, 나는 그들의 딸에게 다가갈 수 없을 것이며, 그들은 관계에서의 자신들의 책임에 대해서도 터놓고 이야기하려 하지 않을 것이다.

또한 상담은 타미가 아닌 타미의 부모에 의해 시작된 것이며, 아마도 타미는 자기 자신을 변호할 만큼의 정서적 에너지를 갖고 있지는 않을 것이다. 추측건대, 타미의 부모는 아마도 성적과 대학의 중요성에 대한 자신들의 메시지를 내가 반복적으로 '확실히' 해 주길 바랄 것이다.

타미의 부모를 만날 때, 그들이 자녀를 위해 최선을 다하려 하며, 자녀의 잠재력을 믿고 있음을 인정해 주려 한다. 또한 몇 가지 씨앗을 뿌려놓고자 한다. 부모가 타미를 위해 계획했던 것의 결과에 대해 터놓고서 이의를 제기하지는 않을 것이다. 오히려 그것들에 대해 부드럽게 직면하려 한다. "타미의 학업 성과가 부모님께는 너무도 중요한 것이라서 타미가 중요하게 생각하는 것들을 모두 하지 못하게 하는 것만이 최선이라고 여기셨군요."와 같은 식으로 말하려 한다. 여기서 나의 목표는 그들이 딸이 처한 상황을 통제하려 한다는 것을 다시금 경험하게 하는 것이다. 그렇게 함으로써 그들은 자신들의 관점에 대해 통찰하게 될 것이다. 나는 그들과 만날 것이며, 최소한 전화로라도 정기적으로 상의하여 계속해서 그들이 인식하고 있는 것들에 대해 부드럽게 질문하고 딸의 경험에 대해서 알려 줄 것이다.

타미와의 상담은 전혀 다른 방식으로 진행할 것이다. 내가 비록 성인이자 교수이지만, 그녀를 공감할 수 있다는 것을 보여 주기 위하여 반영적으로 경청하면서, 타미의 관점에서 그녀의 이야기를 들을 것이다. 그녀는 단절감과 고립감 때문에 자신의 관점으로 자신의 이야기를 할 수 없을 것이다. 그녀가 하는 이야기에 반응하고 귀 기울일 것이다. 지시적으로 상담하지 않을 것이며, 문제 해결

기술이나 학습전략들에 대해서도 이야기 나누지 않을 것이다. 그녀는 인생에서 중요한 변화의 시기에 일련의 상실 경험들을 하게 된 것이다. 내가 이러한 상실들을 이해하고 있으며, 그녀의 고통을 존중하고 있다는 것을 그녀에게 보여 줄 것이다. 다른 말로 하면, 비유컨대 10사이즈 신발을 신는 그녀에게 노력해서 6사이즈 신발에 맞추라고 요구하는 또 다른 성인으로 그녀가 나를 바라보지 않길 바란다.

타미와 나와의 관계가 무엇보다도 중요하다. 타미는 그녀 자신을 포함하여 자신의 인생에서 의미 있는 모든 사람과의 관계를 상실했기 때문에, 그녀가 관계를 다시 시작할 수 있도록 도와야 할 것이다. 타미가 허락한다면, 타미와의 치료 회기에 그녀의 부모를 초대할 것이다. 타미가 다시금 연계감을 느끼고 지지받았다고 느낄 때, 아마도 그녀는 자신을 지지해 주는 사람들과 부모에게 자신의 견해에 대해 이야기할 수 있을 것이다. 전체적인 체계, 효과적인 대화와 공감 모델을 지원해 주고, 타협할 수 있는 기술들을 알려 주는 것이 나의 역할이라 할 수 있다. 만일 타미가 학업적으로 잘 해낼 수 있도록 도와달라고 부모가 계속해서 요구한다면, 타미가 정서적으로 더 건강하게 느끼도록 하는 것이 나의 목표라는 점을 분명히 하려 한다. 그렇게 되면 그것이 더 큰 자신감으로 전환되어 학업 수행이 향상될 수 있을 것이다.

고등학교에서 대학교로 – "자유!"

스카일러는 너무 흥분되었다. 그녀는 내내 작은 도시에서 살았다. 모든 사람이 서로 알고 있었지만, 그것이 좋은 것만은 아니었다. 그녀는 몇몇 4년제 대학에 지원하였고, 자기 고향에서 얼마나 가까운지를 기준으로 하여 학교들을 선택하였다. 그녀의 기준은 '그야말로, 세 시간 거리 이내'였다. 그녀는 몇 개의 학교 입학 승인 편지를 받았으며, 그녀의 전공 선택에 기꺼이 응해 준, 집에서 여섯 시간 정도 떨어져 있는 학교로 결정하였다. 그녀의 친구들은 아무도 그 학교에 가지 않았다. 그녀의 부모는 그녀의 결정을 지지해 주었다. 그녀는 언제나 독립적인 아동이자 청소년이었다. 고등학교는 매우 엄격했었다. 스카일러와 여자 친구들 사이에서 언제나 어떤 드라마 같은 이야기가 펼쳐졌었다.

스카일러는 졸업반 무도회와 졸업이 대학과 더 가까워지는 표시라고 생각했다. 그녀는 신입생 오리엔테이션까지 남은 날들을 세기 시작했다. 자신의 물건들 절반은 7월 4일에 다 싸놓았다. 스카일러의 부모와 할아버지도 그녀가 이상하게 굴기 전까지는 그녀로 인해 즐거웠다. 그녀는 자동응답기를 켜 놓고 회신을 하지 않았으며, 심지어는 꾸준히 연락하던 또래의 친한 친구들을 포함하여 남자 친구들과도 전화하지 않았다. 그녀는 늦게 잠들었으며, 학교에 가는 일이 아니면 집 밖에 나가지 않았다. 그녀의 부모는 그녀가 숨을 쉴 때 담배 냄새가 난다고 확신하였다.

그녀가 대학에 대해서 이야기하기 2주 전쯤, 할아버지는 그녀가 심하게 울고 있는 것을 발견하였다. 그녀는 학교에 가기가 너무도 두렵다고 할아버지에게 털어놓았다. "학교가 너무 크고, 너무 멀었으며, 아는 사람이 아무도 없었다."고 설명하였다. 할아버지는 그녀가 느끼고 있는 것들에 대해서 부모에게 이야기해도 되겠냐고 스카일러에게 물었다. 그녀는 당황스러워했지만 동의하였다. 스카일러의 부모는 그녀가 떠나기 전에 짧게 상담했던 경험이 그녀에게 도움이 되었다고 생각하였다.

사례 분석

상실을 파악하기

핵심적 상실   어떤 구속도 받지 않는 독립적이고 걱정 없는 젊은 여성으로 자신을 인식하지 못하게 된 것이 스카일러의 핵심적인 상실이다.

부수적 · 무형적 상실   대학에 가게 됨으로써, 스카일러는 자신의 집과 가족에 대한 편안함과 안정감을 잃게 되었다. 또한 미래에 대한 흥분감도 두려움으로 바뀌었다.

내담자의 반응을 파악하기

인지적 반응   스카일러는 자신이 대학에서 잘 해내지 못할 경우 어떤 일이 일어날지에 대해서는 고민하지 않았을 것이다. 그녀는 자신이 실패자 또는 거짓말쟁이일까 봐 걱정하고 있다. 만일 그녀가 자신이 늘 되고자 했던 독립적이고 자유로운 영혼이 아니라면 어떻게 되겠는가?

행동적 반응   스카일러가 친구들과 가족들에게서 멀어진 것은 그녀의 감정이 복잡하고 혼란스럽다는 것을 보여 주고 있다. 그녀는 담배를 피우기 시작하였는데, 이것은 아마도 마음을 안정시키려고 애쓴 것일 수도 있고, 또는 그녀가 바라보는 '어른의 세계'를 위해 스스로를 준비시키는 것일 수도 있다.

정서적 반응 정서적으로 볼 때, 스카일러는 온통 상반된 감정들을 느끼고 있다. 그녀는 생활 터전을 옮기는 것에 대해 즐거워했지만, 동시에 겁에 질려 있었다. 마음속으로 온통 '만약 그렇게 되면 어쩌지?' 하는 고민뿐이며, 이것은 그녀에게 혼란스러움을 가중시킬 뿐이다. 언제나 싫다고만 여겼던 작은 도시를 떠나는 것으로 인해 상실감을 느끼고 있으며, 이 때문에 스스로에게 화가 나는 것인지도 모른다.

Q 논의할 질문들

1. 스카일러의 현 상태는 상실과 어떻게 관련되어 있는가?
2. 만일 당신이 단지 한 달 동안 스카일러와 상담할 수 있다면 어떠한 효과적인 개입 전략을 세울 수 있겠는가?
3. 스카일러가 대학에 가려 하지 않는다면 어떻게 할 것인가?

상담자의 반응

스카일러와 상담할 때, 상담자는 그녀에게 힘을 부여해야 할 것이며, 그녀가 느끼고 있는 모든 감정과 선택을 탐색해야 할 것이다. 스카일러의 학교 선택은 매우 상징적이라 할 수 있다. 즉, 그것은 "그들이 필요 없다는 것을 마을 사람들에게 입증하고 싶어요."라는 것이다. 꼬집어 말하면, 스카일러가 약속을 어긴 순간, 그녀는 혼란스러워졌고, 그것은 그녀를 완전히 당황스럽게 만들었다. 그녀가 느끼고 있는 두려움과 상실감이 어느 정도인지 이해할 수 있을 것이다. 그녀는 극단적인 방법으로 대처하고 있는 것이다. 즉, 그녀는 이제껏 지내 왔던 편안함과 안락함으로부터 벗어나고 있다. 그녀는 부모와 할아버지를 떠나 혼자서 새로운 세계로 들어서고 있다. 이러한 관점에서 본다면, 그녀의 사고와 감정들을 이해할 수 있을 것이다. 하지만 그녀를 언제나 예전의 그녀로만 생각해 왔던 사람들로서는 뭔가 어긋난 느낌이 들 것이다.

상담을 진행하면서 스카일러에게 고등학교에서 대학에 이르는 과도기에 대해 가르쳐 주려고 한다. 이런 일이 다른 사람에게 일어나는 상황을 떠올리게 함으로써, 그녀가 가진 두려움과 양가감정이 정상적이라는 것을 알 수 있게 할 것이다. 만일 어떤 친구가 집을 떠나는 것과 같은 똑같은 상황을 경험한다면, 그녀는 이 친구를 어떻게 바라보겠는가? 이 친구에게 어떻게 이야기하겠는가? 나는 스카일러가 스스로의 친구가 되어 자신감을 가질 수 있도록 돕고자 역할극 기법을 이용할 것이다. 또한 스카일러가 진정한 자기 자신을 찾아서 자신의 모든 측면들을 수용할 수 있도록 도울 것이다. 그녀는 스스로를 강하고 독립적으로 바라보고 있긴 하지만, 어떤 부분에서 변화를 두려워하고 조심스러워하는 점 때문에 많이 힘들어하고 있을 것이다. 나는 그녀와 함께 동행하여 '자아를 찾는 여행'을 할 것이며, 그녀가 비판단적인 방법으로 자신의 모든 부분들 간에 균형점을 찾아갈 수 있도록 돕고자 한다. 어울리지 않을 수도 있지만, 일단 라포가 형성되면서 스카일러가 자기 자신을 보다 충분히 이해하기 시작한다면, 인지행동적 전략들을 사용하여 그녀가 스스로에게 부과하는 '반드시 해야 한다.' 식의 몇몇 비합리적인 사고들에 직면시키고자 한다. 또한 그녀의 불안에 영향을 미치는 핵심적 사고들을 검토할 것이다. 이러한 사고들은 '만일 내가 이 학교에 적응하지 못한다면, 나는 실패자야.' 또는 '집에 돌아가야 한다는 건 내게 최악이야.' 와 같은 것들을 포함한다. 그녀가 자기 자신에게 보내고 있는 은밀한 메시지들을 발견함으로써, 그녀가 되도록 그것들에 맞서서 변화해 가도록 도우려 한다. 또한 스카일러가 대학 생활에서 행복해하지 않을 경우나 학교에 가지 않기로 결심할 경우를 대비하여 또 다른 계획들을 세울 것이다. 대안을 마련해 놓음으로써, 그녀는 자신의 상황에 대해 통제감을 가질 수 있을 것이다. 예를 들면, 여행을 가거나 아메리코(미국사회 내 봉사단체)에 가입한다거나, 지역의 대학에 다닌다거나, 혹은 1년간 일을 하는 등의 대안들을 생각해 볼 수 있을 것이다. 약하거나 의존적인 어린 소녀로 자신을 바라보는 것이 아니라 다양한 선택을 할 수 있는 사려 깊고 성숙한 어린 여인으로 스스로를 바라볼 수 있도록 그녀의 관점을 재구성해 주어야 할 것이다. 요약하면, 그녀가 '전부 혹은 전혀 아닌'의 식으로 사고하지 않도록 하여 더욱 현실적인 자아감을 획득할 수 있도록 돕고자 한다.

가족 생활주기의 변화

새로 태어난 아기 – "형이 되고 싶지 않아요."

에번은 형이 되는 것을 너무도 자랑스러워했다. 그는 동생이 태어난 후에도 일주일 정도를 "나는 형이에요."라고 쓰인 티셔츠를 입고 다녔다. 그는 학교에 아기 사진을 가져가서 1학년 친구들이나 축구 팀 사람들 모두에게 그것을 보여 주었다. 그는 매우 자랑스러워하였다. 에번의 부모는 에번이 과도기에 어려움을 겪을 것이라 예상하였다. 어쨌거나, 에번은 6년 동안을 외동아이로 지냈기 때문이다.

6개월 후에도, 에번의 부모는 동생에 대한 에번의 반응으로 여전히 즐거워하였다. 에번이 질투심을 느끼고 있는 것 같다고 말해 준 사람은 에번의 보모였다. 그 이유를 물으니, "에번이 아가에게 엉큼한 행동을 하고 있는 것을 보았어요. 지난번에 에번이 아기에게 고양이 밥을 주려고 하다가 걸렸어요."라고 말해 주었다. 에번의 부모는 당황하였고 에번에게 왜 그렇게 행동하였는지 물었다. 에번은 심하게 울면서 보모가 거짓말하는 것이라고 말하였다. 어쩔 도리가 없었기 때문에 에번의 부모는 에번이 아기와 함께 있는 모습을 보기 위해 비디오카메라를 설치하였다. 그들은 몸서리쳤다. 사실상 에번은 아기에게 고양이 음식뿐만 아니라 부모가 동생은 물론 모든 아기에게 주어서는 안 된다고 했던 '어른'의 음식을 아기에게 먹이려고 애쓰고 있었다. 뿐만 아니라 에번이 동생을 꼬집고는 부모나 보모에게 "아기가 울어요."라고 한 것을 비디오테이프에서 보게 되었다. 에번의 부모는 어떻게 해야 할지 난감해하면서 당신을 만나려 하고 있다.

사례 분석

상실을 파악하기

핵심적 상실　에번은 외동아이라는 가족 내에서의 지위를 상실하였다.

부수적·무형적 상실　아기가 태어남으로써, 에번은 가족 내에서 자신의 지위를 상실하였다. 더 이상은 부모로부터 유일한 관심을 받을 수 없다. 사실상, 그로서는 난생처음으로 자신의 욕구가 채워지지 않은 것일지도 모른다. 또한 그는 '좋은' 형으로서의 지위도 잃어버렸다. 지금은 자신이 어떤 행동을 하다가 들킨 것이기 때문에 자신을 '나쁜' 형으로 바라보고 있을 것이다.

내담자의 반응을 파악하기

인지적 반응　에번은 자신이 쫓겨난 것이라 여기고 있을 것이다. 에번은 부모가 자신을 더 이상 사랑하지 않을 것이라고 생각하고 있을 것이다. 아마도 동생에게 화가 날 것이고, 동생 때문에 자기가 힘들어졌다고 여길 것이다.

행동적 반응   에번은 새로운 침입자를 벌주기 위한 방법들을 찾고 있다. 그는 동생을 아프게 만들 수도 있는 것들을 먹이고 있으며, 동생을 울리고 있다. 그는 부모가 아기를 '나쁘게' 바라봄으로써 자신이 '좋은' 아들로서의 지위를 되찾을 수 있다고 생각하고 있다.

정서적 반응   에번은 화가 나 있다. 그는 새로 태어난 아기가 받는 모든 관심 때문에 상처받고 질투심을 느끼지만, 이러한 상충된 감정들을 말로 표현할 수는 없을 것이다. 아마도 그가 이런 행동들을 교묘하게 하고 있기 때문에 스스로는 자신을 '나쁘게' 바라볼 가능성이 적을 것이다. 그는 부모도 자기와 똑같이 아기를 골칫거리로 여기기를 바라고 있다.

Q 논의할 질문들

1. 에번에 대해서 당신이 처음에 가졌던 생각과 감정은 어떤 것들이었는가?
2. 에번의 부모에게 어떠한 전략을 제공할 수 있겠는가?
3. 에번이 경험하는 상실은 무엇이겠는가?
4. 에번에 대해 걱정할 필요가 있겠는가?

상담자의 반응

에번에 대한 나의 반응은 "자신이 처해 있는 고통을 표현할 수 있는 방법을 발견하다니, 참 똑똑한 아이군요!"다. 에번을 걱정할 필요가 있을까? 그렇다. 만일 에번의 목소리를 들을 수 없다면 말이다. 부모가 계속해서 에번의 고통을 무시한다면, 아기에 대한 그의 분노감이 커질 것이고, 더 빈번하게 혹은 더 심각하게 아기를 다치게 할 것이다. 비록 자신이 한 행동으로 그렇게 보일까 봐 두려워하긴 하지만, 그는 비열하거나 나쁜 아이가 아니다. 그는 분노하며 질투를 느끼고 있는 것이며, 침입자에게 자리를 빼앗긴 후 가족 내에서 자신의 자리를 찾고 있는 것이다. 그의 부모는 온종일 울기만 하면서 걸으려고도, 말하려고도 하지 않는 이 작은 '골칫덩어리'를 어떻게 좋아할 수 있겠는가? 그는 혼란스러우며 버림받았다고 느끼고 있다.

에번의 부모에게 잘못이 있다면, 에번이 모든 것을 좋은 척한 것을 에번이 잘하고 있다고 여긴 것이다. 그는 부모와 있을 때에는 자신에게 기대하는 방식으로 행동했고 겉으로 질투심과 불만감을 드러내지 않았다. 부모는 문제가 있다고는 전혀 생각하지 못했기 때문에 개입하기도 어려워진 것이다. 하지만 문제가 드러났기 때문에 에번의 부모는 개입할 기회를 갖게 되었다. 나는 에번의 부모가 에번의 눈높이에 맞추어 함께 대화 나누는 방법을 배우고 여섯 살의 관점에서 그를 이해할 수 있도록 도와주려 한다. 에번에게, "에번, 너는 우리가 없을 때 아가를 꼬집고 있었지. 너는 태어난 아기에 대해 화가 나 있는 것 같구나. 넌 우리에게 화가 났는데 동생에게 화풀이를 하고 있구나."와 같이 말하면서 속생각을 털어놓는 것이 중요하다. 또한 동생을 다치게 해서는 안 된다는 명확한 한계설정을 해 주어야 할 것이다. 부모에게는 '나 전달법'과 '반영적 경청법'을 사용하는 방법에 대해 알려 줄 것이다. 또한 에번에게 감정 단어들을 가르쳐서 그가 자신의 생각과 감정들에 대해 대화를 나눌 수 있도록 할 것이다. 또한 부모와 에번만의 특별한 시간을 갖도록 제안할 것이다. 가령, 취침 시간마다 에번이 갈망하는 일대일의 시간을 갖도록 함으로써 그에게 지속적으로 관심을 표현할 수 있을 것이다. 또한 부모는 따로 일주일 동안 그와 '에번과의 밤 외출'을 시도해 볼 수도 있다. 또한 에번이 아기의 발달과정에 대해 더 많이 이해할 수 있도록 도울 것이다. 아기가 앉고, 기고, 걷게 되는 등의 중요한 날들을 축하할 수 있도록 할 것이다. 이렇게 함으로써 에번은 아기는 늘 '골칫덩어리'가 아니며, 아기가 자라면서 함께 즐길 수 있고 더 많은 것을 할 수 있다는 것을 이해하게 될 것이다. 무엇보다도, 어떤 일이 생기든 간에 에번이 여전히 가정을 특별하고 즐거운 곳으로 여길 수 있도록 안심시켜 주어야 할 것이다. 그가 안정감을 획득함에 따라서, 문제 행동도 점차로 줄어들 것이다.

형이 떠나요 – "짐은 더 이상 나를 사랑하지 않아요!"

에릭은 최근에 대학에 들어간 짐이라는 형이 있는 일곱 살 아이다. 에릭과 짐은 언제나 가까운 친구였고, 엄청나게 많은 시간을 함께 보냈다. 에릭은 짐과 짐의 친구들을 절대적으로 이상화하였다. 짐과 에릭이 한방을 쓰진 않았지만, 에릭은 짐이 떠난 후부터 잠을 자는 데 어려움을 겪었다. 그는 짐이 더 이상 자신을 사랑하지 않는다고 말하고 있다. 왜냐하면 짐은 집에 거의 오지 않으며, 집에 온다 해도 에릭과 함께 시간을 보내기보다는 주로 친구들과 더 많은 시간을 보내기 때문이다. 두 아이의 양육권을 가진 에릭의 아버지는 에릭이 집과 학교에서 모두 짜증을 너무 자주 내고 행동화 문제를 나타내고 있다고 하였다. 아버지는 짐이 집을 떠난 것과 에릭의 최근 행동들 간에 관련성을 느끼지 못한 것 같다. 그는 에릭에게 어떻게 해 주어야 할지 몰라 하며 도움과 충고를 요청하고 있다.

사례 분석

상실을 파악하기

핵심적 상실 에릭의 핵심적 상실은 그의 형, 짐을 떠나보낸 것이다.

부수적 · 무형적 상실 짐이 집을 떠나 대학에 간 것은 에릭에게 많은 무형의 상실과 부차적 상실을 야기시켰다. 짐에게는 그것이 물리적 상실이자 정서적인 상실이라 할 수 있다. 관계의 전부였던 지지 자원, 우정 그리고 모델링할 수 있는 존재를 잃어버린 것이다. 에릭의 세 가족이 지금은 두 가족이 되었다. 또한 짐은 때때로 에릭을 돌보기도 했기 때문에, 에릭은 보호자와 일상생활을 상실한 것처럼 느낄 수 있다. 만일 형이 대학에 간 이래로 에릭이 다른 보호시설에 맡겨졌다면, 아마도 그러한 변화와 관련되어 상실을 경험할 것이다. 마지막으로, 에릭은 짐의 친구들과도 만나지 못하게 되었다.

내담자의 반응을 파악하기

인지적 반응　에릭은 '전부 혹은 전혀 아닌' 식으로 사고하면서 (예: 짐이 자신을 전혀 사랑하지 않는다고 여기는 것) 혼란스러워하고 있으며, 자기중심적인 사고를 하고 있다.

행동적 반응　에릭은 수면에 어려움을 겪고 있으며, 행동화 문제를 나타내고 있다(아버지가 "행동화하고 있다."고 한 것의 의미를 분명히 하는 것이 중요할 것이다).

정서적 반응　종종 아동에게서 나타나는 우울 징후(Kauffman, 2001), 즉 상실, 슬픔, 혼란스러움, 배신, 불신, 자포자기, 짜증 등 모두가 에릭에게 나타나는 임상적 소견과 맞아떨어진다. 에릭에게 다양한 정서적 반응이 나타날 것이며, 그것들에 의해 스스로 압도될 것이다.

1. 에릭은 어떻게 짐이 대학에 간 것을 자신을 버린 것으로 생각할 수 있겠
   는가?
2. 짐이 떠날 것에 대해서 에릭에게 어떠한 예방책들을 단계별로 준비시켰어
   야 하는가?
3. 형과의 관계 변화에 대처할 수 있도록 돕기 위해 에릭에게 어떠한 전략을
   사용하겠는가?

상담자의 반응

에릭의 가족은 거의 변화를 겪지 않았었거나, 또는 적어도 한 명
의 가족원이 집을 떠나는 것이 전체 가족 체계에 어떠한 잠재적 영
향을 미치는지에 대해 아무도 깨닫지 못한 것 같다. 짐이 대학으로
떠나가기 전에 에릭과 그의 가족이 함께 상담을 받았다면 좋았겠
지만, 부분적으로는 상담이 여전히 도움이 될 수 있다.

이 장에서, 나는 에릭과의 상담적 개입에 주안점을 두고 설명할
것이다. 이 장에서 다루려는 것은 작은 행동수정을 해 나가는 사후
대처식 개입이라기보다 오히려 예방적 개입에 적합한 것들이라 할
수 있다.

우선, 에릭의 이야기에 귀 기울일 것이다. 그가 말로 표현하는
것들로만 제한하지 않을 것이다. 즉, 그가 표현하는 말로서는 복잡

한 그의 경험들을 전달하지 못할 것이다. 그가 자신의 감정을 표현할 수 있도록 장난감과 미술 도구를 제공할 것이다. 하지만 그에게 형에 대한 이야기를 해 줄 수 있겠냐고 직접적으로 물어보려 한다. 그의 현재 상태와 형이 대학으로 떠난 것 간의 관련성에 대해서는 부인할 수 없을 것이다. 그에게 직접 질문을 던지는 것은 그가 경험한 것들에 대해 함께 이야기를 나누자고 제안하는 것이다. 에릭에게 지시적으로 접근하고 있지만, 또한 공감적으로 상담할 것이다. 반영적 경청을 하며 에릭에게 성실하게 반응하려 한다. 자기 사진과 형이나 가족의 사진을 가져오라고 할 것이다. 장난감 피규어를 이용하여 가족 조각을 만들어 볼 것이다. 그가 예전에 무엇을 원했었고, 현재는 무엇을 원하고 있든, 시종일관 그의 감정을 반영해 줄 것이다. 짐에게 편지를 쓰는 것 또한 도움이 될 것이다. 감정을 글로 표현하되 보내진 않을 것이다.

에릭에 대한 개입은 오래 이루어질 필요는 없을 것이다. 대신, 에릭이 자신의 경험, 감정 및 생각을 표현할 수 있도록 한 회기 정도를 다양한 창의적 활동으로 진행하면 좋을 것이다. 에릭의 아버지에게는 에릭을 데리고 짐의 학교에 방문할 것을 권유할 것이다 (물론, 짐의 동의하에 이루어져야 할 것이다). 에릭의 아버지가 이메일에 접속할 수 있다면, 그것 역시 짐과 연결할 수 있는 또 다른 방법이 될 수 있을 것이다. 웹 카메라가 있다면 더 좋을 것이다. 짐이 다니고 있는 대학 이름이 새겨진 티셔츠나 기념품 또한 좋은 표시가 될 것이다. 이러한 활동들을 하는 이유는 짐의 생활에 에릭을 포함시키기 위해서다. 형은 떠났더라도, 형과 접촉할 수 있는 기회를 제공해 줄 수 있다면, 이것이 목표가 될 수 있을 것이다.

사례
9

엄마가 일하러 가요 – "가지 말아요."

　크리스티와 그녀의 어머니는 아주 친밀하다. 오로지 둘이서 여러 가지 것들을 해 나갔다. 크리스티는 아버지를 한 번도 만난 적이 없다. 크리스티의 외할머니는 1마일 거리 내에 살고 있다. 어머니와 외할머니가 크리스티의 전체 가족이다.

　크리스티가 열한 살 때, 그녀는 예의 바른 학생이자 운동선수였다. 그녀는 학교에 친구가 몇 명밖에 없었지만 모두 좋은 친구들이었다. 사실, 그녀는 친구들과 시간을 보내기보다는 어머니와 함께 보내는 것을 더 좋아했다. 크리스티의 어머니 존은 크리스티가 학교에 가 있는 낮 동안에는 집 안을 청소하면서 혼자 일하였다. 존의 스케줄은 변동 가능하였고(그녀는 혼자 일하였다), 크리스티가 아파서 집에 있어야 할 경우나 방학 동안 언제나 크리스티와 함께 집에 있겠다고 약속할 수 있었다. 존이 혼자 일하는 것에 상당한 이점이 있었지만, 돈은 적게 벌었다. 존은 빈곤층에 속하는 수백만 명의 미국인 가운데 하나였다.

　존은 일생일대의 제안을 받게 되었다. 즉, 그녀는 25명의 사원으로 운영되는 청소 대행업체에 채용된 것이다. 그 일을 얻고자 지원하긴 했지만 자신이 될 것이라고는 생각지도 못하였다. 그 일자리는 봉급은 물론 수당, 휴가 및 병가, 능률제 승급 등이 제공된다. 그녀는 이러한 돈이 들어오리라고는 결코 기대하지 못했다. 게다가, 지금 혼자서 일하고 있는 곳보다 적어도 세 배는 더 벌게 될 것이다. 여러모로 볼 때 이것은 거절할 만한 것이 아니었다.

　일을 수락하기 전에 존은 이에 대해 크리스티에게 이야기하였다. 크리스티와 존은 많은 결정을 함께 내렸다. 크리스티가 학교에 갔다가 집에 돌아온 후 세 시간 가량은 존이 돌아오지 않기 때문에, 크리스티는 외할머니

집에 가 있을 계획이었다.

첫 달은 훌륭했다. 존은 여분의 돈이 좋았고, 크리스티에게 새 자전거도 사 주었다. 그들은 축하를 하기 위해 호화스러운 저녁을 먹으러 외출도 하였다. 그들의 계획대로 일들이 잘 풀려나갔다. 크리스티와 그녀의 어머니는 잘 지냈고, 심지어 크리스티는 요리도 조금씩 배우고 있었다.

크리스티는 육상경기 팀에서 탈퇴하겠다고 말하였다. 존은 놀라서 무슨 일이 있느냐고 물었다. 크리스티는 아무 일 없다고 말하였다. 두 주 후 크리스티의 성적표가 도착했는데, 음악 과목에서 그녀로서는 처음으로 낙제 점수를 받았다. 오래지 않아 크리스티의 외할머니는 크리스티가 건방져졌다고 말하였다. 존은 이러한 변화들에 대하여 크리스티와 대화를 나누어 보려고 시도하였지만, 크리스티는 이를 무시하였다. 존은 절망스러워하며 아주 부끄러운 행동을 하였다. 그녀는 크리스티의 일기를 읽었다. 그녀는 일기 몇 페이지에 걸쳐 어머니가 자신을 사랑하지 않으며 떠나버릴 것만 같다고 적혀 있는 것을 발견하였다.

사례 분석

상실을 파악하기

핵심적 상실 　크리스티의 핵심적 상실은 어머니의 인생에 자신을 최우선 순위에 놓을 수 없다는 것이라 할 수 있다.

부수적·무형적 상실 　크리스티는 일상의 의미와 안정감을 상실하였다. 가족 내에서 그녀의 정체감이 위기에 처한 것이다.

내담자의 반응을 파악하기

인지적 반응 크리스티는 자신이 벌을 받고 있다고 여기고 있으며, 어머니가 자신을 더 이상 사랑하지 않는다고 믿고 있는 것 같아 보인다.

행동적 반응 크리스티는 한때 좋아했던 활동들에서 손을 떼고 있다. 성적이 떨어지고 있으며, 짜증을 부리고 있다.

정서적 반응 크리스티는 우울감을 느끼고 있다. 그녀는 상처받았으며, 화가 나 있고, 혼란스러워한다.

Q 논의할 질문들

1. 존이 일하러 가면서 생긴 변화와 관련하여 크리스티는 어떠한 것들을 상실하였는가?
2. 크리스티와 상담을 할 때 어떠한 사항을 중요하게 고려해야 하겠는가?
3. 상담자인 당신은 크리스티의 경험으로 인해 어떠한 개인적 문제들이 떠오르는가?

상담자의 반응

이 사례는 많은 상담자에게 공감을 불러일으킨다. 두 명의 십대

딸을 둔 엄마로서, 내가 내담자들과 함께 보낸 시간과 에너지에 대해 딸들이 어떻게 느끼고 있을지 궁금해진다. 내가 일에서는 따뜻하고 공감적이지만, 집에서는 접시를 치우지 않는다며 소리를 지른다는 점에서 아마도 그들은 상당히 혼란스러워할 것이다.

크리스티는 정말로 상처받았다. 마음속에서, 그녀는 가장 친한 친구를 잃은 것이다. 그녀는 언제나 어머니와의 관계를 이상적으로 생각하였고, 어머니의 인생에서 자기 자신이 가장 중요한 존재라고 생각해 왔던 것이다. 일할 수 있는 기회에 대해 어머니와 의논했을 때, 조건은 너무도 좋았지만, 실제로는 그렇게 좋진 않았던 것이다. 크리스티의 입장에서 볼 때, 어머니가 직장에서 돌아왔어도 여전히 일에 몰두하고 있는 것 같아 보인다. 존은 새로운 친구를 사귈 것이고, 신이 나서 일과를 열정적으로 이야기할지도 모른다. 또는 피곤해서 예전처럼 열성적으로 크리스티를 응해 주지는 못할 것이다. 크리스티는 존의 생활에서 가장 만족스러운 부분이었지만, 지금은 존의 일과 우위를 놓고 경쟁해야 한다. 크리스티가 방과 후에 집에 도착하는 순간, 그녀의 모든 일상을 그녀에게 상세히 말했고, 성적도 공유하였으며, 학교에서 떠도는 최근의 소문에 대해서도 자세히 들려주었다. 이제 존은 방과 후 세 시간 후에나 집에 도착하기 때문에, 크리스티는 자신의 일상에 대해 열심히 이야기할 수 없게 되었다. 존이 물어보면, 크리스티는 "별로."라고 대답하곤 한다. 존은 매우 당황스러웠을 것이다. 그녀가 생각하기에, 직업 변경은 그녀와 크리스티 간에 함께 결정한 것이었기 때문이다. 하지만 크리스티는 자신이 완전히 이해하지 못한 것에 합의를 한 것이다. 크리스티는 어머니의 생활에서 가장 중요한 우위를 차지하고 있는 것이 어머니가 하고 있는 일이라고 느끼고 있다. 크리스티는 의기소침해졌으며, 어디론가 떠나고 싶어 한다. 또한 크리스티는 어머니가 일을 통해 번 돈으로 물건을 사 주면서 자신을 달래고 있다고 느낄 것이다(어떤 면에서, 이것은 사실이다!). 크리스티의 생각에, 자전거와 그 밖의 다른 선물들이 잃어버린 어머니와의 시간을 대신해 줄 순 없다. 그녀의 슬픔, 무기력, 활동 중단, 짜증 등 모든 것이 청소년기의 우울을 가리키는 것이다. 크리스티가 자살 사고를 하고 있는지 확인하기 위해 치사성 평가가 반드시 이루어져야 할 것이다.

크리스티와 상담을 하면서, 그녀의 감정과 좌절을 표현할 수 있는 기회를 마련하려 한다. 그녀가 계속해서 일기를 써 왔기 때문에, 글을 쓰는 것은 적절한 개입 방법이 될 수 있을 것이다. 이야기 치료를 통해 어머니의 새로운 직업에 대한 그녀의 감정을 적어 보도록 할 것이다. '새로운 일자리에게'로 문장을 시작하여 그녀의 상실감에 대한 글을 써 내려 갈 수 있을 것이다. 이 편지는 다음과 같이 시작할 수도 있을 것이다. "나는 네가 싫어. 너는 나에게서 엄마를 빼앗아갔거든." 이러한 작업을 통해 그녀는 책상 위에서 자신의 감정을 꺼내 놓을 수 있는 기회를 갖게 될 것이다. 또한 인지행동적 전략을 사용함으로써, 그녀가 스스로에게 부여한 부정적 메시지들을 인식하도록 할 것이다. 예를 들면, 그녀는 어머니가 자신을 더 이상 사랑하지 않는다고 믿고 있는 것 같다. 이러한 진술이 적합한지 검토하고, 그녀가 만들어 온 그 외의 자기 진술들이 얼마나 적합한지에 대해서도 검토할 것이다. 그런 다음, 존과 크리스티 사이에 진실한 소통이 용이해질 수 있도록 도울 것이다. 크리스티가 자신의 욕구와 생각들을 자기 내부로 돌리기보다는 표현할 수 있도록, 시간과 인내심을 갖고서 도우려 한다.

"아니, 이건 뭐지?" 하고 젠은 생각했다. 미술 수업 중간에 화장실에 가서 속옷이 '엉망진창'인 것을 발견하고는 그녀는 질겁한 것이다. 그녀는 자기가 죽어 가고 있는 것이라 생각하였다. 분명히 화장실에 가는 것이라고 통행증에는 적혀 있었지만, 그녀는 곧바로 보건실로 향했다. 보건 교사는 24년의 교직 경력 동안 이러한 상황을 수백 번은 겪어 왔다. 그녀는 젠을 진정시킬 수 있었고, 그녀에게 "이제는 어른이란다."라고 설명해 주었다. 젠은 생리에 대해서, 또는 그것의 기간에 대해 잘 알지 못했다. 보건 교사는 젠에게 오빠만 있으며, 아버지가 젠을 양육하고 있어서 그럴 것이라고 추측하였다(젠의 어머니는 그녀가 다섯 살 때 집을 나갔다). 보건 교사가 젠의 아버지에게 전화하였고, 아버지는 학교에 왔다. 그는 딸을 미리 준비시키지 않은 것에 대해 후회하였다. 하지만 그녀는 이제 고작 열 살이다.

서서히 변화가 나타났는데, 이듬해에 젠은 학교에서 몇몇 사회적인 어려움을 겪기 시작했다. 자존감은 곤두박질쳤으며, 오빠와 함께하는 어떤 종류의 활동도 하지 않으려 했다. 연필 지우개로 피부에 작은 흠집을 내기 시작했다. 젠의 아버지는 주로 그녀에게 소리 지르고 나가 놀지 못하게 하였지만, 그것이 효과가 없다고 느끼고 있었다. 어제 그는 우연히 그녀의 물건에서 쪽지를 발견하였는데, 그녀가 자기 오빠의 친구인 9학년 어떤 오빠와 구강성교를 비롯한 성관계를 가졌다는 것이다.

Q 논의할 질문들

1. 젠에게서 핵심적 · 부수적 상실과 무형적 상실은 무엇인가?
2. 상실의 관점으로 존의 경험을 개념화하는 것과 발달적 관점을 고려하여
   젠의 경험을 개념화하는 것이 어떻게 다른가?
3. 젠의 상담자로서 당신은 어떠한 개인적 문제들이 떠오르겠는가?
4. 그녀의 아버지에게 어떠한 제안을 할 수 있겠는가?

요 약

이 장은 아동 · 청소년이 경험한 상실들 중에서, 정상적이지만 고통스러운, 발달적인 상실들에 대해 살펴보았다. 아동 · 청소년이 겪는 발달적 여정을 안내하면서 그들을 이해하고 상담적 개입을 할 수 있도록 다양한 전략들을 제시하였다. 사춘기와 신체 변화, 학교 변화, 그리고 가족 생활주기의 변화와 관련된 상실에 대한 사례들을 제공하였다.

9장
비극적 상실과
오명으로 인한 상실

열 살인 지나의 삼촌은 부부싸움을 하다가 아내와 자녀들을
살해하여 재판에 회부되었다. 지나의 어머니는 피고 측의 형제
다. 지나의 가족은 살인이 일어난 삼촌의 집 아래쪽에 살고 있
다. 두 가족은 가까웠고, 지나는 방과 후에 매일 사촌들과 함께
놀곤 하였는데, 바로 그 사촌들이 살해된 것이다. 지나의 어머
니는 모든 증거들이 명백함에도 불구하고 삼촌이 결백함을 주
장하였고, 지역 방송을 통해 삼촌의 결백함을 계속 알렸다. 지
나는 아주 확신이 서지는 않았다. 그녀는 살인에 대한 책임이
삼촌에게 있다고 느꼈고, 외숙모와 사촌들을 해친 것에 대해
화가 났다. 그녀가 자신의 감정을 표현하려 했을 때, 그녀의 어
머니는 "집에서 그런 말을 하면 안 돼."라고 말하였다. 설상가
상으로, 마을 사람들의 엄청난 분노가 지나의 가족에게 향해

있었고, 그녀는 놀림과 위협을 견뎌야 했다. 심지어는 그녀 얼굴에 침을 뱉는가 하면 방과 후 집으로 돌아오는 길에 그녀를 쓰레기라고 부르기까지 하였다. 그녀는 대중에게 자신의 모습을 나타내고 싶지 않았다. 재판이 시작되었으므로 지역 사람들의 감정이 더욱 고조되었고, 지나에게 더욱 적대적이 되었다. 그녀는 어머니가 언론을 상대로 이야기하지 않기를 바라며, 자신의 삶이 예전으로 돌아갈 수 있다면 얼마나 좋을까 하고 생각하고 있다. 그녀는 자신이 끼지도 않았던 일들 때문에 비난받고 싶지 않다.

지금까지 이 책을 통해, 우리는 죽음과 관련된 상실, 무형의 상실, 대인관계에서의 상실, 과도기적 상실, 발달적 상실 등 아동·청소년이 경험할 수 있는 다양한 유형의 상실들에 대해 다루었다. 각각의 상실 유형에 따라 이에 수반되는 고통과 어려움의 정도 또한 다양해진다. 이 장에서는 특히 엄청나게 충격적인 종류의 상실, 즉 비극적 상실과 오명으로 인한 상실에 대해 살펴본다. 갑작스럽게 뜻밖의 죽음을 겪었거나 자연재해를 겪은 것처럼, 비극적 상실은 아동과 십대에게 특히 엄청난 심리적 외상을 가져온다. 이와 유사하게, 살인, 자살, 학대나 괴롭힘, 부모의 수감과 관련된 상실처럼 오명을 씌우는 상실들은 아동·청소년에게 엄청난 피해를 줄 수 있다(Goldman, 2004). 이 장에서는 비극적 상실 혹은 오명으로 인한 상실을 경험한 아동과 십대를 위해 사용할 수 있는 전략과 상담 개입 방법을 제시한다.

비극적 상실

사례 연구 갑작스러운 죽음 - "난 작별 인사도 할 수 없었다고요."

  일곱 살 존과 열다섯 살 베키는 몇 달 전에 자동차 사고로 어머니를 잃었다. 아버지 조는 비탄에 빠져 오로지 자신의 일에만 몰입하였다. 그는 좀처럼 집에 있지 않았고, 아이들의 상실 문제를 다뤄 줄 만한 정서적 능력도 거의 없었다. 존은 할머니와 함께 대부분의 시간을 보낸 반면, 베키는 다양한 친구들과 함께 어울리고 있었다. 조부모는 아이들이 매우 걱정되었다. 그들은 베키가 약물이나 혼음과 같이 위험한 행동을 하기로 악명 높은 새로운 십대 친구 집단과 친해졌다는 것을 알게 되었다. 그들이 그녀에게 이것에 대해 대놓고 말하면, 그녀는 "할머니와 할아버지는 우리 엄마가 아니잖아요. 난 엄마가 없어요!"라고 소리 지르면서 자기 방으로 가 버리거나 친구들과 어울리기 위해서 집을 나갔다. 한번은, 사고가 일어나기 전에 베키가 어머니를 마지막으로 본 날의 참담한 심경을 할머니에게 털어놓았다. 베키와 그녀의 어머니는 싸웠고, 그녀는 어머니에게 심하게 말한 것을 후회한다는 것이다. 그녀는 "난 엄마에게 미안하다고 말할 기회가 없었어요. 이제 엄마는 절대 모를 거예요."라면서 울었다.

  반면, 존은 조부모에게 과도할 정도로 밀착하는 것처럼 보였으며, 잠들 때조차도 조부모 곁을 떠나지 못하였다. 그는 조부모도 죽어서 자신을 떠날까 봐 몹시 두려워하였다. 그는 특히 아버지에 대해 늘 걱정하였고, 아버지를 매우 보고 싶어 하였다. 자신이 어머니를 충분히 지켜주지 못했기 때문에 어머니가 죽은 것이라면서 자기 탓을 하였고, 이 때문에 아버지가 더 이상 자기 곁에 있어 주지 않는 것이라고 생각하였다. 조부모는 이 문제에 대해 아들과 이야기를 나눠보려 했지만, 그는 이 상황을 해결하고자 그들의 이야기를 들으려 하지도, 어떤 부탁을 하지도 않는 것처럼 보인다. 그들은 상담을 의뢰하였다.

사례 분석: 존

상실을 파악하기

핵심적 상실　존의 핵심적 상실은 어머니가 죽은 것이라 할 수 있다.

부수적·무형적 상실　존은 안정감, 안전감, 공평성, 순수함을 잃게 되었다. 그는 가족원을 잃었고(아버지나 누나 모두 신체적으로나 정서적으로 그에게 도움을 주지 않는다), 일상생활을 잃었다. 그는 자신의 일부분을 잃은 것이다. 부모-자녀 관계에서 존재해 왔던 것들에 대한 다수의 부차적 상실과 무형의 상실이 존재할 것이다.

내담자의 반응을 파악하기

인지적 반응　존은 자아중심적 사고와 마술적 사고를 하고 있다. 어머니의 죽음과 아버지의 잇따른 부재에 대해서 자신의 탓을 하고 있다.

행동적 반응　존은 수면에 어려움을 보이고 누군가에게 매달리는 등 퇴행적 행동을 보이고 있다.

정서적 반응   존은 두려움, 근심, 죄책감, 절망감 등의 감정으로
반응하고 있다. 또한 베키와 아버지가 자신을 떠나갔기 때문에 버
림받은 느낌과 고립감을 느끼고 있다.

사례 분석: 베키

상실을 파악하기

핵심적 상실   베키의 핵심적 상실은 어머니가 죽은 것이라 할 수
있다.

부수적·무형적 상실   베키는 안정감, 안전감, 공평성, 순수함을
잃었다. 그녀는 가족과 아버지를 잃었다. 다른 사람들이 가족에게
서 소속감을 느끼듯이 그녀도 그러기를 바랐지만, 그러한 기회를
잃어버린 것이다. 그녀는 자신의 일부분을 잃어버렸다.

내담자의 반응을 파악하기

인지적 반응   "당신은 나의 엄마가 아니잖아요."라는 진술은 베
키의 구체적 사고를 보여 주고 있다.

행동적 반응   회피, 자가 약물 투여 가능성, 애정 및 보살핌 추구

가능성, 난잡한 성관계 가능성은 물론 퇴행 행동을 나타내고 있다.

정서적 반응   두려움, 죄책감, 수치심은 베키에게 특징적으로 나타나는 정서적 반응이다. 이러한 감정들 각각은 심신을 약화시킬 수 있으며, 결과적으로 심각한 장애를 초래하게 된다.

Q 논의할 질문들

1. 갑작스럽고, 예상치 못했던 죽음을 다루는 경우 어떤 문제들에 봉착하겠는가?
2. 이러한 상황을 다루어 나가면서, 존과 베키의 조부모에게 어떠한 제안을 하겠는가?
3. 존, 베키와 어떻게 상담을 해 나가겠는가?
4. 상담 과정에 아버지를 어떻게 개입시킬 수 있겠는가?

상담자의 반응

이 경우, 조부모를 통해 사례를 의뢰받았지만, 상담 절차를 따르면 부모의 동의 없이는 미성년자를 만날 수 없다. 나는 전화나 이메일을 통해 아버지와 연락할 것이다. 상담 절차에 따라, 아버지의 직장이나 공공장소 등 상담실 밖에서라도 아버지를 만나려고 노력할 것이다. 아버지를 상담실로 오게 하는 것이 내게는 가장 큰 장애물이 될 것이다. 그가 겪은 상실은 엄청났을 것이다. 물론 아이들에게 미친 영향에 대해 의논할 경우, 일시적으로나마 고통과 괴로움이 더 커질 수 있다. 나는 그가 상실에 대해서 이야기를 나누는 최초의 사람일 것이기 때문에, 그가 자신의 감정에 대해 이야기할 수 있도록 도울 것이다. 아버지는 단지 부모일 뿐 아니라 '피해자' 임을 인식시키는 것이 중요할 것이며, 그가 상담자에게 터놓고 이야기할 수 있는지 탐색할 것이다. 상담 과정에 그를 참여시키고 연락하며 접촉하고자 부단히 노력해야 할 것이다. 조부모들과 대화를 나눔으로써 그들의 아들과 연락하는 데 도움이 될 수 있는 몇몇 정보들을 얻을 수 있을 것이다. 또한 그들이 계속해서 도움을 받을 수 있도록 몇몇 문헌과 유용한 웹사이트를 제공할 것이다. 더불어 그들이 상실로 고통받고 있음을 인식하고 그들을 존중할 것이다.

아버지가 자녀들과 상담하는 것을 허락한다면, 그래도 낙관적일 수 있을 것이다. 나는 존과 베키를 따로 상담할 것이다. 나이 차로 인해 나이와 관련된 문제도 달라지겠지만 이뿐만 아니라 이들의 인지적·정서적·행동적 발달 또한 크게 달라지기 때문이다. 존과 먼저 상담을 하고 난 후 이어서 베키와 상담을 하려 한다. 이들을 각각 상담하기에 앞서, 나 자신을 위해 임상 슈퍼비전을 받을 것이다. 한 어머니로서, 이러한 아이들과 상담할 때 내가 개인적인 반응을 나타내리라는 것을 알고 있다. 치료 기간 동안 나를 지지해 줄 사람이 없다면, 어쩌면 비윤리적이고도 비전문적으로 상담할는지도 모른다. 이를 통해 아이들에게 충분히 도움이 되는 상담자가 될 수 있을 것이다.

존의 나이, 존이 겪었던 엄청난 상실들, 그의 현재 상태를 고려하여, 나는 인간 중심적인 놀이치료적 접근을 사용할 것이다. 우선, 상담은 점진적 과정으로 진행할 것이다. 상이한 접근을 이용하여 상담을 급하게 진행하는 것은 존에게 적절치 않아 보인다. 놀이치료를 통해 존 자신의 방식대로, 그리고 존 자신의 속도에 맞추어 나아갈 수 있는 기회를 제공할 것이다. 인간 중심적 태도를 취함으로써, 존이 원하는 대로 치유해 나갈 수 있도록 할 것이다. 존에게는 자신의 문제를 스스로 해결할 수 있는 힘이 있다고 믿는다. 따라서 그는 상담실 안에서 자신이 필요한 상황과 방법으로 자신이 원하는 것을 할 수 있을 것이며, 자신에게 가장 적합한 방식으로 애도하며 치유할 것이다.

이러한 접근이 간단해 보일지 모르지만, 아동 중심적 놀이치료로 수련을 받은 사람들 모두가 이렇게 할 수 있는 것은 아니다. 존은 자신의 고통을 드러낼 것이며, 분노, 퇴행, 그리고 다양한 감정들을 내게 표현할 것이다. 웨브(Webb, 2003)가 설명하였듯이, 불치병이나 장애로 갑자기 죽음을 맞이한 경우, 생존자들은 죽은 사람과 재회하길 간절히 바란다. 나는 아동 중심적 접근을 바탕으로 하여 상담을 진행할 것이며, 이를 통해 존은 자기 스스로가 종결시점을 결정할 수 있을 것이다. 이로서 존은 자기 자신에 대한 전문가가 될 수 있을 뿐만 아니라, 치료 관계에서의 상실을 스스로 통제할 수 있을 것이다.

존의 사례와 마찬가지로, 베키와의 상담 역시 베키의 속도에 맞추어 진행할 것이다. 서두르지 않을 것이며, 베키가 나로 인해 부담스러워하지 않길 바란다. 나는 베키가 자신의 방어기제를 사용할 수 있도록 도울 것이다. 그녀는 방어기제를 활용함으로써 절망하지 않고 잘 기능할 수 있을 것이다. 그녀가 말하고 싶어 하든 그렇지 않든 간에 그녀가 이끄는 대로 따라갈 것이다. 그녀가 이야기하고 싶은 것이면 무엇이든지 모두 이야기할 수 있으며, 어머니에 대한 이야기나 자신이 겪었던 상실에 대해 말하지 않아도 된다는 것을 알려 줄 것이다. 그녀와 직접 이야기하진 않더라도, 대안적 방법으로 모래놀이치료를 이용하여 그녀의 관점과 경험에 대해 소통하려 한다.

베키를 존중해 주는 것이 중요한 상담 목표라 하겠다. 그녀와 신뢰 관계를 형성하고, 그녀의 관점에서 이야기를 나눌 것이다. 그녀가 위험한 행동을 하고 있기 때문에 가족이 걱정하고 있다는 것을 베키에게 분명하게 말해 줄 것이다. 하지만 그녀가 자신이나 누군가를 해치지 않거나, 누구도 그녀에게 해를 입히지 않는다면, 그녀의 행동에 대해 다룰 필요가 없다는 것 역시 분명히 말해 주려 한다. 그녀가 겪는 것들에 대해서 그녀를 걱정하고 있는 사람들과 함께 의논하지 못하게 하려는 것이 아니다. 다만, 그녀가 내게 허락하지 않거나, 내게 보고받아야 할 권한이 있지 않는 한은 개입하지 않겠다는 것이다.

그녀의 동생과 상담을 종결한 것과 다르지 않게, 그녀가 떠날 준비가 되었을 때 내게 단서를 주거나 분명하게 말하도록 할 것이다. 존의 경우와 마찬가지로, 그녀가 통제할 수 있는 상실에 대해서는 그녀 스스로가 결정할 수 있도록 기회를 주려는 것이다. 작별 인사를 위한 의식으로, '추억의 상자 만들기' '엄마에게 하늘로 풍선 날리기' 등은 두 아이 모두에게 또는 한 명에게라도 적합할 것이다 (11장 참조).

자연재해 - "다시는 안전하지 않을 거예요."

여덟 살 호간은 최근에 화재로 집이 불탔다. 불이 난 직후 그는 쇼크 상태에 빠졌다. 그의 최대 관심사는 자신의 고양이가 잘 있는지였다. 그때 이후, 그는 엄청난 상실을 겪었다. 더 괜찮은 영구주택을 찾거나 집을 지을 수 있는 보험금이 지급될 때까지, 그는 부모와 함께 여관에서 지내야 한다. 호간은 더 이상 안전함을 느낄 수 없다고 말하고 있다. 방과 후 돌봐주는 보모가 예전에 살던 거리에 살고 있기 때문에, 그는 예전에 살던 다 타버린 집을 매일 지나다녀야 한다. 지난주에, 그는 그 집을 지나치지 않으려고 크게 돌아서 더 먼 길로 돌아왔지만, 보모 집의 현관과 창문을 통해서 여전히 그 집을 볼 수 있었다. 그는 창문 쪽을 바라보지 않으려 했고, 학교와 아파트, 부모의 집에서도 모든 전선, 콘센트, 전기기구 등을 매우 예민하게 체크하고 다녔다. 자기 집에서 난 불이 전기에 의한 화재로 추정되었기 때문이다. 그는 종종 악몽을 꾸었고 부모가 침실에 있는지 밤마다 몇 번이고 확인하였다. 고양이도 자기가 볼 수 없는 곳에는 두지 않으려 하였다. 그는 불에 대해 이야기하지 않으려 했지만, 아끼는 테디베어와 침실 벽에 붙어 있는 포스터를 가지고 나왔어야 했다고 한두 번 언급하였다. 자기가 더 빨리, 더 분명히 생각해 내지 못했다며 자책하였고, 다시는 이러한 일이 일어나지 않도록 하겠다고 맹세하였다. 또한 어디에서건 간에 더 이상은 안전하게 느낄 수 없다고 말하고 있다. 그의 부모는 호간이 상담을 통해 도움받을 수 있을 것이라 여기고 상담을 결심하였다.

사례 분석

상실을 파악하기

핵심적 상실　호간의 핵심적 상실은 집과 물건을 잃은 것이라 할 수 있다.

부수적·무형적 상실　집에서 느낄 수 있는 안전함, 편안함, 친숙함을 잃은 것은 부수적 상실에 해당된다. 또한 호간은 화재나 그 밖의 재앙으로 물건과 살아 있는 것들 모두를 잃을 수 있음을 알게 되었다. 마지막으로, 그는 기념품과 추억들을 잃어버렸다.

내담자의 반응을 파악하기

인지적 반응　호간의 연령대의 아동에게 나타나는 전형적인 특성은 구체적 사고와 자기중심적 사고라 할 수 있으며, 이러한 사고는 호간의 행동적·정서적 반응들과 관련되어 나타난다. 그는 불안과 불안정감으로 인해 극도로 예민해져 있다. 그는 자신의 주변에 대해 지나치게 신경 쓰고 있으며, 주변의 상황들이 자신이 지각한 정보와 관련된 것인지 알아내느라 애를 쓰고 있는 것이다. 만일 이러한 외상 경험이 간과된다면, 집중의 어려움은 주의력 결핍의 문제로 드러나게 될 것이다.

행동적 반응　호간은 안전을 확인하는 것에 강박적이기 때문에,

수면 문제, 악몽, 주의집중 문제를 겪고 있다.

정서적 반응　호간이 느끼고 있는 두려움은 복합적이라 할 수 있다. 그는 일어난 일에 대해서, 그리고 앞으로 일어날 일에 대해서 염려하고 있다. 또한 죄책감, 압도당한 느낌, 초조함, 불안감을 느끼고 있다.

Q 논의할 질문들

1. 자연재해와 관련된 상실이 독특하면서도 어려운 이유는 무엇인가?
2. 호간이 상실에 대처하고 안정감과 통제감을 획득할 수 있도록 돕기 위해 어떻게 상담을 진행하겠는가?
3. 상담 과정에서 호간의 부모를 어떻게 도울 수 있겠는가?

상담자의 반응

여러 가지 이유로 볼 때, 호간은 상담에서의 예후가 좋다고 할 수 있다. 화재로 상처받은 것이 최근의 일이며, 상실이 사람과 관련되어 있지 않고, 상담도 받을 예정이기 때문이다(Maxmen & Ward, 1995). 호간은 상담을 통해 자신의 경험을 이야기하거나 표현하게 될 것이며, 그가 통제할 수 없었던 상실에 대해 다루고, 안정을 취할 수 있을 것이다. 호간이 언제, 어디서, 어떻게 대처할지 예측할 수 있도록 해 주는 것은 매우 중요하다. 일관성 있는 태도는 우리가 함께 작업하는 데 기본 전제가 될 것이다. 일관성이 없다면, 그가 상담 과정에 참여하면서 충분한 안전함을 느끼지 못할 것이기 때문이다.

앞서 언급한 측면들은 매우 중요한 호간의 상실이며, 이에 대해 반드시 부모에게 알려 주어야 할 것이다. 뿐만 아니라, 이들이 경험한 상실이 화재와 관련되어 있음을 반드시 기억해야 할 것이다. 몇 회기는 가족 상담으로 진행하는 것이 적절해 보이며, 호간의 개인 상담 회기에 덧붙여서, 가족 상담도 함께 진행할 수 있도록 준비할 것이다. 여기에 추가적으로, 부모로 하여금 개인 상담을 받도록 하는 것도 좋은 시간이 될 수 있을 것이다.

놀이치료를 통하여 호간은 현실을 바탕으로 한 일관성과 통제감을 획득할 수 있을 것이다. 상담 회기마다 호간은 대부분의 것들을 동일하게 기대할 수 있을 것이다. 하지만 어떤 장난감들은 깨져 있기도 하고, 또 어떤 것들은 잘못된 자리에 있기 때문에 치워 버리기도 한다. 따라서 그는 놀이치료실 그 자체로 불안정감을 느낄 수도 있고 통제감을 잃을 수도 있을 것이다. 그는 감정에 압도되지 않고서 다양한 방법을 통해 이렇듯 힘든 감정들에 대처할 수 있을 것이다. 또한 놀 수 있는 기회도 갖게 된다. 호간은 외상을 겪으면서 어른으로서의 책임감과 역할들을 갖게 된 것이다. 놀이치료실 안에서, 그는 자신의 경험에 대해 이야기하기보다는 어린아이가 되어 놀 수 있을 것이다.

상담 개입 방법의 일부분으로, 나는 심상기법을 이용하여 호간이 상상을 통해 이전에 살던 곳으로 나를 안내하도록 할 것이다.

호간에게 감각을 총동원하여 상세히 설명하도록 요청할 것이며, 호간이 나를 안내해 줄 것이다. 각각의 방을 둘러본 다음, 호간(또는 가족)은 기억한 것을 나타내기 위해 모래 안에 어떤 그림을 그리거나 무엇인가를 만들 것이다. 집을 다 둘러보고 나서(11장 참조), 화재로 없어진 기념품을 부분적으로 대체하기 위해서 추억의 책을 만들 수 있을 것이다. 이러한 활동들을 통해 호간은 예전의 기억들을 재현할 수 있을 뿐만 아니라, 새로운 것들을 간직할 수 있게 된다.

오명으로 인한 상실

사례 3   살인 – "그냥 죽은 것보다 훨씬 더 끔찍해요."

게일은 이 지역과 학교에 처음 왔다. 그녀는 4학년이 되기 전 여름에 이 동네로 이사 왔다. 이곳은 작은 지역으로, 그녀의 아버지는 "여기서는 모두가 서로 알고 지내는 것 같아요."라고 말했다. 아버지는 편부이며, 게일에게는 쌍둥이 여동생인 린다가 있다. 린다는 작은 시골 마을에서 이사 온 이후에 잘 적응하였다. 하지만 게일의 아버지 말에 따르면, 게일은 그렇지 못했다.

게일은 유약한 아홉 살 아동이다. 그녀는 종종 두통과 복통을 호소하곤 했다. 새로운 학교에서 친구를 사귀지 못했고, 계속해서 여동생과 싸우고 있었다. 게일은 2년 전 어머니가 죽은 이래 "나빠지고 있다."고 아버지는 말하였다. 게일의 가족은 함께 상담을 받으러 가서 계속해서 치료를 받고 있다.

게일의 아버지에 따르면, 처음에는 게일 어머니의 죽음이 사고인 줄 알았는데(게일의 어머니는 아침에 그녀를 데려다주다가 차에 치었다), 실제로는 살인을 당한 것으로 밝혀졌다는 것이다. 소녀들은 피고 측 변호사였던 자기들의 어머니가 이전 고객에 의해 고의로 차에 치였다는 것을 알고 있었다. 사실, 가족이 이사한 데에는 언론 보도를 피하기 위한 이유도 어느 정도는 있었는데, 그것은 일상생활에 지장을 초래했다.

사례 분석

상실을 파악하기

핵심적 상실 게일의 핵심적 상실은 그녀의 어머니가 비극적인 상황에서 죽은 것이다.

부수적 · 무형적 상실 어머니의 죽음을 둘러싸고 몇 가지 부수적 상실과 무형적 상실을 경험하였다. 그녀는 집을 비롯하여 지역에서의 공동체 의식을 상실하게 된 것이다. 사생활 또한 빼앗기게 되었다. 그녀는 자신의 상황을 통제할 수 있는 힘을 잃었기 때문에 안정감을 잃고 안심할 수 없게 된 것이다.

내담자의 반응을 파악하기

인지적 반응 게일은 여러 가지로 혼란스러워할 것이다. 그녀는 어머니의 죽음에 대해 다소 책임감을 느낄 것이다. 이것은 이 또래

아이들에게 전형적인 반응이기 때문이다. 안전함을 느끼지 못하며, 편안함을 느끼기 위해서는 집에 있어야 한다고 생각할 것이다.

행동적 반응　게일은 여동생과 다투고 있다. 그녀는 종종 신체화 증상(두통과 복통)을 나타내고 있으며, 또래와의 사회 활동에도 참여하지 않고 있다.

정서적 반응　게일은 여러 가지 감정들을 느끼고 있을 것이다. 아마도 그녀는 매우 겁에 질려 있는 것 같다. 또한 어머니를 죽인 범인에 대해, 심지어는 어머니를 보호해 주지 못한 아버지에 대해서도 분노를 느낄 것이다. 게일은 매우 우울해 보인다.

Q 논의할 질문들

1. 게일의 어머니가 죽은 방식은 상담 개입에 어떻게 영향을 미치겠는가?
2. 게일 어머니의 죽음에 대해서 게일에게 어떻게 알려 주어 이해시킬 수 있겠는가?
3. 아동의 상황으로 인해 당신의 감정이 고양될 경우 이를 어떤 식으로 해결해 나가겠는가?

상담자의 반응

　살인으로 부모를 잃게 된 아동을 다루는 과정에서는 여러 가지 심각한 문제들이 나타나게 된다. 살인은 언제나 예기치 않게 일어나며, 아동은 죽음을 준비할 수 없기 때문에 상담에서는 이러한 갑작스러운 상황을 의미 있게 다루어야 한다. 아동은 아마도 상실한 부모에 대한 미해결 과제를 갖게 될 것이다. 이러한 아동은 작별 인사를 고할 기회도 갖지 못했으며 엄청난 충격과 외상을 경험할 것이다. 또한 살인과 같은 경우에는 예컨대 경찰과 함께 일을 처리해야 하거나, 마당에 언론사들이 진을 친다거나, 학교에서 사람들이 이것저것 물어보는 등 대단히 충격적인 결과들이 잇따르게 된다. 살인을 둘러싼 많은 소문과 소곤거림이 있겠지만, 다들 직접적으로 대화하지는 않는다. 사람들은 희생자의 가족과 함께 이 일에 대해 이야기하는 것을 불편해하기 때문에 그들을 피하게 되며, 결과적으로 가족의 고립감은 커지게 된다.

　게일은 어머니의 살해로 몇 가지 상실들을 경험하였다. 그녀는 새로운 지역과 새로운 학교로 옮겨 왔다. 그녀는 지지 자원을 잃게 된 것이다. 게일의 아버지는 아마도 자신의 상실 및 잇따른 법률 문제들을 처리하느라 바쁠 것이고, 가족을 부양하고 편부라는 새로운 역할에 적응하느라 정신없을 것이다. 게일은 안정감을 느끼지 못하는 것에 대해 신체화 증상을 통해 이야기하고 있는 것이다. 신체화는 게일이 고통스러워하는 상태, 즉 외상 후 스트레스 장애(post traumatic stress disorder: PTSD; Maxmen & Ward, 1995;

Worden, 1996)에서 나타나는 전형적 특성이라 할 수 있다. 그녀는 새로운 사람들과 함께 낯선 장소에 있다. 그녀는 에너지가 거의 없으며, 또래관계를 형성하고 싶지도 않을 정도로 우울해 보인다. 화를 잘 내는 것은 우울한 아동에게서 나타나는 전형적 증상이라 할 수 있다(Maxmen & Ward, 1995). 간단히 말해서, 그녀는 도움이 절실해 보인다.

게일과의 상담에서는, 여느 다른 우울한 아동을 상담할 때와 마찬가지로, 현재 자살에 대한 생각을 전혀 하고 있지 않은지 확인하기 위해 치사성 평가를 실시해야 할 것이다. 아버지 자신과 아이들을 위해 가족치료를 받는 것에 대해 지지해 주어야 한다. 하지만 어머니의 죽음에 대한 혼란스러운 감정을 탐색하고 표현할 수 있도록 게일에게 개인 상담도 권유할 것이다. 시 또는 편지를 쓰거나, 어떤 종류의 의식을 치름으로써, 어머니에게 작별 인사를 할 수 있는 기회를 갖는 것이 게일에게 도움이 될 것이다. 또한 그녀가 준비되었을 때, 어머니와 그녀와의 관계를 기억하여 기념할 수 있는 방법을 찾도록 돕고자 한다. 중요한 기념물을 담은 스크랩북을 만들어 볼 것을 제안할 것이다(11장 참조). 또한 게일의 안전에 대한 욕구를 중요하게 다루어야 할 것이다. 그녀는 위협감을 느끼거나 자기 또한 어머니처럼 살해될 것이라 여길 수도 있다. 이러한 감정들을 언어로 표현한다면, 그녀는 자신을 사로잡을 듯했던 무서움을 덜 느낄 수 있게 될 것이다. 게일에게는 애정 어린 보살핌과 안정감을 느낄 수 있는 기회가 필요한 것이다.

자살 – "자살할 것을 알았어야 했어요."

마리아는 라틴계 여학생으로 열여섯 살이다. 그녀와 친한 친구였던 타냐가 최근에 약물 복용으로 자살하였다. 그때 이후로 마리아는 실의에 빠졌다. 그녀는 타냐가 자살하리라는 몇몇 조짐을 눈치챘기 때문에, 그녀의 죽음에 대해 자책하였다. 또한 그녀가 자살하면서 적어 놓은 쪽지에는 그녀가 매우 외롭다고 적혀 있었다. 마리아는 자신이 좀 더 좋은 친구였더라면 타냐가 그렇게 외로움을 느끼지 않았을 것이라고 믿고 있다. 한편, 인정하고 싶지는 않지만, 마리아는 타냐에게 화가 나기도 한다. 결국, 죽은 친구에게 화내는 것은 나쁜 사람인 것이다. 그녀는 타냐가 자신에게 비밀을 털어놓지 않고서 세상에 대고 자신의 뜻을 내비친 것에 대해 부아가 나는 것이다. 만약 그때 실제로 자기가 거기에 있었더라면, 친구를 위해 그 어떤 것이라도 다 했을 것이다. 또한 그녀는 타냐의 영혼이 걱정되었다. 가톨릭 교리에 따르면, 자살은 용서받지 못할 죄로서 타냐의 영혼은 지옥으로 떨어져서 영원히 저주받을 것이기 때문이다. 그녀는 가족과 이웃이 모여서 속닥이는 것을 들었고, 신부님이 대중 앞에서 자살을 주제로 강연하는 것을 분명히 들었다. 자신의 친구가 벌을 받는다고 생각하면 슬프고 무기력해지며, 이러한 생각들 때문에 자신의 믿음에 대해서도 의구심이 들었다. 만일 교회가 타냐를 위해 존재했다면, 그녀가 이렇게까지 무기력을 느끼지는 않았을 것이다. 하지만 마리아는 아무에게도 자신의 감정을 털어놓을 수 없었다. 왜냐하면 자신의 생각이 가족에게 신성모독적인 것으로 보일 수 있음을 알았기 때문이다. 최근, 마리아는 슬픔과 무력감을 느끼기 시작했고, 종종 몇 시간 동안 슬픈 음악을 들으면서 방 안에 가만히 있곤 한다.

사례 분석

상실을 파악하기

핵심적 상실   마리아의 핵심적 상실은 친구의 죽음이라 할 수 있다.

부수적 · 무형적 상실   핵심적 상실에 더하여, 마리아는 안정감과 능력 및 통제감 역시 상실하였다. 그녀의 신앙, 믿음, 교회와의 관계, 종교적 신념과의 관계, 가족 및 주민과의 관계는 타냐의 자살로 인해 큰 영향을 받게 되었다.

내담자의 반응을 파악하기

인지적 반응   마리아는 자기중심적으로 반응하고 있다. 또한 자신의 현재 신념체계에 대해서, 그리고 그것이 '현 생활'에 어떻게 적용되는지에 대해서 의문을 갖고 있으며, 신앙, 종교, 친구의 자살에 대해 반추하고 있을 것이다. 이러한 증상들을 통해서 마리아의 경험이 외상 수준에까지 이르렀음을 알 수 있다(Terr, 1995).

행동적 반응   마리아는 친구의 자살로 인해 자책하고 있으며, 일체의 관계를 끊고 있다. 인지적 반응과 관련하여, 그녀는 자신을 고립시켜야만 죽거나 슬프지 않을 것이라 믿고 있는 것 같다.

정서적 반응   마리아는 죄책감, 분노, 걱정, 외로움, 슬픔, 배신감, 두려움(타냐의 영혼에 대하여), 혼란스러움과 같은 감정을 느끼고 있다. 정서적으로 볼 때, 그녀에게서 정체감의 핵심이라 할 수 있는 신념체계가 도전받고 있는 것이다.

Q 논의할 질문들

1. 십대의 자살로 비통해하는 내담자와 상담할 때에 어떠한 위험들과 문제들을 고려해야 하는가?
2. 마리아의 문화와 종교는 그녀가 겪은 상실에 어떠한 역할을 하고 있으며, 그녀가 속한 문화를 고려하여 어떤 식으로 상담을 진행하겠는가?
3. 당신은 상담자로서 마리아와 어떻게 상담을 진행할 것인가?

상담자의 반응

관계, 또 관계 그리고 또 관계다. 현재 마리아는 자신의 가족, 지역사회 또는 교회와 공감대를 형성하지 못하고 있다. 타냐의 자살은 그녀의 신념체계, 특히 정체감을 확인하는 데 촉매제가 되었기 때문에, 그녀는 심지어 자기 자신에게도 단절된 느낌이 들게 된 것이다. 마리아와 관계를 구축하는 것은 중요한 열쇠라 할 수 있다. 그녀는 타냐, 가족 그리고 자신의 종교로부터 이미 배신을 당했다고 느끼기 때문에, 상담의 관계 형성에 특히 신중을 기해야 할 것이다. 그녀로부터 신뢰감을 얻는 것은 중요하다. 마리아의 자살 사고를 평가하는 것 역시 당연한 과정일 것이다. 소머즈-플래너건과 소머즈 플래너건(Sommers-Flanagan & Sommers-Flanagan, 1995)에 따르면, 마리아는 최근에 겪은 친구의 자살, 사회적 지지 자원의 부족 등의 상실 외에도 수많은 위험 요인을 갖고 있다.

나는 반영적 경청 기법을 통해 마리아가 자신의 경험을 나눌 수 있도록 할 것이다. 이러한 기법들을 사용하여 마리아에게 공감, 긍정적 관심, 수용적 태도를 보여 줄 것이다. 이러한 철학을 바탕으로 하여 개입하겠지만, 치유 과정에서 마리아에게 지시적 태도와 입장이 중요하다고 생각한다면 그러한 입장을 취하기도 할 것이다.

마리아와 내가 종교적·인종적으로 공유할 수 없는 부분들이 있기 때문에, 내가 따로 공부할 필요가 있을 것이다. 전문 서적을 통해 자문을 구하기도 할 것이지만, 그녀에 대해서 내게 가르쳐 달라고 마리아에게 부탁하려 한다. 어떤 내담자도 나와 똑같은 문화를 가졌다고 생각하지 않는다. 나는 언제나 상담 관계 안에서 배우는 사람이다. 나는 문화와 관련된 사안에 대해 의논하고자 이렇게 말할 것이다. "우리는 문화적 배경은 같지 않지만, 내게 마리아에 대한 모든 것들을 말해 준다면 너를 신뢰할 수 있을 것 같구나." 또한 종교에 대해 느끼고 있는 혼란스러움에 대해 이야기하는 것 역시 중요할 것이다. 어떤 상담자는 타냐가 지옥에 가지 않을 것이라고 이야기하면서, 종교적 문제에 대해 논쟁하고자 할 것이다. 이와 같이 이야기하는 것은 그 의도는 좋을지라도, 뿌리 깊게 박힌 그녀의 종교적 신념을 과소평가하는 셈이 된다. 종교적 질문과 영적 질문에 정보를 주고 위로해 주며, 편안함을 줄 수 있는 사람을 지역에서 찾을 수 있도록 그녀를 도울 것이다. 그녀가 궁금해하는 것에 대해 지역의 성직자, 교회의 젊은 사역자, 또는 평신도들이 답을 해 줄 수도 있을 것이다. 하지만 상담 과정에서는 그녀가 가지고 있는 종교적 신념에서의 두려움과 의문점들에 대해 탐색해 나가려 한다.

이 사례에 따르면, 마리아의 상실은 상당 부분 자신이 혼자라는 경험을 한 것에서 비롯된다. 나는 가족과 친구들을 상담 회기에 데려오도록 권할 것이다. 물론 그녀의 친구들이 미성년자라면 그들을 치료 과정에 참여시키기 전에 부모의 동의를 구할 것이다. 여기서 나의 치료 목표는 다면적이라 할 수 있다. 첫째, 마리아가 신체적으로 혼자라는 인식을 변화시켜 주려 한다. 둘째, 마리아가 정서적으로 지지받고 있음을 이 특별한 상담 방식을 통해 보여 줄 수 있을 것이다. 그녀는 자신에게 중요한 사람들과 다시 연결될 수 있을 것이다. 자살이라는 것은 사람들로부터 지탄을 받는 상실이라 할 수 있으며 여전히 금기시되고 있는 것이다. 마리아가 자신의 인생에서 중요한 사람들과 함께 자살에 대해 이야기할 수 있는 기회를 가질 수 있다면, 친구에 대한 오명은 줄어들 수 있을 것이다. 만일 마리아가 만나는 사람들이 타냐의 죽음에 대하여 낙인을 최소화할 수 있다면, 마리아는 자신의 친구에 대해 충분히 애도할 수 있을 것이다. 왜냐하면 그녀는 자살한 사람들을 위한 애도 방식에 제한을 두지 않을 것이기 때문이다. 이것이 마리아와의 상담 과정을 총망라한 나의 의견이다.

사례
5

학대와 피해 – "너무 얌전한 척하더니."

열세 살 스테이시는 최근에 아주 엄청난 어려움을 겪었다. 지난주에, 그녀는 여자 화장실에서 한 남자아이와 구강성교를 하다 걸려서 정학처분을 받았다. 스테이시의 어머니는 스테이시에게 상담이 필요할지 알아보기 위해 전화하면서 어쩔 줄 몰라 했다. 어머니는 말하길, 스테이시는 지금 너무도 당황스러워하고 있으며, 이사를 가서 홈스쿨링을 시킬지 고민 중이라는 것이다. 그녀의 어머니는 딸이 성적으로 문란한 것 같은 느낌이 든다고 하였다. 왜냐하면 어느 날 스테이시의 청바지에서 한 남자아이에게서 받은 쪽지를 발견했기 때문인데, 거기에는 성관계를 넌지시 내비치는 내용이 담겨져 있었다. 스테이시의 어머니는 즉시 딸에게 걱정되는 마음을 전달해 주려 했지만, 그녀는 점차 공격적으로 변해서 자기 방을 엉망으로 만들어 놓았다. 그녀의 어머니는 뒷걸음질 쳤다. 그녀의 어머니는 작은 목소리로, "내가 너를 지켜주었어야 했는데……."라고 말하였다. 그녀는 자기가 말한 것의 의미를 설명하진 않았지만, 상담자로서 당신은 이러한 진술이 과거의 학대에 대한 단서라는 것을 알아야 할 것이다.

스테이시는 여기선 문제될 것이 없어 보였다. 그녀는 주로 구강성교를 즐겼으며, 남자아이들이 그녀에게 그것을 하자고 이야기하지 않을 때 '약간' 상처가 될 뿐이다. 그녀는 그들을 즐겁게 해 주는 것에 정말로 흥미가 있다. 스테이시는 자신이 남자아이들과 1년 이상 '놀아났다.'는 것을 인정하였고, 심지어 지난달에는 며칠 동안 고등학교 선배들과 사귄 적도 있었다고 하였다.

사례 분석

상실을 파악하기

핵심적 상실   스테이시의 핵심적 상실은 자신의 신체를 통제하고 경계를 설정할 수 있는 능력을 잃은 것, 그리고 자신감을 잃은 것이라 할 수 있다.

부수적·무형적 상실   스테이시는 여러 가지 부차적 상실과 무형의 상실들을 경험하고 있다. 그녀는 순진함과 안정감을 상실하였다. 더 이상은 자신의 어머니가 자신을 보호해 줄 수 있다고 여기지 않는다. 스스로를 성적 대상으로 여기고 있으며, 그러한 이미지로 스스로를 내면화한 것이다.

내담자의 반응을 파악하기

인지적 반응   스테이시는 자기의 감정을 인지적으로 차단시킨 것 같다. 공격적·성적으로 행동화한 것을 제외하고는 아무것도 잘못한 것이 없다고 여기고 있다. 과거에 자신이 경험한 성적 학대에 대해 억압하거나 부인하고 있는 것 같아 보인다.

행동적 반응   스테이시는 자기가 유일하게 할 수 있는 것이 남자아이들에게 즐거움을 주는 것이라 여기고서 자신의 감정, 욕구, 소망은 중요하지 않게 여기고 있다. 그녀는 모든 것이 괜찮다고 말하고 있지만, 누군가가 그녀의 행동에 대해 지적하면 폭발한다.

정서적 반응 　스테이시는 고통스러워하고 있다. 그녀는 가장 깊숙한 감정을 숨긴 채 마치 자신의 인생을 다 알고 있다는 듯 행동하고 있다. 망연자실해 보이는 외양의 저 안쪽으로는 분노, 고통, 상처가 존재할 것이며, 희생양이 되었던 자신에 대해 깊은 절망감까지 느끼고 있을 것이다. 그녀는 자신에게 일어난 일들에 대해 스스로를 비난할 것이다. 그녀는 남자아이들과 어떻게 관계를 맺어야 하는지에 대해 알지 못한 채 혼란스러워할 것이다.

Q 논의할 질문들

1. 스테이시가 성적 행동을 하기에 너무 어리다고 생각한다면, 스테이시의 상담자로서 당신의 역할을 어떻게 조정해 나가겠는가?
2. 스테이시나 그녀의 어머니 모두 과거의 학대 사실에 대해 꺼내 놓지 않는다면 당신은 이것에 대해 어떠한 식으로 이야기할 수 있겠는가?
3. 스테이시가 당신에게 꺼내 놓은 문제는 무엇인가? 당신은 자기 자신을 어떻게 돌보겠는가?

상담자의 반응

스테이시의 상담자로서, 그녀가 옳지 않다거나 난잡하다는 식으로 그녀 또는 그녀의 행동을 판단하거나 규정짓지 않는 것이 중요하다. 스테이시는 자신에게 어떤 일이 일어났는지 이해하기 위해 애쓰고 있다. 스테이시, 또는 성적으로 학대당한 아동과 상담을 할 때 가장 중요한 측면은 타인에 대한 불신을 극복하도록 하는 것이다. 스테이시는 자신을 보호해 주었어야 하는 사람에 의해 심하게 상처를 입었기 때문에, 그녀와 신뢰관계를 구축하고 라포를 형성하는 것은 간단하지 않을 것이다. 나는 그녀가 자신의 과거 경험에 대해 이야기하도록 급하게 몰고 가지 않을 것이다. 그녀는 자신을 충분히 보호하고 있는 것이며, 그녀가 정서적으로 고통을 다시 겪을 준비가 되기 전까지는 그녀의 방어기제를 무너뜨리고 싶지 않기 때문이다. 대신, 상담을 통하여 그녀의 자아에 대한 인식을 증진시켜 줄 것이다. 학대로 인해 탈선될 수밖에 없었던 그녀의 희망과 꿈들을 재발견하도록 도울 것이며, 그녀의 강점과 재능에 대해 탐색하려 한다. 그녀의 시각에서 바라본 성과 인간관계에 대한 생각들을 논의할 것이며, 실제로 건강한 관계가 어떠한 것인지에 대해 교육시키려 한다. 그녀가 친구들, 어머니와 다시 연결될 수 있도록 도울 것이며, 그들 간의 의사소통을 촉진시켜 주려 한다. 얼마간은 스테이시만을 대상으로 상담을 진행한 후에 가족치료 또는 적어도 몇 회기에 걸쳐 공동 치료를 진행하려 한다. 자기 자신에 대해 이해하는 과정을 통해서 그녀가 준비되었다면, 학대받을 때의 감정들에 대해 탐색해 나갈 수 있을 것이다. 요약하면, 그녀가 평가되지 않은 채로 두려움 없이 자유롭게 자기를 표현할 수 있는 안전한 장소를 제공해 줄 것이다.

사례
6

부모의 수감 – "나는 범죄자가 아니에요."

열 살 소년 제시는 지난달에 자신이 약 1년 정도 외숙모와 지내야 한다는 것을 알게 되었다. 제시의 어머니는 사기죄로 1년 형을 선고받았다. 제시는 외숙모 집으로 옮겨서 사촌 로버트와 한방을 쓰는 방법 말고는 다른 도리가 없었다. 그는 로버트를 좋아했고, 그들은 사이좋은 친구였다.

제시는 지난주에 복통을 호소하며 학교에서 돌아와 외숙모의 집으로 갔다. 다음 날에도 여전히 아프다고 울면서, 학교에 가지 않았다. 그다음 날에 그는 학교에 나갔고 정학을 당했다. 그는 버스에서 몸싸움을 했다. 그가 말하길, 어떤 아이가 어머니를 '죄수'라고 불렀다는 것이다.

제시의 외숙모는 어쩔 줄 몰라 했다. 제시는 언제나 즐거운 아이였던 것이다. 그는 밝고, 사려 깊으며, 예의 바른 아이였다. 그녀는 자신이 이런 말썽꾸러기를 감당할 수 있을지 확신이 서지 않았다.

사례 분석

상실을 파악하기

핵심적 상실 제시의 핵심적 상실은 어머니의 수감이라 할 수 있다.

부수적·무형적 상실　자신이 살던 집에서 이사 온 것, 어머니의 수감을 둘러싼 혼란스러운 감정, 자신의 환경에 대한 통제감 상실 등이 제시에게 있어서 부수적 상실이다.

내담자의 반응을 파악하기

인지적 반응　제시는 혼란스러워하고 있다. 그는 자기 주위에서 어떤 일이 일어나고 있는지 정확히 모르고 있다.

행동적 반응　제시는 학급 친구의 놀림에 대해 공격적으로 대응하고 있다. 또한 신체화 증상인 복통을 보임으로써 자신의 불안에 반응하고 있다.

정서적 반응　제시는 혼란스럽고, 상처받았으며, 화나고, 불안해하고 있다.

Q 논의할 질문들

1. 상담자는 제시의 외숙모를 돕기 위해 어떠한 제안을 할 수 있겠는가?
2. 제시가 처한 상황에서 제시의 행동 양상에 대해 어떤 식으로 개입할 수 있 겠는가?
3. 제시의 어머니를 어떻게 개입시킬 수 있겠는가?

상담자의 반응

제시의 사례는 우리가 아동을 보호하고자 노력한 것이 의도치 않게 아동에게 해를 미칠 수 있음을 보여 주고 있다. 제시는 어머니의 수감에 대해 아무런 준비도 하지 못했다. 어머니의 범죄, 체포, 형 집행에 대해 그에게는 어떠한 정보도 제공하지 않았다. 종종, 가족은 아이들이 상처받을까 봐 염려하여 세세한 재판 내용들에 대해 비밀로 부치곤 한다. 하지만 대부분의 아동은 정보에 대해 간절히 알고 싶어 한다. 특히나 1년간 어머니 곁을 떠나 친척과 살아야 하는 것과 같은 엄청난 변화를 겪을 경우에, 아동은 다음에 무슨 일이 일어날지 예측하기 위해서라도 현재 무슨 일이 일어난 것인지 이해해야 한다. 제시에게는 정보가 필요하다. 그는 어머니에게 어떤 일이 일어났는지 이해할 필요가 있다. 편지, 전화, 방문 등을 통해 어머니와 계속적으로 접촉하는 것이 필요하다. 그가 더 일찍 준비했으면 좋았겠지만, 학급 친구들과 다른 사람들이 부정적으로 이야기하는 것에 대해 예견하고 이를 다룰 수 있도록 돕기에 그리 늦은 시간은 아닐 것이다. 부모의 수감은 아동에게 오명을 씌우는 것이라 할 수 있으며, 따라서 제시의 공격적 행동과 신체화 증상들도 예견된 것이라 할 수 있다.

제시와의 상담에서는 그의 어머니가 교도소에 간 것에 대해 질문하고 이야기를 나누는 것이 중요할 것이다. 제시의 감정을 그림으로 나타내도록 하거나 놀이로 표출하도록 하는 등의 기법들이 유용할 것이다. 부모의 수감에 대해 다룬 몇몇 좋은 책들 가운데 어린 독자에게 눈높이를 맞춘 책들이 있다. 데이비드 지팔디 (David Gifaldi, 2000)의 『한 가지는 확실하단다(*One Thing for Sure*)』와 모린 윗볼드(Maureen Wittbold, 2003)의 『부모가 수감된 것에 대해 이야기 나누자(*Let's Talk about When Your Parent Is In Jail*)』가 적합한 책이라 할 수 있다. 이와 같은 책들을 함께 읽음으로써 대화가 촉진되고 그 상황에 대한 감정들이 생겨날 수 있을 것이다. 제시에게 가장 필요한 것은 어머니가 계시지 않더라도 자신을 지지해 줄 수 있는 사람들이 변함없이 존재한다는 것을 아는 것이다. 제시의 외숙모와 상담을 하여, 제시의 혼란스러운 감정과 외관상 보이는 갑작스러운 행동들에 대하여 이해할 수 있도록 도울 것이다. 제시와 나는 제시의 가족과도 함께 상담을 진행하려 한다. 이를 통해 가족은 제시가 상실에 대처하도록 도울 수 있는 다양한 전략들을 모색할 수 있을 것이다.

독자를 위한 사례 연구

사만다는 더 이상 학교에 가고 싶어 하지 않는다. 그녀는 아침마다 구토 증상을 호소하고 있다. 오늘, 그녀와 어머니가 학교 가는 문제로 또다시 다투었을 때, 사만다는 "다시 학교로 돌아간다면, 나는 자퇴를 신청하고 집에 올 거라고요!"라고 말했다.

사만다에게 6학년은 특히나 어려웠다. 그녀는 생리를 시작했고, 강아지가 죽었으며, 옆집에 살던 열여섯 살인 사촌 제퍼리가 자살하였다.

사촌이 죽은 후에, 지역에서는 사만다와 가족 모두를 배심원으로 정하였다. 하지만 자살한 지 한 달 뒤에 유서가 발견되었고, 유서에는 자신이 동성애자였음을 밝혔다는 것이 소문으로 떠돌았다. 그때 이후로, 사만다가 견뎌야 했던 친구들의 괴롭힘은 좀처럼 수그러들지 않았다. 사만다는 제퍼리라는 말만 언급되어도 싫어지기 시작했고, 이 때문에 가족과도 약간의 갈등을 빚게 되었다. 제퍼리의 부모는 사만다가 더 이상 자기들의 집에 있기를 바라지 않는다. 사만다의 부모와 제퍼리의 부모 간에 균열이 점차 커졌고, 이것은 관련된 사람들 모두에게 엄청난 긴장을 유발시키고 있었다.

Q 논의할 질문들

1. 사만다에게 핵심적 상실과 부수적 · 무형적 상실은 무엇인가?
2. 상담을 하면서 사만다가 말하지 않으려 할 경우 이를 어떻게 다루어야 하겠는가?
3. 사만다의 상담자로서 당신은 어떠한 개인적인 문제들을 드러낼 것 같은가?

요 약

이 장에서는 아동 · 청소년이 특히나 비극적이고도 엄청난 충격을 주는 상실에 대처하도록 도울 수 있는 전략들을 제시하였다. 갑작스러운 죽음이나 자연재해로 인한 죽음과 같은 비극적 상실 사례를 제시하였고, 살인, 자살, 아동 학대, 부모의 수감 등과 같은 오명으로 인한 상실 사례를 제시하였다. 각각의 사례에 대한 상담 개입 전략 및 반응을 제시하였다.

일생 동안 지속되는 슬픔

10장 시간이 지남에 따라 슬픔이 어떻게 드러나는가

10장
시간이 지남에 따라
슬픔이 어떻게 드러나는가

　많은 사람이 믿고 있듯이, 슬픔은 시간이 흐른다고 해서 사라지는 것이 아니다. 슬픔은 커졌다 작아졌다를 반복하면서 변화하지만, 상실은 언제나 지속적으로 우리에게 영향을 미친다. 아동의 인지적·정서적 능력이 시간을 거듭하면서 발달하듯이, 아동·청소년과 상담하는 상담자는 오래된 상실에 대해 새로운 방식으로 이해할 수 있어야 할 것이다. 예를 들면, 다섯 살 아동은 할아버지의 죽음을 경험할 때도 죽음의 영속성에 대해 충분히 이해하지는 못할 것이다. 이 아동이 성장하고 할아버지가 다시는 돌아오지 못한다는 것을 이해하게 되면서, 그는 상실에 대해 새로운 방식으로 애도해야 하는 것이다. 부모나 그 밖의 양육자는 아동이 예전에 겪었던 상실과 현재 행동을 항상 연관지어 생각할 수 없다. 하지만 상담자는 이러한 가능성을 염두에 두어야 할 것이다. 이 장을 통해,

시간이 지남에 따라 슬픔이 어떻게 드러나는지에 대해 다룰 것이다. 아울러, 상실을 겪은 아동들과 상담을 하고 난 후, 부모와 상담자에게 상실 경험이 어떻게 되살아나는지에 대해 살펴볼 것이다.

복합적 상실의 영향 – "최후의 결정타"

열여섯 살 데이비드는 최근에 다른 지역에서 이 도시로 이사를 왔다. 그는 이사한 것이 좋지 않았지만, 그의 부모는 그가 새로운 환경에 쉽게 적응한 것에 대해 매우 기뻐하였다. 그는 몇몇 친구들을 사귀었고, 스포츠 활동 및 교내 밴드부 활동에도 적극적이었다. 일 년 전, 데이비드와 친했던 친구 한 명이 차가 미끄러지는 사고로 죽었다. 그때도 그의 부모는 그가 상실에 잘 대처하고 있는 것을 대견스럽게 여겼다. 그는 상여꾼으로 장례식 때 연설을 하였고, 친구를 기리는 의미로 나무를 심기 위해 학교 내에서 기념위원회를 조직하였다. 그의 부모에 따르면, 그는 그럭저럭 잘 지내는 것처럼 보였다. 약 두 달 전에, 데이비드의 여자 친구가 다른 남자아이를 만나기 시작해서, 그는 약 일 년 반 정도 만난 여자 친구와 헤어지게 되었다. 그는 여전히 잘 지냈다. 그와 여자 친구는 좋은 관계로 헤어져서 여전히 친구로 남아 있다. 3주 전 그가 농구 팀에서 탈락했을 때, 데이비드는 매우 낙담하였다. 그는 농구를 매우 좋아했지만, 그 일로 실망하기보다는 교내 대회에 참가하기로 결심하고서 매우 즐거워하였다. 이틀 전, 데이비드의 부모는 그가 옷장에 목을 매달아 자살 시도를 한 것을 발견하였다. 준비된 유서는 성적표가 붙여진 채로 침대 왼편에 놓여 있었다. 유서에는 자신이 기술 시험에 87점을 받아 정말 미칠 것 같으며, 부모를 실망시켜 죄송하다고 적혀 있었다. 다른 성적은 모두 95점 이상을 받았다. 데이비드의 부모는 어찌할 바를 몰라 했다. 그들은 성적으로 데이비드를 힘들게 한 적은 없었다. 도대체 데이비드는 무엇 때문에 이런 행동을 한 것인가?

논의

데이비드의 사례는 시간이 지남에 따라 여러 가지 상실들이 어떠한 식으로 축적되어 개인에게 영향을 미치는지 보여 주는 예라고 할 수 있다. 데이비드는 단기간에 걸쳐 심각한 상실들을 경험하였다. 이사를 하였고, 친한 친구가 죽었으며, 이별하였고, 농구 팀에서 탈락했지만, 여전히 좋아 보인다. 아동·청소년은 역경에 직면하였을 때 놀랄 만큼 회복력이 좋다. 어려움이 닥쳤음에도 불구하고 데이비드는 유연하게 대처하는 것 같아 보였다. 데이비드는 마음속 깊숙이 상실들을 쌓아 두고 있으면서도 별다른 애도 과정 없이 잘 지내고 있었지만, 데이비드의 부모는 이것에 대해 알지 못하였다. 이러한 이유로, 기술 과목의 성적은 데이비드에게 마지막 결정타가 된 것이다. 부모가 볼 때도, 이것은 특히나 데이비드가 이미 겪었던 비극적인 사건들에 비하면 그다지 중요한 사건도 아니었다. 따라서 그들은 데이비드의 방어기제가 무너졌을 때 이에 대비하지 못한 것이다.

하지만 상담자는 이러한 가능성에 대하여 알고 있어야 한다. 그것이 상실을 겪은 아동·청소년과의 상담에서 예방을 중요시하는 이유인 것이다. 학교 상담자는 친구가 죽고 난 후에 데이비드와 반드시 만나야 했던 것이다. 학교 상담자는 데이비드가 겪은 슬픔에 대해 애도 작업을 할 수 있도록 학교 밖에서 상담을 받게끔 부모에게 권유했어야 했다. 상담자는 또한 내담자가 경험한 최근의 상실과 과거의 상실들에 대해서 평가해야 한다. 이를 위하여 내담자와 함께 상실에 대한 도표를 작성해 보는 것이 특히 유용할 것이다. 이러한 방법을 통해, 상담자는 죽음, 이혼, 이사 또는 기타 가족의 사건들에 주목할 수 있을 것이다. 연대표를 작성하는 것 역시 유용한 평가 도구가 될 수 있다. 상담자와 내담자는 내담자의 출생부터 현재에 이르기까지, 내담자의 삶에서 일어났던 모든 중요한 사건들에 대해 함께 살펴보면서 연대표를 제작할 수 있다. 내담자는 이러한 도구를 통해 자신에 대해 폭넓게 탐색할 수 있을 것이며, 이로써 의미 있는 자기발견을 하게 될 것이다.

사례 2 슬픔의 시발점 – "나도 마땅히 엄마가 있어야 한다고요."

열다섯 살 아만다는 여섯 살 때 어머니가 암으로 돌아가셨다. 그때 이후로, 아만다와 그의 아버지, 그리고 열두 살 난 동생은 함께 행복하게 살았다. 아만다는 파자마 파티를 하기 위해 친구 집에 방문하였다. 그녀와 친구 셸리는 함께 댄스 파티에 갔다가 셸리의 집에 돌아와서 새벽까지 과자를 먹으며 영화를 볼 예정이었다. 아만다가 셸리의 집에 도착했을 때, 그녀의 집은 다들 정신없이 즐거워하는 분위기였다. 셸리와 두 동생들은 테이블에 앉아서 수다 떨며 웃고 있었고, 어머니는 저쪽에서 놀랄 만큼 신기한 방법으로 머리를 손질하고 계셨다. 셸리는 핀으로 머리를 잔뜩 만 채로, 아만다에게 빈 의자에 앉으라고 하였다. 아만다는 셸리 앞에 비어 있는 의자에 앉았다. 2분이 채 지나지 않아, 셸리의 어머니가 아만다 뒤에 와서 머리를 빗겨 주고 있었다. 그녀와 동생들은 어떤 머리 모양이 아만다에게 가장 잘 어울릴지에 대해 의견을 주고받았고, 셸리의 어머니는 그녀가 입은 분홍드레스에 어울리는 아름다운 끈을 이용하여 프랑스식 땋은 머리로 묶어 주기로 결정하였다. 셸리의 어머니는 아만다를 앉혀 놓은 채 끊임없이 이야기하며 그녀가 황홀해할 정도로 그녀에게 관심을 보여 주었다. 머리를 다 손질한 후 거울을 본 순간, 아만다는 자신이 공주가 된 것처럼 너무도 예뻐 보였다. 그녀와 셸리는 밤새도록 춤을 추고, 배가 터질 때까지 군것질을 하였다.

다음 날, 집에 돌아온 아만다는 시무룩해져서 아버지와 남동생에게 화를 냈다. 그녀의 아버지는 최근 한 달 동안, 그녀가 늦게까지 잠도 안 자면서 버릇없이 구는 것에 대해서는 생각하지도 않는다면서, 도대체 언제까지 그럴 것이냐며 혼을 냈다. 아만다는 아버지가 그녀의 행동과 기분에 대해 정면으로 지적하자, 아버지가 필요 없다면서, 셸리와 그녀의 가족들과 함께 살고 싶다고 말하였다. 아만다의 아버지는 매우 크게 놀라서 가족 상담을 받기로 결정하였다.

논의

아만다의 사례는 현재의 사건이 과거의 상실에 의한 감정들을 어떻게 촉발시킬 수 있는지 보여 주고 있다. 이 사례에서, 아만다는 어머니를 잃은 것에 대해 애도하고 있는 것이다. 아만다는 모든 어머니와 딸의 관계에서 이루어져야 할 것들을 셸리와 그녀의 가족을 통해 우연히 알게 되었다. 그러한 경험을 해 보지 못하였기 때문에, 아만다는 자신이 기회를 놓친 것이라 여기고 있는 것이다. 어머니의 죽음으로 청소년기에도 겪어 보지 못했고 앞으로도 겪지 못할 것들에 대해 애도하기 시작한 것이다. 아만다는 자신의 상실로 인해 화가 나 있다. 셸리가 그녀의 어머니에게 느끼는 것과 같은 모녀간의 유대를 경험할 수 없었다는 것에 대해 부당함을 느끼고 있었다. 아만다는 자신과 가장 가까운 사람들에게 분노와 실망감을 표출하였고, 심지어는 아버지를 비난하였던 것이다. 왜냐하면 아버지는 자신이 간절히 바라 왔던 어머니 같은 애정을 제공해 주지 못했기 때문이다.

상담자는 언제나 과거의 상실과 현재의 행동 및 감정들 간의 관계를 연결 지어 보아야 할 것이다. 지나치게 파헤치지 않더라도, 상담자는 셸리의 가족에 대한 이상화와 어머니의 죽음으로 인한 상실감 간에 어떠한 관계가 있는지 발견할 수 있을 것이다. 아만다와 그녀의 아버지가 소통할 수 있도록 도와야 할 것이며, 어머니의 죽음과 관련된 감정들에 대해 가족이 서로 터놓고 대화할 수 있도록 도와야 할 것이다. 상담자와 가족은 아만다가 자신의 억울한 심정에 대해 표현하고 셸리의 어머니와 같은 성인 여성과 건강한 멘토링 관계를 발전시켜 나갈 수 있도록 여러 가지 방법들을 함께 모색해야 할 것이다.

사례
3

부모 자신의 상실에 대처할 수 있도록 돕기
-"그 노래를 부르지 마."

지미는 여덟 살로, 언제나 피아노를 치고 싶어 하였다. 지미 할아버지가 돌아가신 후에, 할머니는 지미에게 할아버지의 피아노를 주었다. 지미는 그 당시 세 살이었다. 할아버지가 훌륭한 피아니스트였기 때문에, 할머니는 지미가 음악적 재능을 물려받았으면 하였다. 그녀가 옳았다. 지미는 곧바로 피아노를 쳤다. 지미의 할머니는 지미에게 개인 레슨을 시켜주었고, 지미는 금요일마다 방과 후에 할머니를 위해서 피아노 연주하는 것을 좋아했다. 가끔씩 지미는 할머니가 좋아했던 옛날 악보를 보고서 연주하곤 하였다. 그녀는 손주의 열성 팬이었다.

할머니가 갑자기 돌아가셨을 때, 지미는 매우 힘들어하였다. 할머니의 상실을 절실히 느끼는 순간마다, 그는 안도감과 위안을 얻고자 피아노를 치려고 하였다. 안타깝게도, 이것은 지미의 어머니에게 똑같은 효과를 거두지 못하였다. 그가 피아노를 연주할 때마다, 그녀는 어머니가 떠올라 슬픔에 압도되는 것 같았기 때문이다. 이윽고 그녀는 지미로 하여금 그녀의 어머니가 그렇게도 좋아했던 악보를 연주하지 못하게 하였다. 왜냐하면 그 연주를 들을 때마다, 그녀는 '칼로 자기 살을 베는 것' 같았기 때문이다. 말로는 이 연주가 그녀를 괴롭히는 것은 아니라고 했지만, 지미는 어머니가 화내고 있다는 것을 느낄 수 있었다. 그러던 어느 날 그는 피아노 수업을 받지 않을 것이며, 다시는 피아노를 치지 않겠노라고 말하였다. 지미의 엄마는 엄청난 안도감을 느꼈고, 그녀의 항변에도 불구하고 지미도 그것을 분명하게 느낄 수 있었다. 지미는 어머니와의 약속을 지키려 하였지만, 할머니를 잃은 상실감은 물론 자신이 피아노를 칠 수 없다는 생각에 엄청난 상실감을 느꼈다. 마음속 깊이 할머니가 자기 때문에 실망할 것이라고 여겼다.

논의

지미의 사례는 부모의 미해결된 슬픔이 종종 아동에게 어떤 식으로 영향을 미치는지에 대해 보여 주고 있다. 부모가 자신의 슬픔과 상실감 때문에 너무나도 혼란스러운 나머지 자녀와 함께 있어 주지 못하는 것은 종종 있는 일이다. 지미 어머니의 고통에 의해, 지미는 두 가지의 상실을 억지로 겪어야 했다. 즉, 지미는 할머니의 죽음을 겪었으며, 피아노를 치지 못하게 되었다. 이것들은 그에게 엄청난 편안함을 주었던 것들이다. 어머니의 요구에 부응하기 위해 애를 쓰면서도, 그는 할머니를 실망시켰다는 감정 때문에 수치심과 죄책감을 느끼고 있는 것이다. 지미의 어머니는 그가 슬픔으로 인해 그러한 결정을 내린 것이라고 합리화하기 쉽다.

상담자는 부모의 슬픔이 아동·청소년에게 영향을 미친다는 것을 반드시 알아야 할 것이다. 부모로 하여금 자신의 슬픔과 자녀의 고통 사이에 어떠한 관련성이 있는지를 살펴보도록 하는 것이 중요할 것이다. 이러한 이유로, 상담자는 부모가 개인 상담을 받도록 의뢰할 준비를 해 두어야 할 것이다.

상담자 자신의 상실에 대처할 수 있도록 돕기

내담자에게 나타나는 슬픔과 상실의 증상을 잘 알고 있는 상담자와 그 밖의 정신건강 전문가는 상실을 겪은 이들과 상담하는 것이 자신들에게 정서적으로 영향을 미친다는 사실에 대해 종종 간과하곤 한다. 정신건강 전문가는 상실을 겪은 희생자들과 상담하면서 종종 대리 외상을 겪는 것으로 알려졌다. 대리 외상이란 상담자가 외상을 겪은 이들과 상담을 하면서 이들로부터 받은 영향이 누적되고 변형되어 나타난 것으로 정의된다(James & Gilliland, 2005; Webb, 2002). 종종, 이러한 대리 외상 혹은 '동정심의 감퇴'는 상담자 자신의 삶에서 해결되지 못한 상실이 수면 위로 떠오르기 때문에 발생하는 것이다. 앞서 논의하였듯이, 초기의 상실에 의해 나타난 슬픔은 좀처럼 사라지지 않는다. 즉, 내담자와 상담을 하는 동안 내담자의 문제는 오랫동안 묻어 두었던 상담자의 상실감을 되살아나게 만드는 것이다. 또한 우리 사회에 만연한 슬픔과 아동에 대한 신화와 마찬가지로, 상담자 역시 취약한 특성을 갖고 있다. 따라서 주로 아동과 상담하는 상담자일수록 이들과 상담을 하는 동안 상처받았던 감정에 더욱 취약할 것이다. 저자 자신의 경험을 예로 들어 이러한 개념에 대해 설명하고자 한다.

내가 주택가 지역에서 발달장애 아동을 위한 학교 상담자로 일했을 때, 말기 환자였던 일곱 살 아이를 상담하게 되었다. 그녀는 몇 달 밖에 살지 못할 것이라 하였고, 그녀가 자신의 죽음을 더욱 편안하게 여기도록 해 주는 것이 나의 역할이었다. 첫 직장에서의 새로운 상담자로서, 서둘러서 많은 책과 도구를 모았다. 우리는 로리 크라스니 브라운(Laurie Krasny Brown)이 글을 쓰고 마크 브라운(Marc Brown)이 삽화를 그린 『공룡이 죽을 때(*When Dinosaurs Die*)』(1996)를 비롯해서 여러 가지 책을 함께 읽어 나갔다. 곧 닥쳐올 죽음과 관련하여 어떠한 감정이 드는지 이야기를 나누었다. 죽은 다음, 그리고 죽었을 때 어떤 일이 일어날지 의논해 보기도 하였다.

함께 작업하는 동안 아이의 건강이 향상되고 있는 것처럼 보였다. 안색이 잿빛으로 보이지 않았고, 눈빛도 더 반짝거리는 등, 그녀가 회복되는 것처럼 보였다. 어느 날 출근했을 때, 남은 학교생활 동안 계속해서 '거기에 있어야 할' 나의 내담자가 밤새 죽었다는 것을 알게 되었다. 그 당시 나는 전혀 준비가 되어 있지 않은 상태였다. 그날의 나머지 부분은 내게 흐릿하게 남아 있다. 모든 반에 들어가서 학생들에게 소녀의 죽음에 대해 알렸다. 담당 교사들과 교직원들을 만나서 그들이 애도할 수 있도록 도움을 주었다. 마치 자동 조종 장치와도 같이 이 모든 것을 처리하였다. 그날을 마칠 무렵, 완전히 망연자실한 채 집에 돌아왔다. 나는 슬픔에 잠겨 움직일 수도 없었다. 일하러 나가서 몇 주 동안은 그 장소가 완전히 내담자와는 무관한 곳처럼 느껴지기도 하였다. 일에서 느끼는 모든 즐거움이 사라져 버린 것만 같았다. 즉, 슬픔에 완전히 압도되어 버린 것이다. 이윽고 나는 학교를 그만두고 나왔다.

몇 년 후에야 나는 그 기간 동안 어떤 일이 일어났는지를 이해하고 살펴볼 수 있었다. 대학 상담센터에서 박사과정 인턴으로 근무하고 있을 때 내게 미해결된 슬픔과 상실이 남아 있다는 것이 분명해졌다. 한 학기 동안, 나는 죽음과 슬픔을 둘러싼 문제들이 있는 열두 명 정도의 내담자들을 맡게 되었다. 친한 친구나 애인을 잃어 본 경험이 없던 나로서는 이 학생들과 상담하는 것이 왜 이렇게 어려운지 이해할 수 없었다. 슈퍼바이저의 도움을 받아서, 이러한 내담자와 무난하게 상담을 진행할 수 없었던 이유에 대해서 이해할 수 있게 되었다. 상당 부분이 예전 일곱 살 내담자와 겪었던 경험과 관련된 것이었다. 슈퍼바이저는 어린 소녀의 죽음에 관해 내가 느끼고 있는 감정을 탐색하도록 도와주었고, 이를 통해 세 가지 중요한 주제들을 발견할 수 있었다. 첫째, 나는 아이들이 죽어서는 안 된다는 신념을 가지고 있었다. 마음속으로, 어린아이는 어른보다 더 오래 살아야 한다고 여기고 있었던 것이다. 둘째, 내가 그녀를 죽지 않게 할 수 없었기 때문에 무기력해졌다는 것을 발견하게 되었다(아마도 우리는 이러한 마술적 사고로부터 벗어날 수 없을 것이다). 마지막으로, 내 곁에 아무도 없었기 때문에 스스로의 감정을 처리할 수 없었던 것이다. "누가 상담자를 도울 수 있겠는가?"라는 해묵은 질문을 했다면, 내 경우에는 "아무도 없다."고 대답했던 것이다. 나는 스스로의 상실감을 다룰 수 있도록 도움받을 만한 그 어떠한 지지체계도 갖고 있지 않았던 것이다.

이 사례를 통하여, 상담자가 동료나 친구와 같은 지지체계를 구축하는 것이 얼마나 중요한 것인지, 그리고 전문적 슈퍼비전(혹은 동료 슈퍼비전)에 참여하는 것이 상담자에게 얼마나 중요한 것인지를 알 수 있었다. 상담자가 대리 외상을 경험하고 있는지 어떻게 알 수 있을까? 제임스와 길리랜드(James & Gilliland, 2005)는 소진과 동정심 감퇴에 대하여, 다음에 제시하는 증상과 조짐이 나타나는지 주의 깊게 살필 것을 제안하고 있다.

- 스스로 생각해 볼 때 활기가 없거나 시간이 없음
- 사랑하는 사람들과 연락하지 않음
- 사회적으로 위축됨
- 폭력과 죽음에 대해 더욱 예민해짐
- 냉소적임
- 절망감과 무기력이 일반화됨
- 악몽을 꿈
- 가지고 있던 기준이 엉망이 됨
- 정체감, 세계관, 영성에서 변화를 겪음
- 자기 수용 능력이 떨어짐
- 자부심을 느끼지 못함
- 심리적 욕구 및 인지적 도식이 파괴됨

- 감각 경험에 변화가 있음
- 침투적 사고를 함
- 분열됨
- 인격이 상실됨

앞서 말했듯이, 슬픔과 상실을 겪은 아동 · 청소년과 상담하는 정신건강 전문가는 대리 외상에 특히 취약하다. 상담자의 개인적 요인들 또한 내담자에 대한 동정심을 감퇴하게 만드는 요인이 될 것이다. 이들은 다음과 같은 상실에 대한 개인적인 이력, 즉 '성격과 방어기제' '대처양식' '현재 삶의 여건과 스트레스원' '훈련 경력과 전문가 경력' '슈퍼비전 이용 가능성' '개인 상담을 받고 싶은 의향' 등을 포함하고 있다(Greenstone & Leviton, 2002; James & Gilliland, 2005).

요 약

이 장에서는 시간이 흐르면서 슬픔이 어떤 식으로 드러나는지에 대해 살펴보았다. 많은 사람이 생각하듯이, 사람들은 상실을 극복한 후에 바로 다음으로 넘어가는 것이 아니다. 아동기와 청소년기의 상실은 이들의 삶은 물론, 이들을 돌보아 준 사람에게도 아주 심각한 영향을 미치게 된다. 인생 초기에 겪었던 상실감은 일반적으로 기쁨, 슬픔, 스트레스, 또는 발달적인 변화의 시기에 뒤늦게 수면 위로 떠오르는 것이다.

더욱이, 현재 겪는 상실은 이전의 상실과 그것에 의해 나타난 상실로 인해 복잡해지게 된다. 새롭게 겪은 각각의 상실은 과거의 상실을 떠올리게 만들며, 시간이 지남에 따라 다수의 상실들은 이것들의 합 이상으로 훨씬 더 커지게 되는 것이다. 상실이 사소해 보임에도 불구하고 아주 심각하게 반응하는 이유가 바로 이것이라 할 수 있다.

이 장에서는 부모나 양육자가 아동을 돕기 위해 그들 자신이 겪는 상실의 문제들을 어떠한 식으로 다루어야 하는지에 대해서도 논의하였다. 정신건강 전문가가 상실을 겪은 아동과 상담을 하면서 이들에게 영향을 받지 않을 수는 없다. 상담자는 슬픔 및 상실과 관련된 스스로의 문제를 인식하고 다루어야 할 것이며, 동정심 감퇴와 소진 가능성 또한 염두해야 할 것이다. 상담자들은 강력한 지지체계를 구축하고 슈퍼비전과 개인 상담을 받음으로써, 슬픔과 상실을 겪은 아동·청소년을 상담할 때 수반되는 대리 외상에 대처할 수 있을 것이다.

PART
4

개입 방법

11장
선택적 개입 방법

개입 1: 잘 가, 쿠키 상자

█ 이론적 배경

이 활동은 가족원이 멀리 떠난 경우 등의 상실을 경험한 아동을 대상으로 하여 이들에게 핵심적 상실과 부수적·무형적 상실에 대해 말할 수 있도록 돕고자 하는 활동 중심적 개입이다.

█ 준비물

겉을 꾸밀 수 있는 빈 박스나 용기, 종이, 가위, 매직, 크레용, 스티커, 기타 미술 도구 등

▌상담 상황 묘사

상담자는 미리 재료를 준비하고, 융통성 있게 게임을 제안한다.

상담자: 할머니가 이사 가시잖니. 오늘은 할머니에게 작별 인사를 하기
　　　　위해 함께 게임을 할 거란다. 이건 '잘 가, 쿠키 상자!' 게임이야.

아　동: 맛있겠다. 쿠키.

상담자: 이 쿠키들은 먹는 게 아니란다. 이것들은 특별한 쿠키지.

아　동: 하지만 배고파요.

상담자: 넌 쿠키를 좋아하지. 쿠키로 너의 허전함이 사라질 거야. 특별
　　　　한 쿠키들을 볼까?

아　동: 네.

상담자: 세 가지 종류의 쿠키들이 있구나. 추억 쿠키, 감정 쿠키 그리고
　　　　소망 쿠키가 있네! 할머니와 함께했던 추억, 작별 인사에 대한
　　　　감정, 또는 네가 바라는 것들에 대해 각각의 쿠키에 적어 보렴.
　　　　필요하면 도움을 요청하려무나.

아　동: 할머니가 이사 가지 않았으면 좋겠어요.

상담자: 그것에 대해 적어 보자. 할머니와 가까이에서 함께 많은 시간
　　　　을 보낼 수 없게 되어 네가 너무 슬프다고 말이야. 아마도 이 말
　　　　들은 감정 쿠키에다 적으면 되겠구나.

아　동: 아, 좋아요. 두 개의 쿠키들에다가 슬픔과 화남을 적을 거예요.
　　　　지금 추억 쿠키도 만들 거예요. 할머니께서 저를 이곳에 데려
　　　　오셨을 때, 제가 놀이방을 보여 드렸던 것 기억나세요?

상담자와 아동은 이전 치료 회기에서 장식해 놓았던 상자 안에 쿠키를 담는다. '잘 가, 쿠키 상자' 게임은 치료의 마지막 회기에 진행해도 되며, 치료 기간 동안 연속해서 이루어져도 된다. 과자가 가득 찼을 때, 아동은 '잘 가, 쿠키 상자'를 집으로 가져간다.

개입 2: 역설적 물건 찾기 놀이

▌이론적 배경

이 활동은 장애를 가진 사람이 성공적 삶을 살았는지 조사하여 장애를 가진 아동·청소년이 자신의 장애에 도전할 수 있는 기회를 제공하고자 하는 활동 중심적 개입이다.

▌준비물

인터넷이나 도서관을 이용할 수 있어야 한다.

▌상담 상황 묘사

상담자는 이 개입을 상담 회기에서 부분적으로 사용하거나 숙제로 이용할 수 있다. 치료 회기 동안 상담자와 내담자는 협력이 필요하다. 이러한 개입은 집단 상담에서도 쉽게 적용할 수 있다.

상담자: 지난 시간에, 네가 학습장애를 갖고 있기 때문에 때배자이자 괴물이라고 말했던 것이 기억나는구나.

아 동: 네.

상담자: 우리 이곳 도서관에서(혹은 컴퓨터로) 유명한 사람들 가운데 학습장애를 가진 사람이 있는지 집중해서 찾아보자꾸나. 그러고 나서 그들이 때배자 또는 실패자인지 결정하도록 하자.

아 동: 유명한 사람이 학습장애를 겪을 것이라고 생각하지 않아요.

상담자: 찾아보자구.

– 도서관 혹은 컴퓨터 앞에서 –

아 동: 우리 엄마는 이 사람이 멋지다고 생각하는데요, 저는 그렇다고 생각하지 않아요.

상담자: 너는 이 사람이 멋지다고 생각하지 않는구나. 그렇다면 이 사람이 성공했다는 것에 동의할 수 있겠니?

아 동: 이 사람이 부자임에는 틀림없으니까요.

상담자: 이 사람 역시 때배자이고 괴물일까?

아 동: 잘은 모르겠어요.

상담자와 아동은 계속해서 탐색할 수 있다. 상담자는 아동이 지니고 있는 자신에 대한 관점에 대해 계속해서 부드럽게 도전해 나가야 한다. 아동은 장애를 가진 사람도 똑똑하고, 부유하며, 성공적이고, 재능이 있으며, 운동도 잘한다는 여러 가지 사실을 발견할 수 있게 된다.

개입 3: 편지 친구

▌이론적 배경

이 활동은 청소년을 대상으로 하여 친한 친구가 이사를 갈 때 느낄 수 있는 핵심적 상실과 부수적·무형적 상실을 경험할 수 있는 기회를 제공해 주고자 하는 것이다. 안정적 신뢰관계가 구축되어 활동이 이루어질 때 이러한 감정들도 나타날 수 있게 된다. 이 활동은 그 밖의 상실을 경험한 경우에도 대안으로 사용할 수 있다.

▌준비물

연필, 선이 그어져 있는 편지지

▌상담 상황 묘사

상담자는 친구가 떠나갈 때 느낄 수 있는 몇 가지 감정 반응들을 청소년에게 제공하도록 한다. '이사'를 마치 사람인 것처럼 여기고 행동해 보도록 청소년에게 제안할 수 있다. 일반적으로 다음과 같이 말하는 것이 좋을 것이다. "이렇게 말하면서 시작할 수 있을 거야. '이사에게. 나는 네가 내 친구를 빼앗아가서 너무나 화가 났어.'" 상담자는 청소년이 이미 말했던 감정 반응들을 토대로 하여 거들어 준다. 청소년이 '이사'에게 쓴 편지로 만족한다면 편지를 또 한 번 써도 된다. 이 경우에 청소년은 다시 상담자의 도움을 받아서(처음의 편지 내용에 기초하여) 자신이 '이사'가 되어, 처음에 보냈던 편지에 답을 하도록 한다.

개입 4: 쿵쿵거리기

▌이론적 배경

이 활동은 친구의 이사에 의한 분노감을 행동으로 표현할 수 있는 기회를 제공하고자 마련된 활동 중심적 개입이다. 이 활동을 통해 아동·청소년은 상실이나 스트레스에서 비롯된 자신의 슬픔을 행동화하지 않을 수 있다.

▌준비물

달걀 담는 골판지, 크레용이나 사인펜, 종이, 투명 테이프

▌상담 상황 묘사

상담자는 아동에게 친구가 떠남으로써 느껴지는 감정을 묘사하는 '감정 단어'를 각각의 종이에 작성하게 한다. 아동은 각각의 달걀 골판지에 감정 단어를 하나씩 붙인다. 그다음, 상담자는 만일 아동이 친구가 떠나는 것에 대해 어떻게 느끼는지를 적은 감정 단

어에 대해 말할 수 있다면 골판지를 밟거나 내려칠 수 있다고 말해 준다. 각각의 감정 카드를 쿵쿵 밟아 가면서, 상담자는 아동의 감정을 반영해 줄 수 있다. 만일 아동에게 이것이 특별한 장소(혹은 특별한 시간)이기 때문에 좀 더 작업이 필요한 경우라면, 돌아와서 다시 한 번 쿵쿵거리며 밟을 수 있다.

NOTE 상담자는 아동의 양육자와 공동으로 이 활동을 진행해야 한다. 이 활동은 집에서 단지 종이만을 가지고서 진행할 수 있다. 쿵쿵거리며 밟는 행동은 집 밖에서, 그리고 몇몇 곳의 실내에서만 안전할 수 있다(물론, 안전 및 기물 파괴 등에 대해 반드시 제한을 두어야 한다).

개입 5: 나를 잊지 마세요

▌이론적 배경

아동·청소년은 이 활동을 통해 죽음에 대한 자신의 감정과 사고를 발견할 수 있다. 청소년의 정신, 종교적 믿음, 가족 역동, 우정, 자존감, 자아개념을 파악하고 평가하는 데도 이러한 개입이 사용될 수 있다. 집단 장면에서도 이를 쉽게 사용할 수 있다.

▌준비물

종이, 연필

▌상담 상황 묘사

상담자는 아동·청소년이 목록을 작성할 수 있도록 해 준다. 상담자는 내담자의 주도성 여부에 따라, 글 쓰는 작업을 돕는 여부를 결정하도록 한다.

> 상담자: 할머니가 얼마간 편찮으시다가 돌아가신 것이 너에게 어떤 의미인지에 대해서 우리는 많이 이야기를 나누고 함께 놀기도 했었지.
>
> 아 동: 맞아요.
>
> 상담자: 네게 중요한 사람, 물건, 그리고 너에 대해 편지를 써 보면 어떨까 하는 생각이 들어.
>
> 아 동: 싫어요.
>
> 상담자: 재미없을 것 같은가 보다. 나랑 함께해 본다면, 아마 나도 함께 글을 쓴다면 재미있지 않을까?
>
> 아 동: 뭘 말해야 할지 모르겠어요.
>
> 상담자: 네게 중요한 사람에 대한 목록 작성부터 시작할까?
>
> 아 동: 좋아요. 그럼, 적어 봐요.

상담자와 아동은 계속해서 이 작업에 참여할 수 있다. 아동의 삶에서 중요한 사람과 물건에 대한 목록을 파악하기 위해, 상담자는 질문을 하고, 감정이나 내용에 대해 반영해 줄 수 있으며, 목록이 떠오르면 경청 기법을 사용할 수도 있다. 이것들이 아동이 기억하고 싶어 하는 의미 있는 사람과 물건들인지 물어본 후 상담을 마치도록 한다. 이를 통해 아동은 현실적으로 중요한 측면들을 인식함과 동시에 세상이 돌아가는 방식에 대한 믿음과 상실을 드러내게 된다.

개입 6: 상실 지도

▌이론적 배경

이 활동은 슬픔에 대한 아동·청소년의 인지적·정서적 표현에 초점을 둔다. 이 활동을 통해, 여러 가지 상실들을 확인할 수 있다. 아동·청소년이 이러한 상실들을 확인함으로써 이들은 과거의 성공적인 대처 방식과 성공적이지 않았던 대처 방식들을 발견할 수 있을 뿐만 아니라, 과거의 상실들을 재경험할 수 있게 된다. 이 활동은 그 밖의 다른 상실에 초점을 둔 개입들에도 대안으로 사용될 수 있고, 집단에 사용하기에도 적합한 기법이다.

▌준비물

종이, 연필, 크레용 또는 사인펜, 스티커

▌상담 상황 묘사

라포가 형성된 후에, 상담자는 내담자가 최근에 다루었던 상실을 제외한 그 밖의 상실들에 대해서 듣는다. 상담자는 사례(이 교재에 많은 예가 있음)를 제시해야 한다. 이가 빠진 것, 처음으로 머리를 자른 것, 보모가 이사 간 것처럼 겉으로 보기에는 아주 사소한 상실이라도 괜찮다. 상실을 드러내기 위해 상징물을 이용하는 것이 좋다. 상징물은 그려도 좋고, 스티커를 사용해도 좋다. 상실 경험을 글로 기록했다 하더라도, 상실에 대해 갖는 아동의 현상학적 관점에 대해 대화를 나누고, 어떠한 대처 전략을 사용했는지에 관심을 기울이며, 사용한 전략들이 효과적이었는지에 대해 아동이 평가할 수 있도록 도와주며, 그것을 현재의 상실 상황에 어떻게 적용할 수 있을지에 대해 안내한다. 아마도 이 활동은 몇 회기의 상담에 걸쳐 진행될 것이다.

개입 7: 마음의 치유

▌이론적 배경

이 활동은 아동·청소년이 우정의 상실에 대해 이야기할 수 있도록 돕기 위해 마련된 활동 중심적 개입이다. 이 과정을 통해 치유가 시작될 수 있다.

▌준비물

종이, 연필, 가위, 거즈가 붙은 반창고

▌상담 상황 묘사

상담자는 아동·청소년에게 우정에 종지부를 찍을 때 경험할 수 있는 여러 가지 감정들에 대해 표현하게 한다. 성인은 적극적·반영적 경청을 통해 아동·청소년을 이 활동에 참여시킬 수 있다.

아동·청소년들은 하트 모양으로 종이를 자른 후에 그것을 다시 절반으로 자름으로써 친구관계가 정리되면서 느낄 수 있는 슬픔을 비유적으로 표현한다. 상담자는 아동·청소년이 상실에 대한 감정적·행동적·인지적 반응을 서로 나눌 수 있도록 이들에게 충분한 시간을 제공한다.

아동·청소년이 상실에 대한 작업을 하고 난 후, 상담자는 반창고를 이용하여 마음을 치유하기 시작한다. 아동·청소년에게 각각의 반창고는 자기 치유적인 도구로 사용될 수 있다. 반창고 위에 무엇인가를 적을 수 있다. 아동·청소년이 함께 나눈 것들로 음악 듣기, 춤추기, 게임하기 등을 들 수 있다.

개입 8: 크게 슬퍼하기

▌이론적 배경

이 개입은 십대에게 크게 슬퍼할 수 있는 기회를 제공해 주기 위한 것이다. 십대의 생활은 행동하는 것이 거의 대부분으로, 감정을 느낄 수 있는 시간은 거의 나지 않는다. 이 개입은 상담 장면에서 사용하거나 숙제로 내주어도 된다. 이는 다양한 핵심적 상실과 무형적 상실에 초점을 두고 개입할 경우에도 변형하여 사용할 수 있다.

▌준비물

없음

▌상담 상황 묘사

돈독한 상담 관계를 구축하고 나서, 내담자의 일상 스케줄을 검토한 후 "슬퍼할 시간을 언제쯤 가질까?"라고 질문한다. 일반적으로, 십대 및 젊은이들은 시간이 없다고 말한다. 상담자는 내담자와 의논하여 이번 만남과 다음번 만남(이번 회기로부터 1주일 이내로 가정할 때) 사이에, 상실에 대해 생각하고 느끼면서 슬퍼할 수 있는 5분 정도의 시간을 찾아보도록 한다. 상담자는 이번 회기에 연습해 보자고 제안해도 좋으며, 완전하게 작업을 다 하기에는 한계가 있을 수 있음을 이야기해야 한다(예: 자습시간을 활용하는 것은 최선의 선택이 될 수 없다. 왜냐하면 그 시간에는 혼자 있을 수 없으며, 그 후에는 즉시 수학을 배우러 가야 하기 때문이다. 일요일 역시 좋지는 않다. 왜냐하면 어머니와 외출할 수도 있으며, 외출한 이상은 절대 조용히 있을 수는 없기 때문이다). 이 개입은 자기치유를 위해 천천히 숙고할 수 있는 기회를 주고자 한 것이다. 자기치유를 위한 활동 목록은 이들이 크게 슬퍼할 수 있는 시간을 가진 후에 제안하거나 만드는 것이 적절할 것이다.

개입 9: 작별 인사(또는 안부 인사)를 담은 책

▌이론적 배경

이 활동은 과도기를 겪고 있는 아동·청소년의 슬픔과 상실에 초점을 맞춘 활동 중심적 개입이다. 이 활동은 여러 가지 과도기적 상실에 대해서도 변형하여 사용할 수 있으며, 아동이나 청소년, 개인이나 집단 모두에게 적합하고 쉽게 적용할 수 있다.

▌준비물

일회용 카메라, 판지, 펜이나 연필, 풀이나 테이프, 과제 진행에 도움이 될 만한 그 밖의 재료

▌상담 상황 묘사

상담자는 아동 · 청소년에게 작별 인사를 해야 할 사람, 장소, 물건에 대해, 안부를 전해야 할 사람, 장소, 물건에 대해 사진을 찍어오라고 요청한다. 이 활동은 상담 관계 내에서뿐만 아니라 외부의 장소에서도 이루어지기 때문에 아동 · 청소년을 양육하는 어른들에게 이에 대한 설명을 적은 편지를 보내도록 한다(아래에 참고할 수 있는 편지를 제시함).

사진을 인화하여 그것들을 풀이나 테이프로 종이에 붙인다. 사진이 붙어 있는 종이 위에 짤막한 편지를 적을 수도 있다. 그런 다음, 상담자와 내담자는 상담 장면에서 각각의 사진에 대해 설명을 달고 이야기를 만들어 낼 수 있다.

NOTE   '작별 인사 편지' 양식은 안부를 전할 때 '작별'을 '안부'로 대치하여 사용할 수 있다.

[참고: 작별 인사 편지]

부모님께

저는 _____와/과 함께 프로젝트를 시작하려 합니다. 이 프로젝트는 갑작스러운 변화로 슬퍼하는 _____을/를 도와줄 것입니다. _____을/를 통해 집에 카메라를 보낼 예정입니다. _____가 작별 인사를 할 필요가 있는(또는 이미 작별 인사를 한) 중요한 사람, 장소, 물건에 대해 사진을 찍을 수 있도

록 도와주시면 감사하겠습니다. 가족, 친구, 집 안에 있는 모든 방, 애완동물, 학교, 교실, 선생님, 축구장 등등 무엇이든 좋습니다. 자녀가 필름을 다 사용할까 봐 염려하시지 않으셔도 됩니다. 그러시다면 다른 카메라를 드리도록 하겠습니다. 사진이 인화되면, 아이가 사진을 찍어서 책에 붙여 놓은 사진들에 대해 이야기를 적고 설명을 달 수 있도록 도와주시면서 계속해서 이 작업을 해 나가시기 바랍니다.

더 자세히 알고 싶으시거나 더 많은 정보가 필요하시다면, 혹은 이러한 과도기에 대해 의논하고 싶으시다면 전화 주십시오. 감사합니다.

상담자 드림

개입 10: 사랑의 담요

▌이론적 배경

상실의 종류가 무엇이든 간에, 연령대가 어떠한지에 상관없이 상실은 누구에게나 어려운 것이다. 상실 경험은 다양한 형태를 띠고 있지만, 결과적으로는 공허함이나 허탈감을 남긴다. 그 가 가지고 있었던 어떤 것(그것이 사람이건, 물건이건 혹은 감정이건 간에)이 더 이상 존재하지 않게 된다. 잃어버린 사람, 물건 및 감정이 더 이상 존재하지 않으므로 아동·청소년은 그것들이 서서히 잊혀질까 봐 두려워할 것이며, 이 때문에 그들의 상실은 복잡해진다. 이 활동은 상실의 종류나 연령대에 상관없이 모두에게 사용 가능하다. 애완동물, 부모 혹은 형제를 상실한 경우, 심지어는 이사 가는 아동에게도 적합하다. 이 특정 시나리오는 부모의 상실에 토대를 두고 있다. 즉, 지지적으로 상호작용하면서 상담자와 감정을 나누는 동안 사랑하는 사람을 기억하고 기릴 수 있게 된다.

▌준비물

바느질 도구, 사인펜이나 직물용 물감, 옷감, 가위, 기타 장식물 (아동의 연령을 고려하여 도움을 주도록 한다. 아동은 바느질할 옷감의 색을 결정할 수 있는데, 아동이 좋아하는 색일 수도 있고, 죽은 부모가 좋아하는 색일 수도 있다)

▌상담 상황 묘사

그림을 그려서 바느질을 하는 '사랑의 담요' 활동을 통해, 아동·청소년은 자신의 감정을 표현할 수 있고 이것을 언제나 간직할 수 있다. 아동이 부모와 관련하여 외로움을 느낄 때마다 끌어안을 수 있으며 오래도록 유지할 수 있을 특별한 관계를 만들도록 돕는 것이 이 활동의 첫 번째 목표라 할 수 있다.

어떤 연령대의 아동이든 그림 그리는 것이 가능할 것이며, 그림에 대해 질문을 하면 그것에 대해 이야기할 수 있을 것이다. 아동이 원하는 만큼 충분히 그림을 그린 후 그림을 조각조각 이어서 꿰매며(아동의 연령에 따라 상담자의 도움이 필요할 수도 있고, 필요하지 않을 수도 있다), 그런 다음 아동은 그 속으로 파고들어 그것을 덮을 수 있게 된다.

상담자는 자신과 아동이 하고자 하는 것들에 대해 아동에게 융통성 있게 설명해 주면서 상담을 해 나간다.

상담자: 오늘 우리는 그림을 그려서 네가 간직할 수 있는 특별한 담요로 만들려고 해.

아 동: 특별한 담요라는 게 뭐예요?

상담자: 지난번에, 아버지에 대해 굉장한 것들을 말하면서 네가 아버지를 얼마나 많이 그리워하고 있는지 이야기해 주었지. 너랑 아버지는 많은 것들을 함께하면서 소중한 시간들을 보낸 거 같아.

아 동: 맞아요. 이런 것들을 다시는 함께할 수 없다고 생각하면 슬퍼요.

상담자: 아버지와 함께 이렇게 특별한 것들을 할 수 없다고 생각하면 슬프지. 아버지를 떠올리면서 특별한 것들에 대한 그림을 그려 보자꾸나. 그것들을 조각조각 꿰매어 담요로 만든 다음에, 아버지 곁에 있고 싶을 때마다 덮는 거지. 이건 사랑의 담요가 될 거란다.

아 동: 아버지도 그렇게 하고 싶어 할 거예요. 우리는 언제나 한 담요 안에서 끌어안고서 함께 책을 읽곤 했어요. 그 그림을 그려도 되나요?

상담자: 멋진 그림의 담요가 될 것 같구나. 여기 크레용이 있단다.

아동은 원하는 만큼 많은 그림을 그리게 된다. 몇 회기의 상담에 걸쳐서 그림을 그려 나갈 수 있으며, 아동이 그만 그리고 싶어할 때까지 계속해야 한다. 조각 그림을 엮어서 꿰맨 다음에 아동은 그것을 간직할 수 있다.

▌적용

이 기법은 몇 회기에 걸쳐 이루어지게 된다. 이것은 상황에 맞게 적용될 수 있다(예: 애완동물, 조부모, 형제의 그림을 그릴 수 있을 것이다). 또한 현재 살고 있는 지역이나 살았던 지역에 대한 좋은 기억들에 대해 그림으로 표현하도록 함으로써, 이사 온 아동이나 이사하게 될 아동에게도 적합한 활동이 될 것이다. 친구들과 가족을 그림으로 그려서 담요로 만들 수 있다. 바느질을 좋아하지 않는 사람들에게는 직물용 물감을 사용하도록 하는 것도 대안이 될 수 있다. 상상력과 시간상 선택에 제한이 있을 수 있다. 조부모나 어머니와 같은 사람에 대한 기억을 담아서 담요를 만들고자 한다면, 그 사람에게 맡을 수 있었던 특별히 좋아하는 향을 뿌려도 좋을 것이다.

개입 11: 플란넬 칠판과 사진

▌이론적 배경

아동·청소년은 죽은 사람과의 관계를 정리하는 데 시간이 걸린다. 왜냐하면 존재하지 않는 사람의 삶을 상상으로 떠올려야 하기 때문이다. 아동은 사진을 보면서 죽은 사람에 대해 이야기하는데,

이를 통해 죽은 사람과의 관계를 다룰 수 있게 된다. 그런 다음, 자신의 감정을 말로도 표현할 수 있게 된다. 플란넬 칠판을 이용하여, 죽은 사람들과의 관계를 사진으로 표현하며 기억을 떠올릴 수 있고, 미래를 내다볼 수도 있다.

▌준비물

플란넬 칠판, 죽은 사람의 사진들, 오려 붙일 그림이 있는 잡지들, 크레용이나 사인펜

상담 상황 묘사

이 활동은 여러 회기에 걸쳐 진행되며, 아동에 따라 그 횟수는 다르게 적용된다. 아동이 자신의 사진을 기꺼이 가지고 온다면, 적절한 때 그것을 사용하도록 한다. 각 상담 회기에서 사진이나 주제를 선택하는 경우에 아동이 주도하게 하는 것이 좋다. 아동은 죽은 사람에 대해, 그리고 그 사람과의 관계에 대해서 많은 이야기를 할 수 있을 것이다. 아동의 현재 생활에 대해서도 이야기를 나누어야 할 것이다. 시간이 흐르면서, 점차 사진에 대한 이야기를 하게 될 것이다. 아동이 상담자에게 신뢰감을 느낌에 따라 사진에 대한 정보를 말로 전달할 것이며, 자신이 느끼는 것들에 대해 이야기하고자 할 것이다. 이야기의 깊이나 내용은 아동의 연령대에 따라 달라질 것이다.

NOTE 플란넬 칠판을 한 명 이상의 아동이 사용하는 경우라면, 한 회기의 상담이 끝나고 난 후에는 사진을 떼어서 그것들을 특별한 곳(예: 서류철 등)에 넣어 두어야 한다. 그렇지 않으면, 아동은 다음번 상담에서도 여전히 칠판에 그 사진들이 붙어 있을 것으로 기대하게 된다.

적용

이 활동은 아동들과 십대 모두에게 사용 가능하다. 대화의 내용과 깊이도 다채롭지만, 아동의 세계관이 과거와 현재에 걸쳐서 잘 드러나게 될 것이다.

개입 12: 자아존중감 게임

▌이론적 배경

아동은 종종 슬픔이나 상실로 인해 자존감을 잃게 된다. 치료 장면에서 볼 때, 아동은 자신의 가치를 깨닫지 못하곤 한다. 자기 자신에 대해 이야기할 수 있고 자신과 가족의 강점을 인식할 수 있는 아동이라면 누구든지 이 게임을 이용할 수 있다. 아동의 가족사에 대해 이해하며, 신뢰관계를 구축하고 나서 대화의 창구를 여는 것은 라포를 형성하는 데 도움이 될 것이다. 아동과 가족의 강점을 찾아내고 가족원들이 상실의 아픔을 이해하도록 돕는 것이 무엇보다도 중요할 것이다. 형제나 또래는 이 게임을 하지 않았을 경우엔 몰랐을 서로의 긍정적인 특성들과 감정들에 대해 알 수 있게 된다.

▌준비물

커다란 사각형 골판지, 크레용이나 사인펜, 여러 가지 동전, 주사위

▌상담 상황 묘사

상담자는 사인펜으로 골판지를 20칸으로 나누고, 양 끝에 시작점과 종결점을 표시한다. 각각의 네모 칸에는 자아존중감과 관련된 질문이나 활동이 적혀 있다. 각각의 동전을 통해 참여자들을 표시할 수 있다.

아동과 상담자가 주사위를 굴려서 특정 네모 칸 안에 들어가게 되면, 그곳에 적혀 있는 질문에 답하거나 활동을 하게 되며, 아동이 원하는 경우 다른 주제들로 대화할 수 있다.

상담자: 우리 함께 '자아존중감 게임'을 해 볼까?

아동 1: 재밌겠다!

아동 2: 좋아요(아동이 주사위를 굴렸더니 '2'가 나왔고, 동전을 두 칸 이동시킨다).

상담자: 여기에 "같이 있는 친구 한 명에 대해 생각해 볼 때, 떠오르는 감정 두 가지를 이야기할 것"이라고 적혀 있구나.

아동 2: 음. 얘는 아주 똑똑하고요, 가끔은 주위를 즐겁게 해 주어요.

아동 1: (웃으며) 고마워. 내 차례! (아동이 주사위를 굴렸더니 '6'이 나왔고, 여섯 칸 움직여서 동전을 놓는다.)

상담자: "네 옆에 앉은 친구와 함께 즐겁게 했었던 일 한 가지를 말해 볼 것"이라고 적혀 있구나.

아동 1: 가족들과 함께 바비큐를 먹었을 때, 우리는 식탁 차리는 것을 함께 도왔어요. 다음은 선생님 차례예요(상담자가 주사위를 굴려 '3'이 나왔고, 동전을 세 칸 움직인다).

상담자: 나는 '활동하기'에 걸렸네. "오른쪽에 앉아 있는 사람을 껴안으시오!"라고 되어 있어.

▮ 적용

이 기법은 상실로 인해 혹은 혼란스러운 가족 환경 때문에 자신들의 이야기를 적극적으로 하지 못했던 아동에게 도움이 된다. 이러한 종류의 놀이는 자아인식과 형제에 대한 이해를 향상시킬 것이다. 상담자는 아동의 연령대에 맞게 질문을 조정할 필요가 있다. 또한 이 게임은 가족 역동과 가족사에 대해 배울 수 있는 기회를 제공한다.

개입 13: 여행하는 친구들

█ 이론적 배경

아동이 어쩔 수 없이 이사를 가게 될 때, 이들은 소속감, 편안함, 안정감, 친숙함 그리고 힘과 통제감의 상실을 경험한다. 이러한 상실은 아동의 가정, 학교, 친구관계 중심으로 변화가 이루어지는데, 부모의 별거, 이혼이나 재혼 등으로 이사를 가는 경우라면 가족 구조 또한 변화하게 된다.

아동은 일반적으로 친구와 물건에게 작별 인사를 나눌 기회를 갖지 못한다. 친구와 물건은 아동의 생활에서 엄청난 부분인 동시에, 소속감을 느끼게 해 준 것들이다. 우정은 아동기와 청소년기에 특히나 중요하다. 아동이 이전의 친구관계를 잊지 않을 수 있도록 과거의 일부분을 가지고 올 수 있는 기회를 제공해야 한다. '여행하는 친구들'에서 아동은 '모임' 단계를 통해 친구들에게 작별 인사를 할 수 있는 기회를 갖게 되며, 더 나아가 이별과 관련된 감정을 탐색할 수 있게 된다.

█ 준비물

꾸밀 수 있는 스크랩북, 일회용 카메라, 지퍼백, 색종이, 다양한 색의 도구들(크레용, 물감, 사인펜), 풀, 가위, 기타 필요한 미술 도구들(스티커나 리본 등)

▌상담 상황 묘사

이 활동이 이루어지는 첫 회기에, 상담자는 아동의 창의성을 극대화시키기 위해 아동에게 최소한의 지침만을 제공하도록 한다. 상담자는 물건들을 모아 올 수 있는 지퍼백 몇 개, 그리고 '여행하는 친구들' 의 책 안에 넣고 싶은 사진을 찍을 일회용 카메라를 아동에게 제공한다. 아동은 어떤 것이건 간에 자신이 선택해서 사진 찍을 수 있다. 그리고 나서 아동이 원하는 경우, 다음 상담 시간에 그것들을 가지고 오면 된다.

아 동: 엄마랑 아빠는 제가 새로운 학교에서 새로운 친구들을 사귈 것이라고 말하지만, 저는 친구들을 새로 사귀고 싶지 않아요. 저는 지금 친구들이 좋아요.

상담자: 넌 새로운 학교에 지금의 친구들과 함께 가고 싶은 거로구나.

아 동: 예, 하지만 그럴 수 없다는 걸 알아요.

상담자: 새로운 학교에 친구들을 데리고 가는 것은 가능하지 않은 일이지. 친구들의 일부분을 데리고 갈 수 있는 방법은 있을 것 같은데.

아 동: 그들의 일부분이요?

상담자: '여행하는 친구들' 이란 책을 만들면 된단다.

아 동: 멋질 것 같아요. 그 안에 어떤 것들을 넣으면 되는 건가요?

상담자: '여행하는 친구들' 책 안에는 너의 친구들에 대해 네가 기억하고 싶은 것들이라면 어떤 것이든 다 넣을 수 있단다. 가령, 주소와 전화번호, 이메일 주소, 가장 소중한 추억들, 좋아했던 장소

들, 함께하기 좋아했던 것들 등 친구들에 대해 기억하고 싶은 것들이면 무엇이든 다 좋단다. 여기 일회용 카메라를 줄 테니 찍고 싶은 사진을 모두 찍으렴.

아 동: 우와, 좋아요. 저 사진을 찍고 싶어요.

상담자: 네가 그것들을 가지고 가면, 그것들을 옆에 두고서 기억할 수 있을 거야.

아 동: 벌써 몇몇 친구들이 떠올라요.

상담자: 벌써 너의 책 안에 넣고 싶은 것들이 생긴 거로구나!

▌적용

이 기법은 9~12세의 아동·청소년에게 유용하다. 이사에 앞서 아동으로 하여금 마무리 짓는 느낌을 가질 수 있도록 도와줄 수 있다는 점에서 도움이 될 것이다. '정보 획득' 단계에서, 아동은 친구들과 이사에 대해 이야기를 나누게 된다. 아동이 부모와 이 책을 공유하고 싶어 한다면, 부모는 이 기법의 '모임' 단계를 통해 갑작스러운 변화가 아동에게 얼마나 큰 영향을 미치는지에 대해서 깨닫게 될 것이다.

개입 14: 다 바뀌었어요

█ 이론적 배경

'다 바뀌었어요' 이야기는 특별한 사람을 잃은 아동과 대화를 시작할 때 상담자가 이야기를 시작하는 것이라 할 수 있다. 아동은 상담자의 도움을 받아서 자신의 슬픔, 분노, 어떻게 된 것인지 모를 혼란스러움, 외로움, 걱정 등의 감정은 물론, 안도감과 행복감까지도 표현하게 된다. 아동이 이야기 속의 등장인물이 되어 시나리오를 보거나 읽었을 때, 거기서부터 대화가 이루어지면서 감정이 수용될 것이며, 아동은 자신이 느끼고 있는 것들에 대해 더 많은 말들을 하고자 할 것이다.

█ 준비물

없음

█ 상담 상황 묘사

이 이야기는 한 소년과 그가 좋아하는 미술 선생님의 이야기로, 미술 선생님은 학기 내내 학교에 나오지 않고 있다. 소년에게 그 누구도 그녀가 왜 학교에 나오지 않는지 혹은 어디에 간 것인지 말해 주지 않았다. 그는 어떤 일이 일어난 것일까에 대해 여러 가지로 생각하다가 우연히 어떤 선생님이 말하는 것을 듣게 되었다. 그 선생님은 죽었다는 것이다. 결국 소년은 어머니에게 이야기하게 되고, 어머니는 소년을 도와서 그의 감정을 이해해 주었다. 미술 선생님에게 카드를 보낼 수는 없기 때문에, 선생님을 위한 특별한 그림을 그려 보았다. 상담자는 이 이야기를 듣고서 그가 어떻게 느끼는지 물어보면서 이야기를 시작할 수 있다. 그런 다음에 아동은 자신의 감정을 충분히 공유하고 이야기를 나누면서 편안해지게 된다. 상담자는 아동의 감정을 반영하고 따라가 주어야 하며, 언제나 아동의 감정을 수용해 주어야 한다.

▌적용

이러한 종류의 이야기는 이사, 애완동물의 상실이나 가까운 누군가의 죽음과 같이 아동이 상실이나 슬픔을 다양한 방식으로 경험했을 때 도움이 될 것이다. 자신의 감정을 표현하는 것이 편안하지 않은 아동에게도 적합할 것이다. 또한 죽음이나 그 밖의 상실에 대해 어떠한 식으로 대화를 시작해 나가야 할지 잘 모르는 성인에게도 특히 유용할 것이다. 이 이야기는 성인과 아동이 다양한 상실과 관련된 감정을 공유하면서 대화를 시작해 나가는 출발점이 될 수 있을 것이다.

"다 바뀌었어요."

새미는 2학년이다. 그가 가장 좋아하는 수업은 미술 수업이다. 새미는 손으로 무엇인가를 만들고 그림 그리고 색칠하는 것을 좋아하기 때문에 미술 시간을 좋아한다. 새미는 미술 선생님을 정말로 좋아했다. 그가 미술 시간을 굉장히 좋아하는 이유 중 하나는, 미술 선생님은 아이들에게 음악을 들려준다는 것이다. 새미가 가장 좋아하는 방송도 '라디오 디즈니'다. 새미가 매우 창의적이기 때문에 미술 선생님은 그를 특별히 여기면서 새미의 작품에 대해서도 상당히 많은 관심을 기울였으며, 새미도 미술 선생님의 방식을 좋아했다. 새미는 자신이 책을 읽거나 수학문제 푸는 것을 좋아하지 않지만, 그림 그리는 것은 좋아했기 때문에 미술 선생님이 생각하는 것이 옳다는 것을 알고 있었다. 어느 날, 겨울학기의 절반 정도가 지날 무렵, 새미는 학교에 갔다. 그날은 미술 대회였기 때문에, 새미는 아주 신이 났다. 하지만 선생님이 계시지 않았고, 수업은 대체된 다른 선생님에 의해 이루어졌다.

몇 주가 지나도, 그가 가장 좋아하는 선생님은 오시지 않았다. 새미는 여전히 그림 그리는 것을 좋아했지만, 선생님이 없으니 똑같이 않았다. 크리스마스 방학이 찾아오고, 방학이 지났어도 여전히 선생님은 돌아오시지 않았다. 어느 누구도 그에게 그 이유에 대해 말해 주지 않았다. 어느 날, 새미는 어떤 선생님들이 복도에서 말하고 있는 것을 우연찮게 듣게 되었다. 미술 선생님이 아주 아프며, 그녀가 잘 해낼 수 있을지 모르겠다는 것이었다. '어디서 잘 해낸다는 거지?'라고 새미는 혼잣말을 하였다. 그는 교사에게 대체 미술 선생님이 어디에 계시냐고 물었지만, 그 선생님도 모르며 곧 돌아오실 것이라고만 하였다. 새미는 '곧 돌아온다는 게 언제지?'라고 생각하였다.

곧 봄 학기가 되었다. 눈은 모두 녹았고, 땅에서 꽃도 피고 있었다. 새미는 여전히 미술실에 갔지만, 좋아하는 선생님은 계시지 않았다. 그는 그녀가 돌아오지 않을까 봐 걱정하기 시작하였다. 그녀가 그에게 작별 인사도 하지 않은 것에 화는 났지만, 동시에 그녀에 대해 걱정도 되었다. 새미는 또다시 복도에서 어떤 선생님들이 이야기하는 것을 듣게 되었다. 그들은 그녀가 "돌아가셨다(pass away)."고 말했다. 새미는 '그것이 의미하는 것이 뭐지?'라고 혼잣말을 하였다. '그녀가 자기 학년을 끝내고, 다른 학년으로 갔다는 건가?' 새미는 집에 가서 어머니에게 물어봐야겠다고 생각했다.

새미는 집에 가서 어머니와 이야기를 나누었다. 그녀는 '돌아가셨다.'는 것은 죽음을 의미한다고 설명해 주었다. 새미의 어머니는 새미가 어떻게 느끼고 있는지 물어보았다. 그는 미술 선생님이 지금껏 내내 아팠다는 것을 몰랐다는 것에 당황하였으며, 돌아가셨다는 소식에 너무도 놀라서 많은 말을 할 수 없었다. 누군가 자신에게 말이라도 해 주었다면 그녀에게 카드를 보낼 수 있었을 것이다. 새미의 어머니도 예전에 좋아하던 선생님이 계셨는데, 그녀가 4학년 때 학교를 옮기셔서 다시는 그 선생님을 보지 못했다는 이야기를 들려주었다. 그녀는 선생님이 떠났을 때 너무 슬퍼서 울었고, 자신이 선생님을 얼마나 많이 좋아했는지에 대해 말해 주었다.

새미는 자신이 미술 선생님을 보고 싶어 하는 것에 대해 누군가에게 이야기할 수 있다는 것이 좋았다. 비록 미술 선생님이 죽어서 슬프긴 하지만, 그녀와 함께한 추억들이 있고 미술을 하면서 여러 가지를 배울 수 있었다는 것이 좋기도 하였다. 그가 미술 작업을 할 때면 언제나 그녀를 떠올릴 것이다. 새미가 그것에 대해 느낄 때 어머니에게 자신의 감정을 이야기하곤 하였다. 새미의 어머니는 새미가 선생님을 위해서 그림을 그리도록 해 주었다. 선생님이 죽었기 때문에 이 그림을 선생님에게 전할 수 없다는 것을 알지만, 선생님에게 이 그림은 특별한 것이 될 것이며, 자신이 이것을 그렸다는 것에 대해 선생님이 자랑스럽게 여길 것이란 것 또한 알고 있었다.

새미는 지금 5학년으로, 소묘나 조각을 할 때 종종 선생님이 떠오르며, 그럴 때마다 웃음 짓곤 한다. 그는 그림을 그릴 때 특히나 그녀가 가깝게 느껴진다. 새미는 자신의 감정에 대해 이야기를 나눌 수 있는 어머니가 있다는 것에 대해 고마움을 느낀다. 그는 어머니가 자신의 감정을 나눠 준 것에 대해서도 고마움을 느낀다. 그는 바뀌었다고 느낀 것들에 대해 계속해서 어머니에게 이야기하곤 하였다.

개입 15: 보관함

▌이론적 배경

부모의 가정 폭력을 목격한 아동과 신뢰관계를 구축하는 것은 가정 안에 학대를 둘러싼 비밀이 존재하기 때문에 어렵다. 아동은 이러한 비밀 때문에 자신의 상실을 꺼내 놓기 어려워할 가능성이 있다. 이들은 또한 자신이 문제를 일으킬지 모른다고 생각하면서 두려워하며, 아무 말도 하지 않는다면 문제가 없어질 것이라고 믿을 수도 있다.

상담 장면에서 아동은 부모의 가정 폭력으로 고통스러워했던 자신의 정서적 상실 경험에 대해서 이해하지 못하곤 한다. 자신이 가정 폭력의 희생양이란 점도 깨닫지 못한다. 상담자는 아동이 부모의 싸움을 보면서 느낀 것들에 대해 표현하도록 격려해 주어야 하며, 이를 통해 이들은 어른을 신뢰하는 것에 대해 배울 수 있다.

▌준비물

플라스틱 양동이, 사인펜, 스티커, 종이, 색깔 펜

▌상담 상황 묘사

이 활동은 다음의 대화를 참고해서 진행할 수 있다.

상담자: 오늘은 '보관함'이라는 게임을 할 거야. 이 게임은 부모님의 싸움이 너의 탓이 아니라는 것을 이해할 수 있도록 도와줄 거란다.

아   동: 어떻게 하는 건데요?

상담자: 플라스틱 양동이를 가지고서 너의 보관함을 만들 거야. 네가 원하는 대로 장식해도 좋단다. 너의 이야기와 감정을 넣어 두기 위해 보관함은 안전한 장소에 둘 거야. 종이에다가 이야기들과 감정들을 적어 보렴. 그 다음에, 종이 하나를 집어서 네가 어떻게 느끼고 있는지에 대해 함께 이야기를 나눌 거란다.

아   동: 지금 해도 되나요?

상담자: 시작하자꾸나.

NOTE 양동이를 꾸미는 데 15분을 주도록 한다.

아   동: 지금 말할 준비가 되었어요.

상담자: 보관함에서 선택하고 해 보렴.

아   동: 저는 '겁에 질린'을 집었어요.

상담자: 엄마 아빠가 싸우실 때 겁이 났겠구나.

아   동: 엄마 아빠가 싸울 때가 싫어요. 저는 조용히 있으려 노력해요.

상담자: 다른 사람이 네 이야기를 듣는 게 싫구나(대화가 계속해서 이루어진다).

상담이 끝나고, 아동은 다음 상담에서 사용하기 위해 보관함 안에 감정들을 넣어 둔다. 아동과 상담자 외에는 어느 누구도 이 상자 안에 무엇이 들어 있는지 알지 못한다. 상담이 끝날 때까지 보관함은 상담자 사무실의 안전한 장소에 두어야 한다. 아동·청소년은 상담자를 신뢰함으로써 자신의 감정이 안전하게 보관되고 있음을 알게 된다.

▍적용

이러한 기법은 부모의 다툼을 자신의 책임으로 여기는 청소년에게 유용하다. 이러한 부모는 상처, 골절, 비명, 고함 등 가정에서 일어나는 일들에 대해 밖에 나가서 이야기하지 말라고 자녀에게 당부한다.

개입 16: 어느 날 ~일 때

▍이론적 배경

지적장애를 가진 아동은 가족과 또래의 의도나 행동을 이해하기 어려워한다. 그들은 타인이 자신에 대해 부정적으로 말하거나 행동하고 생각하는 것들은 종종 내면화하곤 한다. 그들은 장애를 가지지 않은 또래와 비슷한 정도의 많은 상실들을 경험하고 있지만, 언어 능력, 표현력, 인지 과정의 문제들로 자신의 감정과 생각을 말로 표현하는 데 어려움을 겪는다. 이 활동을 통해 상담자는 아동에게 곧바로 질문하지 않고도 아동이 어떤 기분이며, 무엇으로 당황하게 되는지를 이해할 수 있게 된다. 아동은 편안한 방식으로 자신의 생각과 감정을 전달하게 된다.

이 활동은 10~12세의 아동 정도로 기능하는 15~17세 정도의 지적장애 아동·청소년에게 적합하다. 또한 다른 연령대 사람들에게도 적합하다. 이 활동은 단지 이야기하는 활동만으로 제한하지 않는다. 음악을 듣고, 그림 그리고, 글을 쓰는 식으로 문장의 흐름에 반응하도록 격려해 주어야 한다.

▍준비물

종이, 사인펜이나 크레용, CD 플레이어, 다양한 CD, 라디오, 헤드폰, 잡지

▍상담 상황 묘사

이 활동을 하기 전에, 상담자는 '어느 날 ~일 때' 페이지를 몇 개 정도 만든다.

내가 한 가지 색이라면, 나는 ……일 텐데. 내가 노래라면, 내 노래 가사는 ……일 텐데. 내가 거울을 들여다본다면, 나는 ……를 볼 수 있을 텐데. 내가 한 가지를 바꿀 수 있다면 ……를 할 텐데. 내가 한 사람과 이야기할 수 있다면, 나는 ……라고 말할 텐데. 상

담자는 다음과 같은 방식으로 이 활동을 소개한다.

상담자: 우리는 '어느 날 ~일 때' 라는 우리 자신에 대한 책을 쓰기 시작할 거야. 너는 글을 쓰고, 그림 그리고, 색칠하고, 노래를 만들고, 콜라주를 만들어도 된단다. 우리가 만날 때마다 계속해서 책 페이지를 늘려 나갈 거야. 상담이 끝날 때에는 보관 가능한 책으로 만들기 위해 네가 원하는 만큼 페이지를 묶고 코팅을 할 거란다.

아   동: 우리는 왜 책을 만드는 거예요? 그리고 무엇에 대한 책인가요?

상담자: 네가 미술과 음악을 얼마나 좋아하고 있는지 알고 있단다. 또한 네게 일어났던 이야기들을 나누고 싶어 한다는 것도 알고 있어. 그런 것들을 말로 하는 대신에, 가끔은 그것에 대해 어떻게 느끼는지를 물건으로 만들어서 보여 주는 것도 도움이 된단다. 네가 누구이고, 어떤 경험을 했는지 돌아보는 책을 우리가 함께 만들어 보는 게 좋을 것 같구나. 나중에 이 책을 보면 재미있을 거야. 그리고 너의 추억들을 기록한 소중한 것을 갖게 될 거야.

아   동: 우리가 무엇을 하면 되는데요?

상담자: 페이지마다 하나 혹은 그 이상의 질문에 답하게 될 거란다. 반응할 때는 단어, 색깔, 그림, 잡지 사진, 상징들, 또는 뭐든 다 좋아. 음악을 듣고 싶다면 CD 플레이어나 라디오를 사용해도 좋아. 노래 가사나 시를 써도 좋아. 네가 하고 싶은 대로 독창적으로 해 보렴.

아   동: 매주 이것을 하나요?

상담자: 원한다면 언제든 페이지를 작성할 거란다. 어떤 일로 처져 있
거나 어떤 일로 신난 경우에 책을 쓰고 싶어 할지도 몰라. 원한
다면, 만났을 때 여러 장을 작성해도 좋아.

아 동: 제가 작성한 페이지를 보여 주어야 하나요?

상담자: 네가 작업한 것에 대해 내게 이야기하고 싶다면 자유롭게 해도
좋단다. 그러고 싶지 않다면 보여 주지 않아도 되고. 원치 않는
경우에는 절대로 네가 작성한 페이지를 보여 달라고 하지 않을
거야.

적용

이 활동은 자신에 대해 말로 표현하기 어려워하는 나이 든 아동
이나 청소년에게 유용할 것이다. 이것은 언어라는 제약 없이도 자
기 자신에 대해 표현하고 창조할 수 있는 자유를 제공해 준다. 또
한 내담자는 기념품을 가지고 돌아가게 되는데, 이를 통해 자신들
의 상담 경험을 기억할 수 있게 된다.

개입 17: 비둘기가 날아갈 때

▌이론적 배경

죽음으로 인한 상실을 경험한 아동은 죽음에 대해 이해하기 어려워하며, 그것에 대해 어떻게 해야 할지도 모른다. 아동은 어떠한 식으로든 반응해 주기를 기대한다. 아동이 상실에 대해 작성한 글을 보면, 아동은 그 사람이 죽었을 때 어떤 일이 일어났는지에 대해 인식하고 있을 뿐만 아니라, 그에 대해서 깊이 있게 생각하고 있음을 알 수 있다. 상담자는 아동으로부터 그의 감정과 사고에 대해, 그리고 가족의 관습에 대해 많은 것들을 배워야 한다. 이야기를 통해 아동 자신의 경험과 감정을 표현하게 되면서, 아동은 하지 않았던 방식으로 자신의 슬픔을 다룰 수 있을 것이다.

▌준비물

죽음이나 그 밖의 상실에 관련된 아동의 연령대에 적합한 동화책, 종이, 연필, 사인펜이나 크레용, 색인 카드(아동의 연령대에 따라), 이용 가능한 컴퓨터

▌상담 상황 묘사

이 활동에서 상담자는 내담자에게 상실에 관한 동화책을 읽어

준다. 이야기를 읽으면서, 상담자는 적혀져 있는 내용에 대해 반영해 준다. 그리고 아동이 이 이야기를 어느 정도로 이해하고 있으며 상황에 대해 어떠한 감정을 느끼고 있는지 파악하기 위해 아동에게 무슨 내용인지에 대해 질문한다. 이야기가 끝나면, 상담자는 이 이야기가 무엇에 대한 이야기이며, 시작 · 중간 · 끝 부분에서 강조하는 것은 무엇인지에 대해 아동과 함께 이야기를 나누면서 검토해 본다. 동화를 통해 상실에 대해 이야기를 나누는 과정에서 아동이 자신의 관점으로 생각하고 개념화할 수 있도록 도울 수 있다.

> 상담자: 우리는 우리 자신의 책을 쓸 예정이란다(어떠한 종류의 상실이든지 가능함). 어떠한 이야기를 쓸 것인지, 어떠한 그림을 넣을 것인지 결정하자꾸나.

아동은 색인 카드 위에서 자신의 아이디어, 감정, 기억들을 떠올려 보고, 그러고 나서 자신이 이해할 수 있도록 그것들을 배치한다. 상담자는 아동이 표현한 감정과 기억들을 반영해 주면서, 더 많은 생각과 기억을 이끌어 낸다. 아동은 이야기에 적합한 그림을 그리거나, 가족 사진을 끼워 넣을 수 있는데, 상담자는 그림 페이지에 이야기를 자세히 적을 수 있다. 아동이 주도적으로 문장을 완성하도록 도움으로써 아동은 자신의 감정을 인식하고 그것에 대해 대화 나눌 수 있게 된다. 예를 들면, "나는 ……하기를 바라요." "나는 ……를 희망해요." "나는 ……를 기억하고 있어요." "나는 ……라고 느껴요."와 같은 것들이다.

▍적용

이 기법은 상실의 종류에 관계없이 모든 아동·청소년에게 유용하다. 글을 쓰지 못하는 어린아이라고 해도, 그림을 가지고 이야기할 수 있기 때문에 그림책이 적합할 수 있다. 이 활동은 또한 아동의 가족이나 아동의 개인사에 대해 거의 아는 것이 없는 상담자에게 유용할 것이다. 아동의 이야기를 통해서, 상담자는 상실을 둘러싼 아동의 신념과 관습에 대해 이해할 수 있게 된다. 이 활동은 짧은 동화책을 가지고 작업할 경우에 한 회기의 상담만으로도 가능하다. 이야기를 충분하게 구성하고자 할 경우에는 여러 회기에 걸쳐서 작업하는 것도 가능하다.

개입 18: 여기가 우리 집이에요

▍이론적 배경

어른들은 많은 아동에게 보편적 상실 경험이라 할 수 있는 '이사'의 영향을 과소평가하곤 한다. 이 활동을 통해, 상담자는 이사에 따르는 상실에 대해 경의를 표할 수 있을 것이며, 아동·청소년은 상실의 여러 가지 양상에 대해 이야기를 나눌 수 있을 것이다. 내담자는 상담자에게 자신의 생활을 이야기하면서 누군가가 자신의 이야기를 경청하고 이해해 준다고 느끼게 된다.

▌준비물

종이, 사인펜이나 크레용, 스티커

▌상담 상황 묘사

상담자는 개인, 집단 또는 가족 회기의 일부분으로 이 활동을 이용할 수 있다. 이것은 시각적 · 청각적 · 운동감각적인 의사소통 모형을 통해 상담자와 내담자를 연결시켜 준다. 다음의 대화가 상담 과정의 예다.

상담자: 그 도시에서 얼마 전에 이사 왔다고 들었어. 너희 동네나 아파트를 구경시켜 주겠니?

아　동: 글쎄요. 저는 더 이상 그 동네에 살지 않는걸요.

상담자: 그럼 먼저 너희 집을 그런 다음에, 내게 중요한 것들을 보여 줄 수 있겠니?

아　동: 어려울 것 같아요.

상담자: 정확하게 그럴 필요는 없어.

아　동: 제 방을 그릴 수 있을 것 같아요. 예전에 내가 살던 방 말이에요.

상담자: 좋아. 네가 그리고 싶은 게 있다면 뭐든지 그려도 좋아. 그런 다음, 물건이 어디에 있고, 무엇을 볼 수 있는지를 내게 보여 주려무나. 네가 예전에 지내던 방을 그리워하는 것 같구나.

상담자와 내담자는 계속해서 이러한 대화를 해 나간다. 상담자는 아동 · 청소년에게 방 하나를 골라 보라고 하면서 "너의 방이 너에게 뭐라고 할 것 같니?"라고 질문한다. 이 활동은 끝없이 변형이 가능하다. 활동을 계속할지, 그것에 대해 논의할지, 혹은 다른 것을 할지에 대해 상담자는 내담자와 의논하며 방향을 제시해야 한다.

개입 19: 음악을 만들어요

▌이론적 배경

이 활동 중심적 개입을 통해, 아동 · 청소년은 소리를 이용하여 상실과 슬픔에 대한 감정과 생각들을 표현하게 된다. 내담자는 말로 표현할 필요가 없다.

▌준비물

소리 낼 수 있는 것들(드럼 스틱, 종, 빈 달걀 상자, 호루라기, 장난감 피리 등)

▌상담 상황 묘사

이 개입은 언어적 표현으로만 제한을 두지 않고서도 내담자와 상담자 간에 대화가 이루어질 수 있도록 도와준다. 이것은 집단 장면에서도 쉽게 사용될 수 있다. 상담 과정은 다음과 같이 제시된다.

상담자: 강아지가 지난달에 죽고 나서는 강아지에 대해 이야기하지 않 았구나.

아 동: 맞아요.

상담자: 강아지가 아파서 죽은 것이 네게 어떠했을지, 이 상자 안에 있 는 도구를 사용해서 소리를 내보면 어떨까 싶어.

아 동: 선생님도 함께하나요?

상담자: 네가 이끌어 준다면 당연히.

상담자와 아동은 계속해서 이 작업을 해 나간다. 상담자는 아동·청소년이 고인에 대해 이야기하기 위해 하나의 도구를 고를 수 있는지 물어보아야 한다. 이 활동은 다양하게 변형이 가능하다. 내담자가 활동을 계속할지, 그것에 대해 논의할지, 혹은 다른 것을 할지에 대해서 상담자는 내담자의 의견을 따라야 한다.

개입 20: 비눗방울 띄우기

▋ 이론적 배경

이 개입을 통해 아동·청소년들은 작별 인사를 할 수 있는 기회를 갖게 된다.

▌준비물

비눗방울 놀이 용품, 종이, 연필

▌상담 상황 묘사

상담자는 아동이 상실과 관련하여 느낄 수 있는 정서적 반응들에 대한 여러 가지 예를 들어 준다. 그런 다음에 내담자가 작별 인사를 말로 해 보고 종이에 적을 수 있도록 도와준다. 내담자는 자기나 상담자가 그것을 큰 소리로 읽을지 말지를 결정한다. 그것을 읽은 후에, 상실을 기리고자 비눗방울을 불어 날린다.

개입 21: 대처 기술 목록

▌이론적 배경

상실에 대해 폭넓게 살펴보면, 내담자는 상담 관계를 맺기 이전부터 이미 많은 상실로 고통받고 있었다는 것이 분명해진다. 이 개입은 내담자가 이미 가진 강점 및 대처 전략에 초점을 두고 있다.

▌준비물

종이, 연필(또는 컴퓨터 및 워드 프로세서 소프트웨어)

▌상담 상황 묘사

상담자는 아동·청소년에게 최근의 상실 이전에 겪었던 중요한 상실 경험들을 찾아보도록 요청한다. 그들은 함께 대처 기술들의 목록을 구성한다. 그런 다음, 아동·청소년은 그 기술들이 얼마나 효과적이었는지 평가함으로써 그것을 현 상황에 계속해서 적용할 수 있을지, 혹은 새롭게 시작해야 할지 결정할 수 있다. 이 활동은 개인 상담은 물론 집단 상담 혹은 숙제로도 사용 가능할 것이다.

개입 22: 작별 인사 편지

▌이론적 배경

이 개입의 목적은 내담자에게 어떤 사람이나 장소, 물건에 대해 작별 인사를 할 수 있는 기회를 마련해 주고자 하는 것이다. 아동·청소년은 상황적인 제약으로 인해 종종 작별 인사를 할 수 있는 기회를 갖지 못한다. 내담자는 이 개입을 통해 작별 인사를 나눌 기회를 갖게 될 것이며, 더 나아가 통제감을 경험할 수 있을 것이다.

▌준비물

종이, 연필(또는 컴퓨터 및 워드 프로세서 소프트웨어)

▌상담 상황 묘사

쉽게 이용할 수 있는 물건들 이외에, 이 활동에 필요한 준비물은 거의 없다. 상담자는 내담자로 하여금 최근의 이별이나 상실 경험을 떠올리게 한 다음에 작별 인사를 고할 편지를 작성하도록 한다.

> 상담자: 네 강아지가 아따서 죽었다니, 정말 힘들었을 것 같아.
>
> 아　동: 네.
>
> 상담자: 잘 가라는 말을 하지 않았나 보구나.
>
> 아　동: 네. 하지 않았어요.
>
> 상담자: 오늘은 네 강아지에게 잘 가라는 편지를 작성해 보자꾸나. 이 렇게 시작하면 어떨까? "보고 싶은 맥스야……." 다음 문장은 뭐가 올까?

상담자와 아동은 계속해서 이 작업을 해 나간다. 상담자는 창의적으로 편지의 일부분을 변형해 나갈 수 있다. 활동을 계속할지, 그것에 대해 논의할지, 혹은 다른 것을 할지에 대해 상담자는 내담자의 의견을 따라야 한다.

개입 23: 스냅사진 찍기

▌이론적 배경

이 개입을 통해 아동·청소년은 자신이 꿈꾸는 가족을 만들어 볼 수 있으며, 동시에 현실이 되어 버린 상실에 대해 애도를 할 수 있다.

▌준비물

커다란 종이 한 장이나 포스터 보드, 가족 사진이나 가족 그림, 잡지, 풀, 종이(기타 필요한 물건들)

NOTE 이상적인 가족과 실제 가족에 대한 예를 들기 위해 인형이나 피규어를 사용해도 된다.

▌상담 상황 묘사

미술 도구와 사진들을 이용하여, 상담자는 아동으로 하여금 자신의 가족에 대해 바라는 가족 초상화를 만들 수 있도록 이끌어 준다. 상세하게 그릴수록 좋다. 상담자가 다음과 같이 개입을 해 주어도 좋다. "아빠가 형의 오른쪽에 있었으면 좋겠니?" "우와, 엄마가 너와 언니 사이에 좁게 끼여 있구나." 내담자가 바라는 가족에 대해 표현할 수 있도록 충분한 시간을 준 다음에 상담자는 또 다른 종이나 포스터 보드를 내담자에게 주고 나서 현재의 가족에 대해 표현해 보도록 한다. 그런 다음, 불일치하는 점들에 대해 이야기를 나누거나 떠올려 보게 한다. 아동, 청소년, 집단, 가족 모두에게 이러한 개입을 적용할 수 있다.

American Academy of Child and Adolescent Psychiatry. (1998). Children and grief (Fact for Families Fact Sheet No. 8). Available from http://www.aacap.org/publications/factsfam/grief.htm.

American Psychiatric Association. (2000). *Diagnostic and statistical manual of mental disorders* (4th ed.). Washington, DC: Author.

Axelson, J. A. (1993). *Counseling and development in a multicultural society* (2nd ed.). Pacific Grove, CA: Brooks/Cole.

Axline, V. A. (1969). *Play therapy* (Rev. ed.). New York: Ballantine.

Ayash-Abdo, H. (2001). Childhood Bereavement: What school psychologists need to know. *School Psychology International, 22*(4), 417–433.

Brown, F. (1988). The impact of death and serious illness on the family life cycle. In B. Carter & M. McGoldrick (Eds.), *The changing family cycle: A framework for family therapy.* Boston: Allyn and Bacon.

Brown, L. K., & Brown, M. (1996). *When Dinosaurs Die: A Guide to Understanding Death.* Boston: Little, Brown.

Burton, L. (1995). Intergenerational patterns of providing care in African American families with teenage childbearers: Emergent patterns in an ethnographic study. In V. L. Bengston, K. Warner Schaie, & L. Burton (Eds.), *Adult intergenerational relations: Effects of societal relations* (pp. 213–248). New York: Springer.

Buscaglia, L. (1982). *The fall of Freddie the leaf: A story of life for all ages.* Thorofare, NJ: Slack, Inc.

Candy-Gibbs, S. E., Sharp, K. C., & Petrun, C. J. (1984). The effect of age, object and cultural/religious background on children's concept of death. *Omega, 15,* 329–346.

Carroll, C. (2000). *Drugs in modern society* (5th ed.). New York: McGraw-Hill.

Corey, G., Corey, M. S., & Callanan, P. (1993). *Issues and ethics in the helping professions* (4th ed.). Pacific Grove, CA: Brooks/Cole.

Cunningham, L. (2004). Grief and the adolescent. Available from http:// www.smartlink.net/~tag/grief.html.

Cytron, B. D. (1993). To honor the dead and comfort the mourners: Traditions in Judaism.

In D. P. Irish, K. F. Lundquist, & V. J. Nelsen (Eds.), *Ethnic variations in dying, death, and grief: Diversity in universality* (pp. 113–124). Philadelphia: Taylor and Francis.

Emswiler, M. A., & Emswiler, J. P. (2000). *Guiding your child through grief.* New York: Bantam Books.

Erdman, P., & Lampe, R. (1996). Adapting basic skills to counsel children. *Journal of Counseling and Development, 74*(4), 374–377.

Erikson, J. M. (1985). Sources of lifelong learning. *Journal of Education, 167*(3), 85–96.

Eyetsemitan, F. (1998). Stifled grief in the workplace. *Death Studies, 22*(5), 469–480.

Fitzgerald, H. (1992). *The grieving child: A parent's guide.* New York: Fireside.

Fox, S. (1985). *Good grief: Helping groups of children when a friend dies.* Boston: New England Association for the Education of Young Children.

Fredlund, D. (1984). Children and death from the school setting viewpoint. In J. L. Thomas (Ed.), *Death and dying in the classroom: Readings for reference.* Phoenix: Oryx Press.

Fry, V. L. (1995). *Part of me died, too.* New York: Dutton Books.

Gifaldi, D. (2000). *One thing for sure.* Lincoln, NE: iUniverse, Inc.

Gilanshah, F. (1993). Islamic customs regarding death. In D. P. Irish, K. F. Lundquist, & V. J. Nelsen (Eds.), *Ethnic variations in dying, death, and grief: Diversity in universality* (pp. 137–146). Philadelphia: Taylor and Francis.

Gilbert, R. B. (1995). Protestant perspectives on grief and children. In E. A. Grollman (Ed.), *Bereaved children and teens: A support guide for helping professionals.* Boston: Beacon Press.

Ginsberg, H., & Opper, S. (1969). *Piaget's theory of intellectual development.* Englewood, NJ: Prentice Hall.

Glass, J. C., Jr. (1991). Death, loss, and grief among middle school children: Implications for the school counselor. *Elementary School Guidance and Counseling, 26*(2), 139–149.

Goldenberg, I., & Goldenberg, H. (1997). *Counseling today's families* (3rd ed.). Pacific Grove: Books/Cole.

Goldman, L. (2004). Counseling with children in contemporary society. *Journal of Mental Health Counseling, 26*(2), 168–188.

Gorman, R. M. (1972). *Discovering Piaget: A guide for teachers.* Columbus: Merrill.

Goss, R. E., & Klass, D. (1997). Tibetan Buddhism and the resolution of grief: The Bardo-Thodol for the dying and the grieving. *Death Studies, 21*, 377–395.

Greenstone, J., & Leviton, S. C. (2002). *Elements of crisis intervention* (2nd ed.). Pacific Grove, CA: Books/Cole.

Hagman, G. (2001). Beyond decathexia: Toward a new psychoanalytic understanding and treatment of mourning. In R. Neimeyer (Ed.), *Meaning reconstruction and the experience of loss* (pp. 3–31). Washington, DC: American Psychological Association.

Imber-Black, E. (2005). Creating meaningful rituals for new life cycle transitions. In B. Carter & M. McGoldrick (Eds.), *The expanded family life cycle: Individual, family and social perspectives* (3rd ed., pp. 202–214). Boston: Allyn and Bacon.

Ishiyama, F. I. (1995). Conflict issues and counseling implications. *Canadian Journal of Counseling, 29*(3), 262–275.

Ivey, A. E., & Ivey, M. B. (2003). *Intentional interviewing and counseling: Facilitation client development in a multicultural society* (4th ed.). Pacific Grove, CA: Brooks/Cole.

Jacobs, L. (1992). *Religion and the individual: A Jewish perspective.* New York: Cambridge University Press.

James, J., & Friedman, R. (2001). *When children grieve.* New York: HarperCollins.

James, R. K., & Gilliland, B. E. (2005). *Crisis intervention strategies* (5th ed.). Belmont, CA: Brooks/Cole.

Kauffman, J. M. (2001). *Characteristics of emotional and behavioral disorders of children and youth* (7th ed.). Upper Saddle River, NJ: Merrill/Prentice Hall.

Klass, D., & Heath, A. O. (1996). Grief and abortion: Mizuko kuyo, the Japanese ritual resolution. *Omega, 34*(1), 1–15.

Kleinman, A. (1986). *Social origins of distress and disease: Depression, neurasthenia, and pain in modern China.* New Haven, CT: Yale University Press.

Kowalski, G. (1997). *Goodbye, friend: Healing wisdom for anyone who has ever lost a pet.* Walpole, NH: Stillpoint Publishing.

Kübler-Ross, E. (1969). *On death and dying.* New York: Macmillan.

Landreth, G. L. (2002). *Play therapy: The art of the relationship* (2nd ed.). New York: Brunner-Routledge.

Mack, C., & Smith, T. (1991). *Separation and loss: A handbook for early childhood professionals.* Pittsburgh: University of Pittsburgh Press.

Maslow, A. H. (1987). *Motivation and personality* (3rd ed.). New York: Harper and Row.

Maxmen, J. S., & Ward, N. G. (1995). *Essential psychopathology and its treatment* (2nd ed.). New York: W.W. Norton.

McEntire, N. (2003). *Children and grief* (Report No. EDO–PS–036). Champaign, IL: ERIC

Clearinghouse on Elementary and Early Childhood Education. (ERIC Document Reproduction Service No. ED475393)

McGlauflin, H. (1999). *Supporting children and teens through grief and loss.* Boston: Beacon Press.

McGoldrick, M. (Ed.). (1998). *Revisioning family therapy: Race, culture, and gender in clinical practice.* New York: Guilford Press.

McGoldrick, M., Hines, P., Lee, E., & Preto, N. G. (1986). Mourning rituals. *Family Therapy Networker, 10*(6), 28–36.

McGoldrick, M., Schlesinger, J. M., Lee, E., Hines, P. M., Chan, J., Petkov, B., Preto, N. G., & Petry, S. (1991). Mourning in different cultures. In F. Walsh & M. McGoldrick (Eds.), *Living beyond loss: Death in the family* (pp. 176–206). New York: W.W. Norton.

McGoldrick, M., & Walsh, F. (2005). Death and the family life cycle. In B. Carter & M. McGoldrick (Eds.), *The expanded family life cycle: Individual, family, and social perspectives* (3rd ed., pp. 185–201). Boston: Allyn and Bacon.

Metzgar, M. M. (2002). *Developmental considerations concerning children's grief.* Available from http://kidsource.com/sids/ childrensgrief.htm.

Miller, S. I., & Schoenfeld, L. (1973). Grief in the Navajo: Psychodynamics and culture. *International Journal of Social Psychiatry, 19*(3–4), 187–191.

Moloye, O. (1999). The philosophy of upgradeable cosmos: The essences of "omo" (children) in Yoruba ethno-cosmology. *Western Journal of Black Studies, 23,* 58–69.

Morrison, T. (2000). *The bluest eye.* New York: Knopf.

Mullen, J. A. (2003). Speaking of children: A study of how play therapists make meaning of children (Doctoral dissertation, Syracuse University, 2003). *Dissertation Abstracts International, 64,* 11A.

Nader, K. O. (1996). Children's exposure to traumatic experiences. In C. A. Corr & D. M. Corr (Eds.), *Handbook of childhood death and bereavement* (pp. 201–220). New York: Springer.

Neimeyer, R. (2001). The language of loss: Grief therapy as a process of meaning reconstruction. In R. Neimeyer (Ed.), *Meaning reconstruction and the experience of loss* (pp. 324–331). Washington, DC: American Psychological Association.

Piaget, J. (1970). *The science of education and the psychology of the child.* New York: Grossman.

Rando, T. A. (1984). *Grief, dying, and death: Clinical interventions for caregivers.*

Champaign, IL: Research Press.

Reeves, N. C., & Boersma, F. J. (1990). The therapeutic use of ritual in maladaptive grieving. *Omega, 20*(4), 281-296.

Robinson, T., & Howard-Hamilton, M. (2000). *The convergence of race, ethnicity, and gender: Multiple identities in counseling.* Upper Saddle River, NJ: Prentice Hall.

Romanoff, B. D. (2001). Research as therapy: The power of narrative to effect change. In R. Neimeyer (Ed.), *Meaning reconstruction and the experience of loss* (pp. 311-323). Washington, DC: American Psychological Association.

Rosenblatt, P. C. (1993). Cross-cultural variation in the experience, expression, and understanding of grief. In D. P. Irish, K. F. Lundquist, & V. J. Nelsen (Eds.), *Ethnic variations in dying, death, and grief: Diversity in universality* (pp. 13-20). Philadelphia: Taylor and Francis.

Salvador, R. J. (2003). What do Mexicans celebrate on the Day of the Dead? In J. D. Morgan & P. Laungani (Eds.), *Death and bereavement in the Americas: Vol. 2. Death, value and meaning series* (pp. 75-76). Amityville, NY: Baywood.

Scheper-Hughes, N. (1985). Culture, scarcity, and maternal thinking: Maternal detachment and infant survival in a Brazilian shantytown. *Ethos, 13*, 291-317.

Schaffer, C. E. (1988). Therapy: Critical issues for the next millennium. *Association for Play Therapy Newsletter, 17*(1), 1-5.

Schoen, A. A., Burgoyne, M., & Schoen, S. F. (2004). Are the developmental needs of children in America adequately addressed during the grief process? *Journal of Instructional Psychology, 31*(2), 143-150.

Shaw, H. (1999). Children and grief: How parents can help in times of loss. *Parent and Preschooler Newsletter, 14*(2), 1-2.

Sheehy, N. (1994). Talk about being Irish: Death ritual as a cultural forum. *The Irish Journal of Psychology, 15*, 494-507.

Silverman, P., & Worden, J. W. (1992). Children's understanding of funeral ritual. *Omega, 25*, 319-331.

Sommers-Flanagan, J., & Sommers-Flanagan, R. (1995). Intake interviewing with suicidal patients: A systematic approach. *Professional Psychology: Research and Practice, 26*(1), 41-47.

Steinberg, L. (1996). *Adolescence* (4th ed.). New York: McGraw-Hill.

Stern, M., & Newland, L. M. (1994). Working with children: Providing a framework for the roles of counseling psychologists. *The Counseling Psychologist, 22*(3), 402-425.

Sunoo, B. P., & Solomon, C. M. (1996). Facing grief: How and why to help people heal.

Personnel Journal, 75(4), 78–89.

Terr, L. C. (1995). Childhood traumas: An outline and overview. In G. S. Everly & J. M. Lating (Eds.), *Psychotraumatology: Key papers and core concepts in posttraumatic stress* (pp. 301–320). New York: Plenum.

Thomas, P. (2003). *The skin I'm in: A first look at racism.* New York: Barron.

Thompson, C. L., & Rudolph, L. B. (2000). *Counseling children* (5th ed.). Stamford, CT: Books/Cole.

Trozzi, M. (1999). *Talking with children about loss: Words, strategies, and wisdom to help children cope with death, divorce, and other difficult times.* New York: Penguin Putnam.

Truitner, K., & Truitner, N. (1993). Death and dying in Buddhism. In D. P. Irish, K. F. Lundquist, & V. J. Nelsen (Eds.), *Ethnic variations in dying, death, and grief: Diversity in universality* (pp. 125–136). Philadelphia: Taylor and Francis.

Vargas, L. A., & Koss-Chioino, J. D. (1992). *Working with culture: Psychotherapeutic interventions with ethnic minority children and adolescents.* San Francisco: Jossey-Bass.

Vernon, A. (1993). *Thinking, feeling, behaving: An emotional education curriculum (Grades 7–12).* Champaign, IL: Research Press.

Vernon, A., & Al-Mabuk, R. H. (1995). *What growing up is all about: A parent's guide to child and adolescent development.* Champaign, IL: Research Press.

Weaver, T. (2002, July 23). Children's suicides catching experts by surprise. *The Syracuse Pose-Standard* (p. A1, p. A6).

Webb, N. B. (Ed.). (2002). *Helping bereaved children: A handbook for practitioners* (2nd ed.). New York: Guilford.

Webb, N. B. (2003). Play and expressive therapies to help bereaved children: Individual, family, and group treatment. *Smith College Studies in Social Work, 73,* 405–422.

Weidman, H. H. (1975). *Concepts as strategies for change.* New York: Insight Communications.

Wikan, U. (1988). Bereavement and loss in two Muslim communities: Egypt and Bali compared. *Social Science and Medicine, 27,* 451–460.

Wikan, U. (1990). *Managing turbulent hearts: A Balinese formula for living.* University of Chicago Press.

Wilhelm, H. (1989). *I'll always love you.* New York: Crown Books for Young Readers.

Wittbold, M. K. (2003). *Let's talk about when your parent is in jail.* New York: Rosen Publishing.

Wolfelt, A. D. (1991). *A child's view of grief.* Fort Collins, CO: Companion Press.

Worden, J. W. (1991). *Grief counseling and grief therapy: A handbook for the mental health practitioner.* New York: Springer.

Worden, J. W. (1996). *Children and grief: When a parent dies.* New York: Guilford.

Wortman, C., & Silver, R. (1989). The myths of coping with loss. *Journal of Consulting and Clinical Psychology, 57,* 349-357.

찾아보기

저자 소개

Jody J. Fiorini 박사는 오스위고에 위치한 뉴욕 주립대학교 사범대학 상담심리학과에서 조교수로 재직 중이다. 다문화 상담, 상담이론, 연구, 측정과 프로그램 평가, 정신병리학, 전문적 문제와 윤리, 다양한 임상 훈련과정을 가르치고 있다. 그녀는 국가에서 인정하는 임상 슈퍼바이저와 국가 공인 상담사 자격을 가지고 있으며, 장애인 복지 분야에서 일하였고, 정신 건강 상담사로도 활동하였다. 특히 장애인과 장애인 가족, 상실을 경험한 청소년과 성인을 상담하고 있는 임상 실무 전문가다. 그녀는 슬픔과 상실을 경험한 내담자는 물론, 학습장애와 주의력결핍장애를 가진 내담자를 위한 효과적인 상담에 관하여 여러 편의 논문과 저서를 집필하였다.

Jodi Ann Mullen 박사는 오스위고에 위치한 뉴욕 주립대학교 상담심리학과에서 교수로 재직 중이다. 놀이치료 대학원 자격 과정 프로그램의 코디네이터이며, 지역사회 및 학교 상담자, 학교 심리학자 양성을 위한 강의를 하고 있다. 또한 그녀는 상담사 교육, 상담사와 놀이치료사 슈퍼비전, 임상 실무를 주로 하고 있다. 국가 공인 상담사이자 공인된 놀이치료사이며, 주 연구와 집필 분야는 아동 · 청소년 상담, 놀이치료, 임상 슈퍼비전이다. 단독 혹은 공동 저자로서 여러 저서를 출간하였고, 아동 · 청소년 상담을 전문으로 하는 작은 사설 상담소를 운영 중이다.

역자 소개

하정희
한양대학교 교육학과 박사(상담심리 전공)
상담심리전문가 1급(한국상담심리학회, 한국심리학회)
청소년상담사 1급(문화관광부)
전 한양대학교 사범대학 부속중학교 교사
   충북대학교 심리학과 연구교수
   한양대학교 에리카캠퍼스 상담센터 책임연구원
   한양사이버대학교 청소년상담학과 교수
현 한양대학교 상담심리대학원 교수(아동청소년 전공)
   한국학교심리학회 이사
   한국상담심리학회 이사
   한국다문화교육학회 이사

슬픔과 상실을 겪은
아동 · 청소년 상담 및 사례
Counseling Children and Adolescents through Grief and Loss

2014년 3월 20일 1판 1쇄 발행
2022년 9월 20일 1판 5쇄 발행

지은이 • Jody J. Fiorini · Jodi Ann Mullen
옮긴이 • 하 정 희
펴낸이 • 김 진 환
펴낸곳 • (주) **학지사**

　　　　　04031 서울특별시 마포구 양화로 15길 20 마인드월드빌딩 5층
대표전화 • 02) 330-5114　　팩스 • 02) 324-2345
등록번호 • 제313-2006-000265호

홈페이지 • http://www.hakjisa.co.kr
페이스북 • https://www.facebook.com/hakjisabook

ISBN 978-89-997-0334-8 93180

정가 **15,000원**

이 도서의 국립중앙도서관 출판시도서목록(CIP)은 서지정보유통지원시스템
홈페이지(http://seoji.nl.go.kr)와 국가자료공동목록시스템(http://www.nl.go.kr/kolisnet)
에서 이용하실 수 있습니다.
(CIP제어번호: CIP2014007206)

출판미디어기업 **학지사**

간호보건의학출판 **학지사메디컬** www.hakjisamd.co.kr
심리검사연구소 **인싸이트** www.inpsyt.co.kr
학술논문서비스 **뉴논문** www.newnonmun.com
원격교육연수원 **카운피아** www.counpia.com